本书受到国家自然科学基金项目（71673022、71272160）
与河北省科技计划项目（15454013D）资助

U0883346

资源和环境约束下中国钢铁企业效率评价研究

Study on Efficiency Evaluation of China's Iron and Steel Enterprises under Restrictions of Resource and Environment

祝丽云 何 枫/著

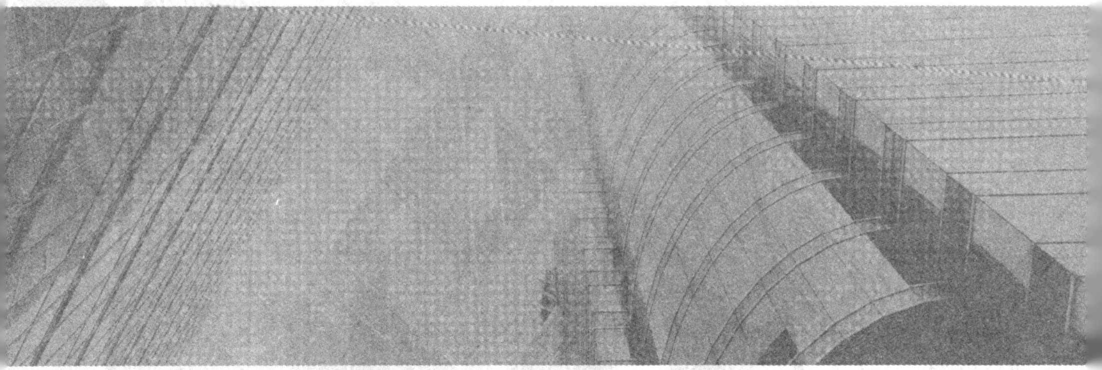

中国财经出版传媒集团
经济科学出版社
Economic Science Press

图书在版编目（CIP）数据

资源和环境约束下中国钢铁企业效率评价研究/
祝丽云，何枫著．—北京：经济科学出版社，2017.7
ISBN 978-7-5141-8113-5

Ⅰ．①资…　Ⅱ．①祝…②何…　Ⅲ．①钢铁企业-企业绩效-效益评价-研究-中国　Ⅳ．①F426.31

中国版本图书馆CIP数据核字（2017）第134235号

责任编辑：孙怡虹　何　宁
责任校对：刘　昕
责任印制：王世伟

资源和环境约束下中国钢铁企业效率评价研究
祝丽云　何　枫　著
经济科学出版社出版、发行　新华书店经销
社址：北京市海淀区阜成路甲28号　邮编：100142
总编部电话：010-88191217　发行部电话：010-88191522
网址：www.esp.com.cn
电子邮件：esp@esp.com.cn
天猫网店：经济科学出版社旗舰店
网址：http://jjkxcbs.tmall.com
北京财经印刷厂印装
710×1000　16开　12.5印张　230000字
2017年7月第1版　2017年7月第1次印刷
ISBN 978-7-5141-8113-5　定价：39.00元
（图书出现印装问题，本社负责调换。电话：010-88191510）
（版权所有　侵权必究　举报电话：010-88191586
电子邮箱：dbts@esp.com.cn）

前　言

在钢铁产业经济进入“微增长”时期背景下，产能过剩，低价微利成为我国钢铁行业的主要特征。与此同时，影响行业发展的资源、环境等制约因素逐步增大，导致提高钢铁企业技术效率、全要素生产率是其绿色转型，实现可持续性发展的根本。因此，应用新方法更科学更准确地测算效率成为必要。

本书基于河北农业大学祝丽云的博士学位论文，以网络SBM－DEA方法为核心，构建了非期望网络SBM－DEA模型和网络Malmquist－luenberger生产率指数模型，从两阶段的新视角首次将资源、环境因素纳入钢铁企业两阶段技术效率及生产率的分析框架中，测算资源和环境约束下钢铁企业的整体、铁前和铁后工序阶段的经营绩效，并重点探究环境规制对资源环境约束下钢铁企业全要素生产率的影响。

经过河北农业大学祝丽云博士和北京科技大学何枫教授的共同探讨，本书共包括9章内容。第1章，引言。第2章，相关理论和文献综述。第3章，中国钢铁产业发展现状。第4章，资源约束下中国钢铁企业技术效率评价。第5章，资源和环境约束下中国钢铁企业技术效率评价。第6章，资源和环境约束下中国钢铁企业全要素生产率测算。第7章，环境规制对资源和环境约束下中国钢铁企业全要素生产率的影响。第8章，个案分析——河北省钢铁企业生产率及产能过剩治理分析。第9章，研究结论与研究展望建议。结果表明：（1）技术非效率广泛存在于我国钢铁企业中。资源和环境约束下我国钢铁企业整体、铁前和铁后工序阶段的技术效率年均值分别小于资源约束下的效率值。无论是否考虑环境约束，铁前工序阶段都是制约整体技术效率提升的短板工序。(2) 在现有技术条件下，我国钢铁企业仍有较大的节能减排空间。且相比较而言，铁前工序阶段是节能减排工作的重点。(3) 我国钢铁企业技术效率和全要素生产率存在地区差异。资源约束下，东、中、西部钢铁企业整体技术效率及全要素生产率均值依次减小。考虑污染排放变量后，东、中部地区钢铁企业技术效率均值下降，而西部地区钢铁企业技术效率有所提高。且东部地区钢铁企业整体、铁前和铁后工序阶段平均全要素生产率变动指数大于中、西部地区钢铁企业相应值。(4) 环境约束使钢铁企业整体及铁后工序阶段的全要素生产率变动指数显著下降，而铁前工序阶段的全要素生产率变动指数则显著提高。无论是否考虑环境因素，样本期间内钢铁企业整体及两阶段全要素生产率增长主要源于行业技术效率的提高，技术进步对生产率的贡献为负值。(5) 环境规制与资源环境约束下钢铁企业全要素生产率之间符合倒“N”型关系，我国钢铁企业 2009 ~ 2013 年期间环境规制强度均值处在第一个拐点的左端，与全要素生产率负相关，“波特假说”尚未得到验证。钢铁企业规模变量与企业整体全要素生产率显著负相关，而研发投资率与全要素生产率显著正相关。

目　　录

第 1 章

引　言

1.1 选题背景

21 世纪以来，随着世界经济的飞速发展，能源危机、环境污染等问题日益加剧。传统的“高能耗、高污染、低效率、低效益”发展模式已难以为继。大力发展绿色经济，实现资源节约型、环境友好型、社会进步型的绿色可持续发展模式已经成为摆在全世界面前的一个亟待解决的重大课题。社会可持续发展要求处理好资源、环境和经济社会发展的关系，必然要限制“三高”产业发展，通过绿色技术创新，淘汰过剩产能提升其竞争力。钢铁工业作为我国国民经济的重要支柱产业之一，不但资金和技术密集度高，而且是“三高”产业的首要代表。2009～2013 年年均能源消耗约占全国总能耗的 16.9%，SO_2 占全国总 SO_2 排放量的 3.5%，每年排放的固体废弃物占全国固废排放总量的 12.6%。我国钢铁工业“十一五”和“十二五”发展规划中，对加强集约经营，节能减排及改进效率提出了较高的指标要求。目前，能源、环保、绿色制造和绿色发展问题已经成为钢铁工业发展面临的最紧迫、最严峻的问题，钢铁工业的绿色转型迫在眉睫。而提高资源环境约束下钢铁企业技术效率、全要素生产率是其绿色转型的根本。虽然中国钢铁工业协会在 2008 年召开的第五届中国国际钢铁大会上提出了“绿色钢铁”理念，要求钢铁企业把资源节约和环境保护的理念融入企业经营管理中，通过转变生产方式，推进全面清洁生产，促进企业与自然、社会和谐统一，实现企业的可持续成长。以宝钢、鞍钢、武钢和首钢为代表的钢铁企业，也都在践行“绿色钢铁”理念。但由于环境污染和资源损耗难以计算，影响各钢铁企业的“绿色”可比性，无法合理评价“绿色钢铁”发展的好坏。因此，运用合理的经济模型和投入产出数据科学准确地估算技术效率和全要素生产率成为衡量钢铁产业经济发展状况的途径。传统的技术效率和全要素生产率测度，一方面将钢铁企业视为“黑箱”，不考虑钢铁生产流程中各阶段之间的联结关系；另一方面没有同时将资源和环境因素纳入分析框架。在强调绿色钢铁可持续发展的当今，资源和环境不仅是钢铁产业经济发展的内生变量，同时也是产业经济发展规模和速度的刚性约束，如果忽略这种约束，则会扭曲社会福利变化，不能准确反映钢铁产业的真实经济绩效，从而误导政策建议（Hailu and Veeman，2000）。同时，从钢铁产业链的视角看，生铁和粗钢产量的均衡生产有利于钢铁企业的正常运营。也就是说铁前工序阶段和铁后工序阶段的运营绩效都会对企业的整体绩效产生影响。因此，深入钢铁生产流程内部，评价各子过程的效率和生产率成为必要。基于以上两点，我们应用并拓展了网络 SBM－DEA 方法，将资源和环境约束纳入网络分析框架中，通过测算两阶段技术效率和全要素生产率指标考察钢铁企业整体及各阶段的资源投入利用率、节能减排情况，探讨我国钢铁产业绿色经济增长绩效及其内在动力，并且从环境规制的制度层面进一步分析了我国钢铁产业能否实现环境保护和经济发展的双赢。

1. 钢铁产业经济进入“微增长”时期

改革开放 30 余年来，我国钢铁工业取得了飞速发展。中国粗钢产量自 1996 年起连续 17 年居世界第一。如图 1－1 显示，中国粗钢产量 2001 年为 1.52 亿吨，占世界总粗钢产量的 17.84%，到 2013 年增长为 7.79 亿吨，占世界总粗钢量的 48%。钢材的表观消费量也从 2001 年的 1.69 亿吨增长至 2013 年的 10.38 亿吨。目前，中国经济增速放缓，增长率从过去 10% 左右下降至 7%～8%。在新常态经济背景下，我国工业已经发展到中后期，靠投资驱动和规模扩张发展模式已经难以为继，要素供给条件发生明显变化，资源和环境约束都已经达到或者接近上限。钢铁工业粗钢产量和表观消费量虽然在绝对数额上处于增长趋势，但继续增长的空间已经不大。随着国家经济由投资拉动向消费拉动的转型，人均粗钢消费已经达到了发达国家在粗钢消费顶点时期的钢消费量，导致未来粗钢消费将告别高速增长的时期，进入低速增长甚至是负增长交替出现的时期。2009～2013 年是我国钢铁行业发展的关键时期，也是我国迈向“十二五”的过渡期。

但整个钢铁行业出现了盈利的大幅下滑，进入以产能过剩，低价微利为主要特征的新常态。产能的日趋过剩与需求下降已经形成了比过去发达国家更加尖锐的矛盾。钢铁行业在钢材价格下降和原料价格上涨的双重挤压下，生产经营面临前所未有的困难。因此，新常态下我国钢铁工业要想健康可持续发展，必须提高资源环境约束下的技术效率和生产率，实现绿色转型。以全面提高钢铁工业综合竞争力为主攻方向，强化绿色发展理念，优化产业布局，推动兼并重组，实施绿色科技创新驱动，努力建成资源节约、环境优化、创新驱动、效益良好、国际领先的钢铁工业。

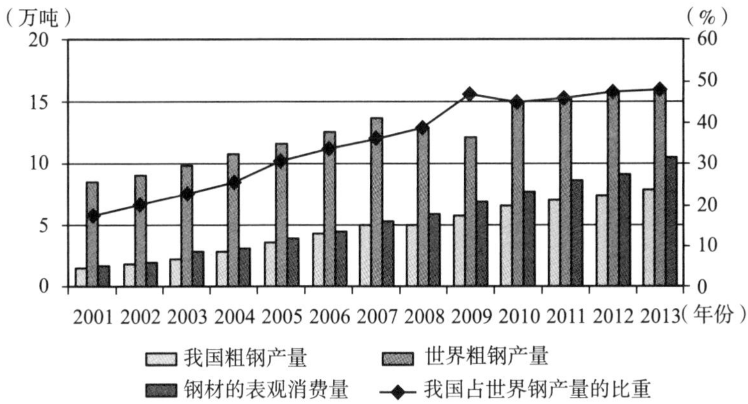

图1-1 2001~2013年我国粗钢产量

资料来源：中国钢铁统计（2014）。

2. 资源环境约束更加严峻

中国钢铁工业在快速发展取得重大成就的同时，不可避免地带来了能耗的增长和环境的日益恶化。2009~2013年，中国钢铁行业能耗总量从564.04百万吨标煤增长至581.25百万吨标煤，废水排放量从252.90亿立方米增长至363.24亿立方米，废气排放量从75830.11亿立方米上升至113189亿立方米，固体废弃物产生量从24351万吨增长至34986万吨。为解决严峻的能耗消耗和环境污染问题，国家工信部颁布了钢铁工业“十一五”和“十二五”发展规划。我国钢铁工业经济在“十一五”时期发展速度最快、节能减排成效最为显著，到2010年共淘汰落后炼铁产能12272万吨、炼钢产能7224万吨。吨钢综合能耗降至606千克标准煤、固体废弃物综合利用率由90%提高至94%。随着影响行业发展的资源、环境等制约因素的进一步增强，“十二五”规划中制定了更加严格的环境规制标准，如到2015年要求单位工业增加值能耗和二氧化碳排放分别下降18%，吨钢二氧化硫排放下降39%，重点统计钢铁企业平均吨钢综合能耗小于580千克标准煤，吨钢化学需氧量下降7%，吨钢耗新水量低于4立方米，固体废弃物综合利用率达97%以上等。2020年，全面建立钢铁制造、能源转换、废弃物消纳的绿色环保生产体系，实现吨钢综合能耗降至560千克标煤以下，吨钢耗新水量不超过3立方米，固体废弃物100%利用。同时，中国制造2025规划中也明确指出，要实现要素驱动向创新驱动的转变，全面地推进钢铁、有色、化工、建材等资源消耗大、污染排放多的粗放制造向绿色制造转变，降低重点行业能耗，提高产品制造效率。因此，在资源和环境约束日益加强的背景下，排放标准的出台对钢铁产业经营形成了更好的限制，中国钢铁企业进入一个优胜劣汰的重要转折期，节能减排不达标，成本较高，技术效率及生产率较低的部分企业必将退出钢铁的历史舞台。因此，资源和环境约束下的技术效率和生产率的准确测算，并探寻其提升的途径对于实现钢铁企业可持续性发展显得尤为重要。

3. 网络DEA方法逐渐成为DEA研究前沿领域

美国著名运筹学家查恩斯（Charnes，1978）等提出了数据包络分析（Data Envelopment Analysis，DEA）效率评价方法，将单输入、单输出的工程效率概念推广到多输入、多输出同类决策单元（Decision Making Unit，DMU）的有效评价中，极大地丰富了微观经济中的生产函数理论及其应用技术。DEA方法在避免主观因素、简化算法、减少误差等方面具有一定的优越性，在相关理论和应用研究方面都取得了显著成果（Cooper，Seiford and Zanakis，2004），现已成为管理科学和工程、决策分析、评价技术等领域中一种重要的研究分析工具。自1978年查恩斯提出第一个DEA模型起，人们对DEA评价模型和方法就有两种看法。传统DEA方法不考虑决策单元内部各类子过程之间的联结关系，不考虑由初始输入到最终输出所经历的各个中间环节和相关的中间数据，只需使用各项初始输入数据和最终输出数据进行相对有效性评价。因此，模型简单易懂、应用比较广泛，被称为“黑箱评价”。但是，这种方法在有效描述内部子系统之间的关联性以及充分考虑子系统的生产信息上，因完全忽视中间产品，得到的评价结果存在偏差，不能令人满意。例如，一些决策单元整体效率指数很高，但是其中某些子过程并不是最优的。而另一些决策单元虽然总体效率指数不高，但其中某些子过程却比其他相对有效决策单元的子过程更有效。网络 DEA 方法能够从多个视角深入系统内部，考虑各子过程之间的相互联结机制，对系统、各子过程的相对有效性及存在的关系进行判断，从而鉴别出对系统绩效影响较大的子过程，发现系统无效的根源，为经营决策者提供更多的管理信息，为更科学合理地评价系统效率提供重要的理论支撑。因此，“打开黑箱”，进一步发展网络 DEA 理论及其应用研究日益成为 DEA 理论的前沿领域。

1.2 研究意义

1.2.1 理论意义

通过对网络 DEA 理论研究进展的相关文献进行梳理，发现以往的研究大多运用径向 DEA 方法测算网络决策单元的整体效率和阶段效率，或者进一步深层次的挖掘各阶段效率与整体效率之间的关系。托恩和筒井（Tone and Tsutsui，2009）为解决网络系统现实运营过程中出现的投入和产出非同比例变化的问题，改进了单阶段 SBM - DEA 模型，首次将非径向 SBM - DEA 方法拓展至网络 DEA 理论中，建立了网络 SBM - DEA 模型。虽然该模型具有解决网络系统中所有投入、产出要素非同比例变化问题，以及各子过程投入变量冗余和产出变量不足问题的优点，但该模型中没有考虑诸如废气、废渣、废水等非期望产出因素。因此，为更准确合理地进行效率评价，有必要以此模型为基础进行改进或者与其他模型相结合。同时，目前对具有多阶段生产过程的决策单元进行生产率测算的研究均采用以径向网络 DEA 方法为基础的 Malmquist 指数模型，也没有考虑到非期望产出因素对生产率变化的影响。基于径向网络 DEA 模型的各种缺点弊端，评估得到的生产率变化也是不准确的。因此，本书构建了考虑非期望产出的网络 SBM - DEA 模型和网络 Malmquist - Luenberger 指数模型，分别用于评价多阶段生产决策单元的技术效率、生产率变化、技术效率变化及技术进步变化，并从子过程视角探求导致系统整体生产率变化的原因。以上模型改进在网络 DEA 方法拓展方面具有一定的理论意义。网络 DEA 方法视角下的环境绩效评价理论是对传统绩效评价理论的有益补充，对政府制定钢铁产业相关政策，实现钢铁产业经济与环境协调发展提供可靠的方法理论依据，更为我国钢铁企业达到节能减排目标，提升企业综合竞争力提供了重要的理论参考价值。

1.2.2 现实意义

1. 从新的视角衡量钢铁企业的环境经济绩效

资源消耗、环境污染和经济增长成为目前全世界都在关心的热点话题。钢铁生产流程包含烧结、炼铁、炼钢、轧钢、连铸等系列工序。每一环节都要消耗大量的能源，同时产生各种废弃物。中国钢铁产业一直以来的粗放式发展所带来的高能耗和污染问题尤为严重，为应对微利时代的到来和资源环境约束，中国钢铁行业迫切需要绿色转型。而绿色转型的根本在于全面提高钢铁企业的技术效率和全要素生产率，准确测算并全面掌握钢铁产业资源环境约束下的效率及生产率成为前提。以往学者们对能源及环境约束下的我国钢铁产业的效率评价和生产率测算展开了大量研究，但均视钢铁企业为“黑箱”进行研究的。忽视钢铁企业生产过程中各个环节之间的相互联系，只能得到各企业整体的技术效率或者各时期生产率的变动情况。不能客观合理地评价各子过程的能源利用效率、排污治污绩效及其对企业整体系统效率的影响，同时也不能深入挖掘导致企业整体效率较低，全要素生产率增长缓慢的主要原因。因此，需要有新的评价方法作为依据，对钢铁企业的经济绩效、能耗情况及环境污染治理状况进行更加客观、合理和综合的评价。本书对网络 SBM – DEA 方法进行拓展，构建了考虑非期望产出的网络 SBM – DEA 模型和网络 Malmquist – Luenberger 指数模型。从铁前工序和铁后工序两阶段的视角，将资源和污染物排放纳入技术效率和生产率分析框架中，核算我国钢铁企业近几年的技术效率和全要素生产率，从而更加准确客观地评价我国钢铁产业的发展质量，清晰地认识到我国钢铁产业快速发展过程中所付出的资源环境代价。

2. 为政府出台相关产业政策提供定量依据

面对微利及严峻资源环境约束的新形势，要制定科学的产业发展政策，需要充分了解目前钢铁企业的环境绩效水平。本书从两阶段的新视角得出钢铁企业在资源和环境约束下的效率及生产率测度结果，来反映钢铁企业绿色发展状态的变化趋势及绿色转型的发展水平，以期发现阻碍钢铁产业绿色经济发展的不利条件，为相关政府部门制定更为科学、合理的钢铁产业政策提供了依据。同时，为进一步提升钢铁产业全要素生产率，本书还选取了与可持续发展紧密相关的环境规制这一制度因素，分析其对钢铁产业全要素生产率的影响，以期为政府制定环境政策提供具有参考价值的建议，从而促进中国钢铁产业健康、持续、快速发展。

1.3 研究内容、技术路线和方法

1.3.1 研究内容

本书基于笔者的博士学位论文，运用网络 SBM - DEA 方法及其拓展模型，把钢铁企业资源消耗以及污染物排放作为约束条件，对其技术效率及生产率进行更加准确合理的测算。在现有企业规模、所有制形式、研发、教育培训等影响因素基础上，重点研究分析了环境规制强度对资源和环境约束下钢铁企业全要素生产率的影响，以探究生产率提升路径。以河北省钢铁企业为例，分析其产能过剩的特点、原因等，并从供给侧改革视角提出资源和环境约束下生产率提升是其过剩产能治理的根本路径。最后对我国钢铁企业效率及生产率提升给出合理规划建议。全书分为9章，研究思路如下：

第1章，引言。本章主要对本书的选题背景和意义、研究思路与框架、研究方法及创新点进行阐述。

第2章，相关理论和文献综述。本章主要对本书所涉及的技术效率及生产率评价理论、网络 DEA 理论进行阐述，对现有涉及网络 DEA 理论及应用方面的文献进行梳理和归纳，从而为本书进行网络 DEA 模型拓展和应用提供坚实的理论基础。同时，对有关中国钢铁企业技术效率、生产率以及钢铁企业产能过剩研究的相关文献进行梳理和分析。

第3章，中国钢铁产业发展现状。首先，分析现阶段中国钢铁产业发展供给端现状和需求端现状。其次，重点分析了中国钢铁产业经济发展面临的能源、铁矿石等资源约束现状以及环境约束现状。最后，分析中国钢铁产业的产能过剩现状，特别要阐述其产能过剩的主要特征以及导致产能过剩的原因。

第4章，资源约束下中国钢铁企业技术效率评价。本章首先，将钢铁企业生产流程概念化为铁前工序阶段和铁后工序阶段，引入能源、铁矿石消耗这两个重要的投入变量，以及铁水这一联结铁前和铁后工序阶段的中间变量。其次，运用网络SBM－DEA模型测算中国钢铁企业整体及两阶段技术效率，探寻影响整体效率提升的短板阶段。最后，通过分析各阶段的节能潜力，确定现阶段钢铁企业节能工作的重点。

第5章，资源和环境约束下中国钢铁企业技术效率评价。首先，在网络SBM－DEA模型基础上引入废气、废渣等非期望产出变量，将其进一步拓展为非期望网络SBM－DEA模型，以测算钢铁企业整体及两阶段技术效率。其次，重点分析环境约束对钢铁企业整体及两阶段技术效率的影响、对技术效率地区差异的影响，以及废气和废渣的可降空间。

第6章，资源和环境约束下中国钢铁企业全要素生产率测算。首先，以网络SBM－DEA为基础，构建网络Malmquist生产率指数模型，分析资源约束下我国钢铁企业整体、铁前和铁后工序阶段的全要素生产率变化。其次，以非期望网络SBM－DEA为基础，构建网络Malmquist－Luenberger生产率指数模型分析资源和环境约束下我国钢铁企业整体、铁前和铁后工序阶段的全要素生产率变化。最后，通过对比，分析环境约束对钢铁企业两阶段全要素生产率的影响。

第7章，环境规制对资源和环境约束下全要素生产率的影响。本章在现有企业规模、技术研发、教育培训、要素禀赋结构等影响因素基础上，重点探讨环境规制这一制度因素对资源环境约束下我国钢铁企业全要素生产率的影响，从而探究生产率提升路径。

第8章，案例分析——河北省钢铁企业生产率及产能过剩治理分析。第一，在本书第4～6章技术效率及生产率测算的基础上重点分析了河北钢铁大省各企业的技术效率及生产率现状。第二，从供给端和需求端分析了河北省钢铁产业的发展现状，归纳总结了河北省钢铁产业经济效益现状以及产能过剩的现状。第三，分析了河北省钢铁产业采取的供给侧结构性改革取得的效果以及存在的不足。第四，提出了供给侧结构性改革视角下能源和环境约束下的生产率提升是进一步化解过剩产能的重要路径。

第9章，研究结论与研究展望。对全书研究进行总结，将资源与环境约束、产能过剩约束以及供给侧结构性改革进行综合考虑，对我国钢铁企业效率提升以及过剩产能治理给出合理规划和建议。

1.3.2　本书技术路线

本书研究框架如图1－2所示。

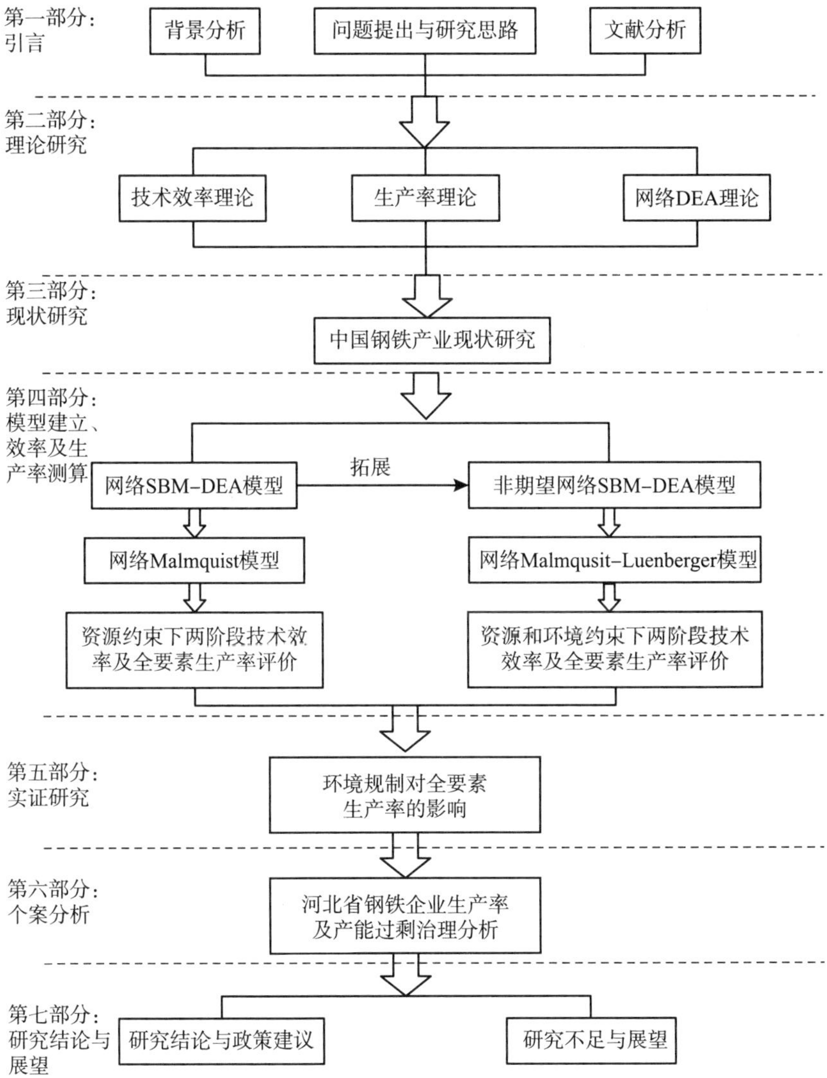

图1－2　本书研究框架

1.3.3 研究方法

当前国内外学术界关于数据包络分析模型本身的研究工作已经比较完备。将数据包络分析模型与其他相关理论相结合构造新的集成模型或者寻求数据包络分析新的应用领域正逐渐成为研究热点。相比较而言，有关数据包络分析方法研究的文献占绝大多数，且主要集中于改进经典数据包络分析模型的缺陷等方面，例如，通过改进权值提高其识别能力等。但是，以较大规模数据为基础，应用改进后的模型进行实证分析的文章还比较少。本书采用以定量研究与实证研究为主，并与定性分析相结合的研究方法，力图用较大规模的实际数据来验证所改进模型的科学性与实际应用的准确性。

1.4 创 新 点

本书力图从新的视角、采用新的研究方法来理解和分析问题，对我国钢铁产业资源和环境约束下的可持续性发展作了认真的思考和细致的研究。与以往研究相比，本书的主要创新点如下：

（1）将传统非期望 SBM - DEA 模型的构建思想拓展至网络结构决策单元中，基于网络 SBM - DEA 模型，建立了非期望网络 SBM - DEA 模型。该模型不但考虑了生产系统内部各子过程之间的联结，以及非期望产出存在时对效率的影响，还可以解决各投入产出松弛量不为零的问题，有利于更加客观准确地评价企业的环境绩效，避免技术效率测算结果的偏差，帮助经营决策者更好地鉴别环境约束下的无效决策单元及制约企业整体效率提升的短板工序。本书将钢铁企业生产流程划分为铁前工序阶段和铁后工序阶段，改变以往单阶段效率评价的视角，应用非期望网络 SBM - DEA 模型将资源、环境因素纳入钢铁企业两阶段技术效率分析框架中，从两阶段视角测算并分析资源和环境约束下钢铁企业整体、铁前和铁后工序阶段的经营绩效。明确铁前工序阶段是影响企业节能减排工作及整体效率提升的重点工序，为进一步提高环境绩效提供了更为详尽的改进措施。

（2）为分析多阶段网络结构中存在非期望产出时对生产率评价的影响，将传统 Malmquist 和 Malmquist - Luenberger 生产率指数的构建思想拓展到网络结构中，分别以网络 SBM - DEA 及非期望网络 SBM - DEA 效率为基础，建立了网络 Malmquist 和网络 Malmquist - Luenberger 指数模型。一方面可以同时考虑投入、非期望产出减少及期望产出增加，不需要选择测度角度；另一方面可以考虑投入、期望产出及非期望产出松弛量不为 0 时对生产率评价的影响。本书应用两个模型分别对资源约束、资源和环境约束下钢铁企业的整体及两阶段生产率增长进行更精准更合理的测算，发现忽略环境约束进行的生产率评价是有偏的，并且鉴别出影响企业整体生产率增长的关键工序和来源。

（3）从微观企业层面研究环境规制对资源和环境约束下钢铁企业全要素生产率的影响。基于工业企业环境规制与生产率关系的相关研究文献及机理分析，提出两者之间呈现倒“N”型关系假设。以网络 Malmquist - Luenberger 生产率指数所测算出的整体全要素生产率为被解释变量，环境规制为解释变量，实证分析了两者之间的倒“N”型关系。样本钢铁企业在样本期间的环境规制水平均值位于第一个拐点左端，极个别钢铁企业在个别年份环境规制水平位于第一个和第二个拐点之间，说明现行环境规制水平不利于生产率提高。为调整环境规制水平，进一步促进环境约束下钢铁企业生产率的提高提供微观证据。

第 2 章

相关理论和文献综述

资源和环境约束下的效率及全要素生产率的增长是衡量钢铁产业经济增长质量的重要标志，已经成为影响钢铁产业能否可持续发展的关键问题。为了对我国钢铁产业效率及全要素生产率增长进行更加科学、合理的测量，有必要从新的视角对测量工具网络 DEA 理论、技术效率理论、全要素生产率理论的发展及其在我国钢铁产业方面的应用研究文献进行梳理和总结，为后续实证研究提供理论支撑。

2.1 技术效率及全要素生产率理论

2.1.1 技术效率及测算方法

技术有效性的研究及技术效率测度理论的提出要追溯到 20 世纪 50 年代。科普曼斯（Koopmans，1951）给出了技术有效的定义：如果在不减少其他产出（或增加其他投入）的情况下，技术上不可能增加任何产出（或减少任何投入），则该投入产出向量是技术有效的，技术有效的所有投入产出向量的集合构成生产前沿面。英国剑桥大学的经济学家法雷尔（Farrell，1957）首次从投入角度提出技术效率概念，即在产出规模和市场价格不变的条件下，按照既定的要素投入比例所能达到的最小生产成本占实际生产成本的百分比。莱宾斯（Leibenstein，1966）从产出角度定义了技术效率，即在市场价格水平、投入规模及投入要素比例不变的情况下实际产出水平与所能达到的最大产出的百分比。由以上定义可知，技术效率用来衡量在没有技术进步或创新的过程中，生产者获得最大产出或投入最小成本的能力。即在特定技术水平下，实际生产活动接近前沿生产水平的程度，衡量生产者利用现有技术的水平高低，也反映了生产的有效性程度。

法雷尔（1957）提出综合技术效率（EE）由纯技术效率和配置效率两个部分组成。关于两者的度量，尤其是综合技术效率的度量从投入角度分析如图 2－1 所示。假定生产单元有两个投入要素（X_1，X_2），一个产出要素（Y），SS'是等产量曲线，AA'是等成本曲线。P 代表非经济有效单元，Q 表示技术有效单元，Q'为经济有效单元。则以 P 点表示的该生产单元的技术非效率用 QP/OP 表示，代表该单元达到技术有效产出可减少的投入要素比率。纯技术效率（TE）一般可用 OQ/OP 来测定，表示为

$$TE_0 = \frac{OQ}{OP} = 1 - \frac{QP}{OP} \tag{2-1}$$

RQ 代表投入点从技术有效但配置无效点 Q，移动到技术和配置均有效的 Q'点时所能减少的成本，故 P 单元的配置效率（AE）等于 OR/OQ，即

$$AE_0 = \frac{OR}{OQ} \tag{2-2}$$

投入导向的综合技术效率可由 OR/OP 来表示，即

$$EE_0 = \frac{OR}{OP} = \left(\frac{OQ}{OP}\right) \times \left(\frac{OR}{OQ}\right) \tag{2-3}$$

同样，可以从产出角度来分析技术效率，即一个生产单元在投入一定的情况下，可以增加多少产出，如图 2－2 所示。假设生产单元由一个投入要素 X，两个产出要素（Y_1，Y_2），ZZ'为产出前沿面。A 为非有效生产单元，则可得

纯技术效率：$$TE_0 = \frac{OA}{OB} = 1 - \frac{AB}{OB} \tag{2-4}$$

配置效率：$$AE_0 = \frac{OB}{OC} \tag{2-5}$$

综合技术效率：$$EE_0 = \frac{OA}{OC} = \left(\frac{OA}{OB}\right) \times \left(\frac{OB}{OC}\right) \tag{2-6}$$

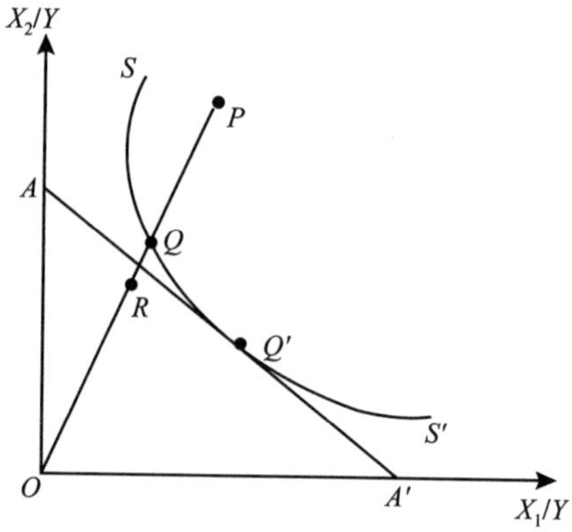

图 2-1 投入角度的技术效率

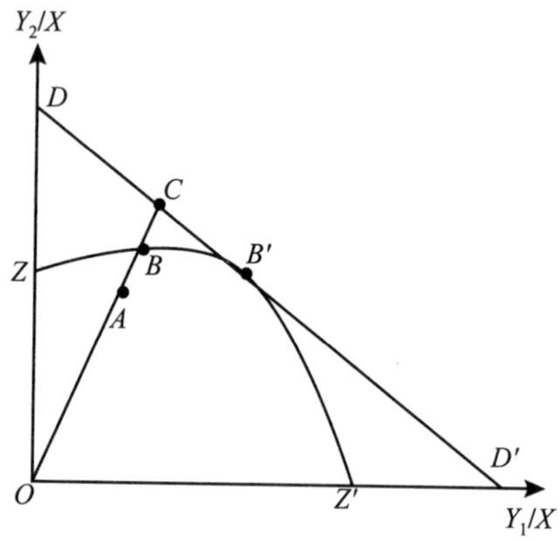

图 2-2 产出角度的技术效率

技术效率的测算方法主要有参数方法和非参数方法两大类。目前文献中最常用的参数方法是随机前沿分析法（SFA），最常用的非参数方法是数据包络分析法（DEA）。

前沿生产函数由艾格纳和初（Aigner and Chu，1968）最早提出，认为在确定的生产条件下，生产要素投入与可能的最大产出量之间的数量关系反映的就是前沿生产函数，并通过该函数确定的前沿面对生产单元的技术效率进行测算。前沿分析法主要分为两大类：确定性前沿方法和随机前沿方法。由于前者把所有可能产生影响的因素都作为技术非效率来测算，使所测得的技术效率与真实的效率水平有很大偏差。因此，米乌森和布罗克（Meeusen and Broeck，1977）在确定性前沿模型基础上引入随机扰动项，分别独立提出了随机前沿方法，以更为准确地描述生产者行为。随机前沿分析法的主要优势在于：前沿面是随机的，各生产单元无须共用一个前沿面；把误差项进行区分，能更准确地反映实际的技术效率水平；可以对结果进行假设检验（如对参数的 T 检验和对函数的似然检验等）。目前最常用的随机前沿模型是巴蒂斯和科利（Battese and Coelli，1992）设定的运用时间序列面板数据估计前沿面的生产函数模型，简称 BC（1992）模型。

数据包络分析是运筹学、管理学与数理经济学交叉研究的一个领域，主要采用数学规划的模型评价具有多输入多输出的部门或决策单元（Decision Making Units，DMU）之间的相对有效性，是一种非参数的评估方法，同时也是估计生产前沿面的一种有效方法。DEA 的显著特点是其不需要考虑投入与产出之间的函数关系，而且不需要预先估计参数、任何权重假设，避免了主观因素，直接通过产出与投入之间加权和之比，计算决策单元的投入产出效率。正是由于 DEA 具有这种独特的优势，使得其在过去 20 多年里得到了长足的发展，取得大量的理论研究与实践应用的成果。可以说，DEA 已经成为管理科学与系统工程领域中一种重要而有效的数学分析工具。自查恩斯、库珀和罗兹（Charnes，Cooper and Rhodes）于 1978 年提出第一个 CCR 效率评价模型后，新的 DEA 模型如 BCC 模型（Banker，Charnes and Cooper，1984）、加性模型（Charnes，Cooper，Golany，Seiford and Stutz，1985）、FG 模型（Fare and Grosskopf，1985）、ST 模型（Seiford and Thrall，1990）、松弛模型（Green，Cook and Doyle，1997）、超效率模型（Andersen and Petersen，1993）等及其他重要理论结果不断出现，模型的应用也日益广泛。针对单阶段生产过程中出现的非期望产出，测算方法主要有方向距离函数法 DDF（Chung，1997），基于松弛量的方法 SBM（Tone，2004；Zhou et al.，2006）以及福山和韦伯（Fukuyama and Weber，2009）提出的基于松弛量的效率损失测算方法（SBI）。国内文献中对考虑了资源环境因素的效率概念界定有不同的观点。大多数文献中将其称为环境效率（胡鞍钢等，2008），也有学者将其称为绿色经济效率（钱争鸣和刘晓晨，2013）或绿色发展效率（王兵和黄人杰，2014）。

2.1.2　全要素生产率及度量模型

生产率是当代经济学理论中除技术效率之外又一个相关联的重要概

念，指的是生产过程中各种生产要素的有效利用程度，反映了一定时期内经济系统的要素配置效率、技术创新水平及生产管理水平等。伴随着经济增长理论的发展，生产率理论大致经历了单要素生产率、全要素生产率和绿色全要素生产率理论的发展过程。从价值论出发，劳动、资本等单个要素与产出的比例，如劳动生产率或资本生产率就是单要素生产率理论的基本雏形。索洛（Solow，1957）将经济增长中扣除资本和劳动投入剩下的“增长余值”称为广义技术进步，又叫全要素生产率。全要素生产率是生产率的一种测算方式，不仅考虑了生产过程中产出与劳动、资本、资源等全部投入要素之和的关系，也包括诸多投入要素解释不了的技术创新、制度创新、组织创新等促进经济增长的因素。简而言之，也就是说经济增长包括两部分，第一部分来自投入要素的增长，第二部分归因于技术的进步和效率的提高。第二部分增长即为能反映经济增长质量的全要素生产率（陈诗一，2010a）。随着经济增长的发展及其对资源与环境的影响，资源与环境约束下的全要素生产率及其度量日益成为关注的焦点。

全要素生产率的度量方法大致可以分为四类：代数指数法、索洛余值法、随机前沿生产函数法（SFA）和数据包络分析法（DEA）。其中代数指数法由于存在诸如资本劳动完全替代、边际生产率不变等严格假定而在实证分析中应用较少。索洛余值法又称为增长核算法，该方法没有考虑生产者技术与前沿的效率差距，同时其完全竞争和利润最大化假设也与经济现实不符。乔根森、克里斯坦森和劳（Jorgenson，Christensen and Lau，1973）提出了用超越对数生产函数测量全要素生产率的方法。该生产函数是一种灵便的函数形式，对生产技术几乎没有任何限制条件，可以较好地研究各种投入的相互影响。以艾格纳、洛弗尔和施密特（Aigner，Lovell and Schmidt，1977）为代表的一批学者发现运用 SFA 方法可以解决索洛余值法在测度全要素生产率方面的缺陷，于是不断完善随机前沿生产函数法，并将其应用于各国各行业的全要素生产率测度及分解中，成为随后相当长时期学者们研究的热点（Battese and Coelli，1995；Kumbhakar，Denny and Fuss，2000）。但是，SFA 是一种经济计量方法，要求确定生产函数的具体形式，并且只适合单产出、多投入的生产方式；因此，它在期望产出和非期望产出同时并存的全要素生产率测算方面就显得无能为力。数据包络分析（DEA）无须要素价格信息和生产函数的具体形式，根据一组相同类型部门输入输出观察值估计有效前沿面，就不但可以判断生产单元是否处于有效前沿面上，还可以对多个样本进行跨时期研究。

Malmquist 指数最初是由曼奎斯特（Malmquist，1953）提出的一种消费指数，后由凯夫斯和戴沃特（Caves and Diewert，1982）将该指数用于生产率变化的测算，但由于没有给出距离函数的测度方法，故 Malmquist 指数在一定时期内只是一种理论指数。Fare 和 Pasurka（1989）基于 Shephard 产出距离函数构建了反映从 t 期到 $t+1$ 期生产率变化的产出 Malmquist 生产率指数。

1. Shephard 产出距离函数和曼奎斯特（Malmquist）生产率指数

Shephard 距离函数可表示为 $D_0^t(x^t, y^t, b^t) = \inf\left\{\delta: \left(\frac{y^t}{\delta}, \frac{b^t}{\delta}\right) \in p^t(x^t)\right\}$

该距离函数可以通过求解下列线性规划得到，

$$
\begin{aligned}
&(D_0^t(x^t, y^t, b^t))^{-1} = \max_{z,\delta}\delta \\
\text{s. t.}\quad & -\delta y + YZ \geqslant 0 \\
& C - \delta b + BZ \geqslant 0 \\
& x - XZ \geqslant 0 \\
& Z \geqslant 0
\end{aligned}
\tag{2-7}
$$

在 Shephard 距离函数基础上构建的 Malmquist 指数表示如下，

$$
M_t^{t+1} = \left[\frac{D_0^t(x^{t+1}, y^{t+1}, b^{t+1})}{D_0^t(x^t, y^t, b^t)} \frac{D_0^{t+1}(x^{t+1}, y^{t+1}, b^{t+1})}{D_0^{t+1}(x^t, y^t, b^t)}\right]^{\frac{1}{2}} \tag{2-8}
$$

其中，$D_0^t(x^t, y^t, b^t)$ 和 $D_0^t(x^{t+1}, y^{t+1}, b^{t+1})$ 分别指以 t 期的技术为参考技术，t 期和 $t+1$ 期时的决策单元的距离函数。$D_0^{t+1}(x^{t+1}, y^{t+1}, b^{t+1})$ 和 $D_0^{t+1}(x^t, y^t, b^t)$ 指以 $t+1$ 期的技术为参考技术时，t 期和 $t+1$ 期的决策单元的距离函数。M_t^{t+1} 大于小于或者等于 1 时意味着生产率增加、降低或者保持不变。Malmquist 指数可以进一步分解为技术效率变动指数（MEFFCH）和技术进步变化指数（MTECH）两部分。技术效率变化指数表示决策单元与最佳生产前沿面的距离变化，通过企业管理机制创新、治理结构调整、经营体制转变以及规模结构调整等可以缩小与前沿技术差距，实现规模经济；技术进步变化指数表示生产前沿面的移动，即投入组合不变情况下，技术创新所带来的产出的额外增长率，反映了技术、工艺的创新和引进。

$$M_t^{t+1} = MEFFCH_t^{t+1} \times MTECH_t^{t+1}$$

$$
= \frac{D_0^t(x^{t+1}, y^{t+1}, b^{t+1})}{D_0^t(x^t, y^t, b^t)} \times \left[\frac{D_0^t(x^{t+1}, y^{t+1}, b^{t+1})}{D_0^{t+1}(x^{t+1}, y^{t+1}, b^{t+1})} \frac{D_0^t(x^t, y^t, b^t)}{D_0^{t+1}(x^t, y^t, b^t)}\right]^{\frac{1}{2}} \tag{2-9}
$$

法尔和格罗斯科普夫（Fare and Grosskopf，1994）提出了在虚拟规模报酬不变的假设下测度技术进步，并将 Malmquist 指数分解为技术进步变化、纯效率变化和规模效率变化三部分。

$$
MPI_{(x_t,y_t,x_{t+1},y_{t+1})} = \left(\frac{D_0^{t+1}(x^{t+1}, y^{t+1} \mid V)}{D_0^t(x^t, y^t \mid V)}\right) \times \left(\frac{\dfrac{D_0^{t+1}(x^{t+1}, y^{t+1} \mid C)}{D_0^{t+1}(x^t, y^t \mid V)}}{\dfrac{D_0^t(x^t, y^t \mid C)}{D_0^{t+1}(x^t, y^t \mid V)}}\right) \times
$$

$$
\left[\frac{\dfrac{D_0^{t+1}(x^{t+1}, y^{t+1} \mid C)}{D_0^{t+1}(x^{t+1}, y^{t+1} \mid C)}}{\dfrac{D_0^t(x^t, y^t \mid C)}{D_0^{t+1}(x^t, y^t \mid C)}}\right]^{\frac{1}{2}}
$$

$$
= PEC_{(t+1,t)} \times SEC_{(t+1,t)} \times TC_{(t+1,t)} \tag{2-10}
$$

以上 Malmquist 生产率指数不需要投入和产出变量的成本价格信息，也不需要明确诸如成本最小化或利润最大化等目标函数，是一种很好的评价生产力水平的工具，可适用于公共部门或者非市场商品如污染物存在时的生产率测算。但是没有考虑污染排放的负外部性，许多研究将污染排放作为投入纳入距离函数，这与实际经济活动是不相符的，因此得到的全要素生产率也是有偏差的。为此，需要用可以将污染排放作为非期望产出处理的模型，如用方向距离函数来代替 Malmquist 指数中的产出距离函数。

2. 方向性距离函数和 Malmquist – Luenberger 生产率指数

资源环境问题的日益突出使得学者们逐步意识到对经济活动进行评价时必须考虑到资源和环境的影响。为了解决 Shephard 产出距离函数中好的产出和坏的产出同时增加的问题，方向性距离函数的提出（Chambers，Chung and Färe，1996；Chung，Färe and Grosskopf，1997），第一次比较合理地模拟环境污染对经济活动的有害影响。方向性距离函数可以表示为：$\vec{D}_0(x, y, b; g) = \sup\{\beta: (y, b) + \beta g \in P(x)\}$。在此基础上定义了 t 期和 $t+1$ 期的 Malmquist – Luenberger 生产率指数

$$ML_t^{t+1} = \left[\frac{(1+\vec{D}_0^t(x^t, y^t, b^t; y^t, -b^t))(1+\vec{D}_0^{t+1}(x^t, y^t, b^t; y^t, -b^t))}{(1+\vec{D}_0^t(x^{t+1}, y^{t+1}, b^{t+1}; y^{t+1}, -b^{t+1}))(1+\vec{D}_0^{t+1}(x^{t+1}, y^{t+1}, b^{t+1}; y^{t+1}, -b^{t+1}))} \right] \tag{2-11}$$

同 Malmquist 指数一样，Malmquist - Luenberger 生产率指数也可以分解为效率变化 $MLEFFCH_t^{t+1}$ 和技术变化 $MLTECH_t^{t+1}$ 两部分

$$MLEFFCH_t^{t+1} = \frac{(1+\vec{D}_0^t(x^t, y^t, b^t; y^t, -b^t))}{(1+\vec{D}_0^{t+1}(x^{t+1}, y^{t+1}, b^{t+1}; y^{t+1}, -b^{t+1}))} \tag{2-12}$$

$$MLTECH_t^{t+1} = \left[\frac{\{1+\vec{D}_0^{t+1}(x^t, y^t, b^t; y^t, -b^t)\}\{1+\vec{D}_0^{t+1}(x^{t+1}, y^{t+1}, b^{t+1}; y^{t+1}, -b^{t+1})\}}{\{1+\vec{D}_0^t(x^t, y^t, b^t; y^t, -b^t)\}\{1+\vec{D}_0^t(x^{t+1}, y^{t+1}, b^{t+1}; y^{t+1}, -b^{t+1})\}} \right]^{\frac{1}{2}} \tag{2-13}$$

将环境污染视为弱处置性的非期望产出，利用 Malmquist - Luenberger 指数进行全要素生产率测算是目前考虑环境约束的全要素生产率研究中，较为前沿的一种处理方法。该方法能较好地拟合经济与能源环境友好协调发展的要求，在国内外全要素生产率实证研究中得到了广泛应用。近年来，国内学者将资源环境因素纳入中国区域经济层面的全要素生产率研究中，大多将其称为环境全要素生产率（陈诗一，2012；匡远凤和彭代彦，2012；涂正革和肖耿，2009；吴军，2009）。也有学者将其称为绿色全要素生产率（陈诗一，2009，2010b；胡晓珍和杨龙，2011；杨文举，2011）。

2.2　网络 DEA 理论

2.2.1　网络 DEA 理论模型

法尔和格罗斯科普夫（2000）在他们的专著和文章中首次提出了 FG 网络 DEA 模型的概念，对具有网络结构的决策单元的相对有效性评价问题作了开创性研究。不同于传统的 DEA 模型，网络 DEA 没有一个标准的形式。它依赖现实问题的网络结构。复杂网络生产系统包含众多子系统，按照子系统的外在联结方式可以分为串联、并联、混合和循环等（杨峰，2006），其中最基本的是串联结构和并联结构。

1. 网络 DEA 模型

假设一个系统由 p 个过程组成，如图 2－3 所示。$X_{ij}^{(k)}$，$i \in I^{(k)}$ 表示过程 k 的第 i 种投入，$I^{(k)}$ 表示过程 k 消耗的所有外生投入变量的集合。$Y_{rj}^{(k)}$，$r \in O^{(k)}$ 表示过程 k 的第 r 种最终产出，$O^{(k)}$ 表示过程 k 产生的最终产品的集合。则系统投入和产出可以表示为 $\sum_{k=1}^{p} X_{ij}^{(k)} = X_{ij}$ 和 $\sum_{k=1}^{p} Y_{rj}^{(k)} = Y_{rj}$。$Z_{fj}^{(a,k)}$，$f \in M^{(k)}$ 表示过程 a 生产的第 f 种中间产品，$M^{(k)}$ 表示过程 k 所消费的中间产品的集合。$Z_{gj}^{(k,b)}$，$g \in N^{(k)}$ 表示过程 b 所消耗的第 g 种中间产品，且 $N^{(k)}$ 表示过程 k 所产生的中间产品的集合。其他子过程所生产的供给过程 k 使用的同种中间产品 f 的综合可以表示为 $\sum_{a=1}^{p} Z_{fj}^{(a,k)} = Z_{fj}^{(k)}$。同理，过程 k 所生产的供给其他子过程使用的同种中间产品 g 的综合可以表示为 $\sum_{b=1}^{p} Z_{gj}^{(k,b)} = Z_{gj}^{(k)}$。生产可能集可表示为：

$$T = \left\{ (x, y, z) \left| \begin{array}{l} \sum_{j=1}^{n} \lambda_j^{(k)} X_{ij}^{(k)} = x_i,\ i \in I^{(k)},\ \sum_{j=1}^{n} \lambda_j^{(k)} Y_{rj}^{(k)} \geqslant y_r,\ r \in O^{(k)}, \\ \sum_{j=1}^{n} \lambda_j^{(k)} Z_{fj}^{(k)} \leqslant z_f,\ f \in M^{(k)},\ \sum_{j=1}^{n} \lambda_j^{(k)} Z_{gj}^{(k)} = z_g,\ g \in N^{(k)}, \\ k = 1, \cdots, p \end{array} \right. \right\} \tag{2-14}$$

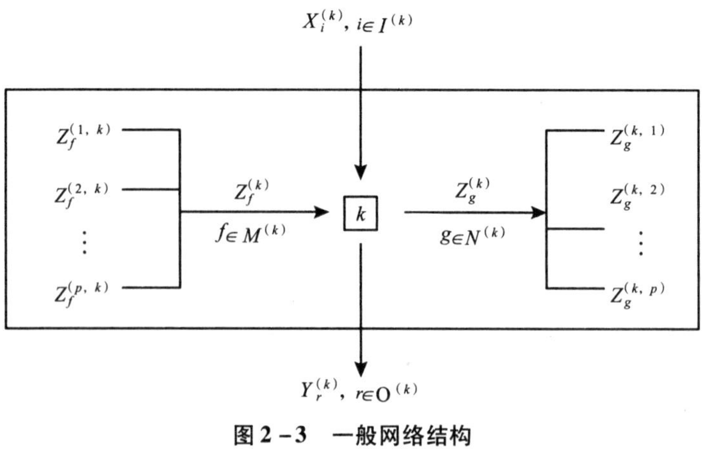

图 2－3　一般网络结构

现有的用于测算上述网络生产系统效率的 DEA 模型主要包括以下几种：

（1）独立模型：在评价网络生产系统整体效率及各组成过程效率时，分别将它们看作独立的决策单元，用 BCC 或 CCR 模型进行测算。

（2）系统距离测量模型：以最小输入距离测量 θ 或者最大输出距离测量 ϕ 作为系统效率。投入导向系统效率可以表示为：

$$
\begin{aligned}
&\min\theta \\
\text{s.t.}\ &\sum_{j=1}^{n}\lambda_j^{(k)}X_{ij}^{(k)}+s_i^{(k)}=\theta X_{i0}^{(k)},\ i\in I^{(k)},\ k=1,\cdots,p \\
&\sum_{j=1}^{n}\lambda_j^{(k)}Y_{rj}^{(k)}-s_r^{+(k)}=Y_{r0}^{(k)},\ r\in O^{(k)},\ k=1,\cdots,p \\
&\sum_{j=1}^{n}\lambda_j^{(k)}Z_{fj}^{(k)}+s_f^{o(k)}=Z_{f0}^{(k)},\ f\in M^{(k)},\ k=1,\cdots,p \\
&\sum_{j=1}^{n}\lambda_j^{(k)}Z_{gj}^{(k)}-s_g^{o(k)}=Z_{g0}^{(k)},\ g\in N^{(k)},\ k=1,\cdots,p \\
&s_i^{(k)},\ s_r^{+(k)},\ s_f^{o(k)},\ s_g^{o(k)},\ \lambda_j^{(k)}\geqslant 0,\ i\in I^{(k)},\ r\in O^{(k)} \\
&f\in M^{(k)},\ g\in N^{(k)},\ j=1,\cdots,n,\ k=1,\cdots,p
\end{aligned}
\tag{2-15}
$$

（3）过程距离测量模型：以最小输入距离测量 θ_k 或最大输出距离测量 ϕ_k 作为过程 K 的效率，则投入导向的过程效率可以表示为：

$$
\begin{aligned}
&\min\theta^{(k)} \\
\text{s.t.}\ &\sum_{j=1}^{n}\lambda_j^{(k)}X_{ij}^{(k)}+s_i^{(k)}=\theta^{(k)}X_{i0}^{(k)},\ i\in I^{(k)},\ k=1,\cdots,p \\
&\sum_{j=1}^{n}\lambda_j^{(k)}Y_{rj}^{(k)}-s_r^{+(k)}=Y_{r0}^{(k)},\ r\in O^{(k)},\ k=1,\cdots,p \\
&\sum_{j=1}^{n}\lambda_j^{(k)}Z_{fj}^{(k)}+s_f^{o(k)}=Z_{f0}^{(k)},\ f\in M^{(k)},\ k=1,\cdots,p \\
&\sum_{j=1}^{n}\lambda_j^{(k)}Z_{gj}^{(k)}-s_g^{o(k)}=Z_{g0}^{(k)},\ g\in N^{(k)},\ k=1,\cdots,p \\
&s_i^{(k)},\ s_r^{+(k)},\ s_f^{o(k)},\ s_g^{o(k)},\ \lambda_j^{(k)}\geqslant 0,\ i\in I^{(k)},\ r\in O^{(k)} \\
&f\in M^{(k)},\ g\in N^{(k)},\ j=1,\cdots,n,\ k=1,\cdots,p
\end{aligned}
\tag{2-16}
$$

（4）比率形式系统效率模型：以外生产出和与外生投入和的比率作为系统效率，则投入导向的系统效率可以表示为：

$$
E_0^s=\max.\ \frac{\sum_{r=1}^{s}u_rY_{r0}}{\sum_{i=1}^{m}v_iX_{i0}}
$$

$$\text{s. t} \sum_{r \in O^{(k)}} u_r^{(k)} Y_{rj}^{(k)} + \sum_{g \in N^{(k)}} \hat{w}_g^{(k)} Z_{gj}^{(k)} - \sum_{i \in I^{(k)}} v_i^{(k)} X_{ij}^{(k)} - \sum_{f \in M^{(k)}} w_f^{(k)} Z_{fj}^{(k)} \leqslant 0$$

$$u_r^{(k)}, v_i^{(k)}, w_f^{(k)}, \hat{w}_g^{(k)} \geqslant 0, i \in I^{(k)}, r \in O^{(k)}$$

$$f \in M^{(k)}, g \in N^{(k)}, k = 1, \cdots, p, j = 1, \cdots, n \quad (2-17)$$

（5）比率形式过程效率模型：以过程 k 的产出和与投入和的比率作为过程 k 的效率，则可以表示为：

$$E_0^{(k)} = \max. \frac{\left(\sum_{r \in O^{(k)}} u_r^{(k)} Y_{r0}^{(k)} + \sum_{g \in N^{(k)}} \hat{w}_g^{(k)} Z_{g0}^{(k)}\right)}{\left(\sum_{i \in I^{(k)}} v_i^{(k)} X_{i0}^{(k)} + \sum_{f \in M^{(k)}} w_f^{(k)} Z_{f0}^{(k)}\right)}$$

$$\text{s. t.} \sum_{r \in O^{(k)}} u_r^{(k)} Y_{rj}^{(k)} + \sum_{g \in N^{(k)}} \hat{w}_g^{(k)} Z_{gj}^{(k)} - \sum_{i \in I^{(k)}} v_i^{(k)} X_{ij}^{(k)} - \sum_{f \in M^{(k)}} w_f^{(k)} Z_{fj}^{(k)} \leqslant 0,$$

$$u_r^{(k)}, v_i^{(k)}, w_f^{(k)}, \hat{w}_g^{(k)} \geqslant 0, i \in I^{(k)}, r \in O^{(k)}$$

$$f \in M^{(k)}, g \in N^{(k)}, k = 1, \cdots, p, j = 1, \cdots, n \quad (2-18)$$

（6）基于松弛量的方法（SBM）模型：托恩（2009）将 SBM 方法拓展至网络结构中，首次提出了网络 SBM 模型的概念。投入产出导向的系统效率可表示为：

$$\rho_0^* = \min_{\lambda^k, s^{k-}, s^{k+}} \frac{\sum_{k=1}^{K} w^k \left[1 - \frac{1}{m_k}\left(\sum_{i=1}^{m_k} \frac{s_i^{k-}}{x_{i0}^k}\right)\right]}{\sum_{k=1}^{K} w^k \left[1 + \frac{1}{r_k}\left(\sum_{r=1}^{s_k} \frac{s_r^{k+}}{y_{r0}^k}\right)\right]}$$

$$x_0^k = X^k \lambda^k + s^{k-} (k = 1, \cdots, p)$$

$$y_0^k = Y^k \lambda^k - s^{k+} (k = 1, \cdots, p)$$

$$Z^{(k,h)} \lambda^h = Z^{(k,h)} \lambda^k (\forall (k, h))$$

$$\lambda^k \geqslant 0, s^{k-} \geqslant 0, s^{k+} \geqslant 0, (\forall k). \quad (2-19)$$

2. 网络系统结构类型

（1）基础两阶段结构：第一阶段的产出全部作为第二阶段的投入，且第二阶段没有外生投入。该结构是最基础的网络结构，因简单易行而被广泛研究和应用，如图 2－4 所示。

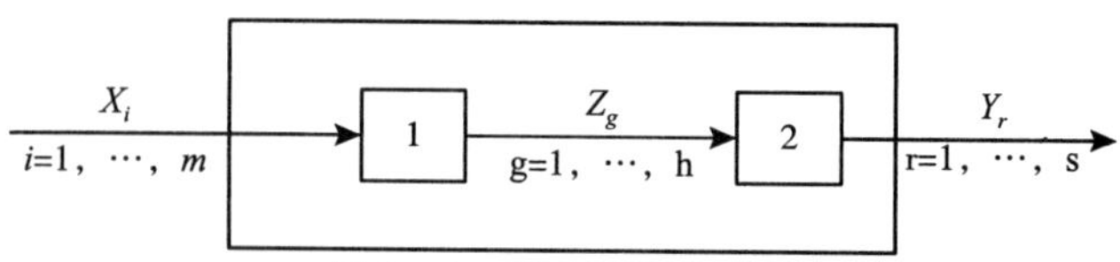

图 2－4 基本两阶段结构

（2）一般两阶段结构：基础两阶段结构的一般化，允许两个阶段消费各自的外生投入，并生产最终产出，该结构在文献中也被广泛研究，如图 2－5 所示。

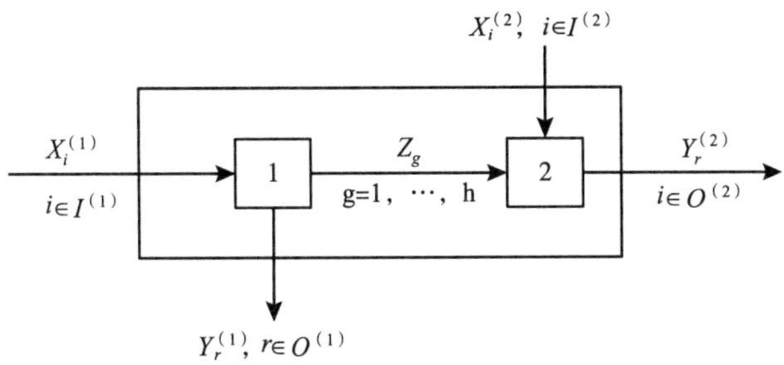

图 2－5　一般两阶段结构

（3）序列结构：一定数量的过程依次链接，每一个过程消费外生投入和前一个过程产生的中间产品，生成最终产出和可以被下一个过程使用的中间产品，如图 2－6 所示。

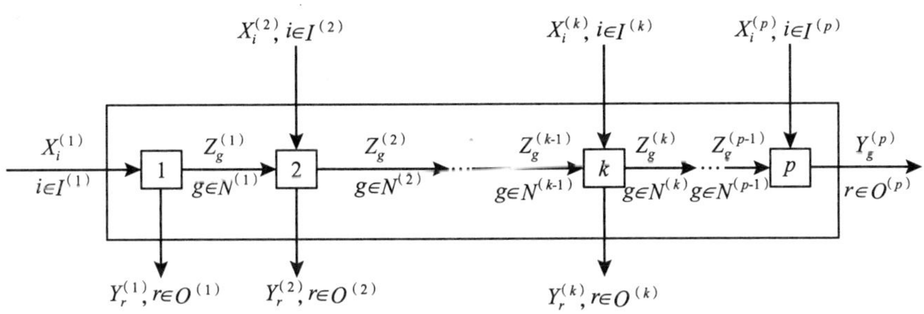

图 2－6　序列结构

（4）并联结构：所有过程独立运作，在结构上，并联系统与多时期系统类似，区别在于多时期结构要求每一个时期的投入产出要素是相同的，如图 2－7 所示。

（5）混合结构：序列结构和并联结构的结合。

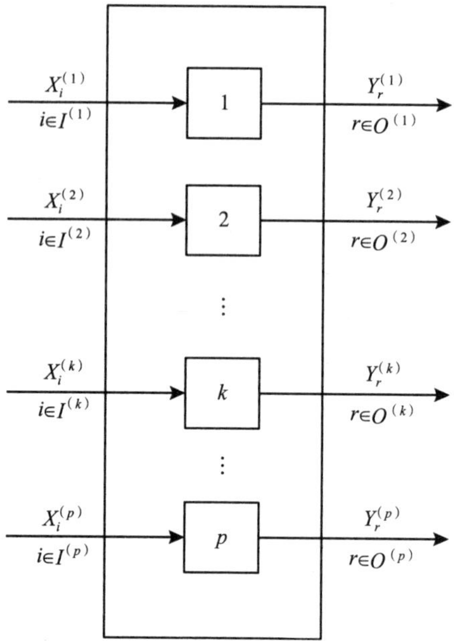

图 2－7　并联结构

2.2.2　网络 DEA 理论研究综述

对于两阶段结构网络 DEA 模型，早期文献都是应用传统 CCR 或 BCC 模型将每个 DMU 独立于各组成子过程进行系统效率测算的（Seiford and Joe Zhu，1999；Sexton and Lewis，2003；Chien H. Wang，Gopal and Zionts，1997）。也有一些研究应用过程效率形成系统绩效（Yang，2006）。Yao Chen 和 Joe Zhu（2004）运用过程距离测算模型计算第一个过程的投入效率和第二个过程的产出效率，并参考两个过程的重要程度形成系统效率，该模型得到了广泛的应用。Yao Chen，Cook 和 Joe Zhu（2010）运用系统距离测算模型计算基础两阶段系统的系统效率，该模型的一个最大的特点是可以找到中间产品的目标值。刘易斯、马利卡尔琼和塞克斯顿（Lewis，Mallikarjun and Sexton，2013）提出了一种同时最小化投入参数和最大化产出参数的迭代方法。毕功兵、梁樑和杨锋（2007）提出一种新的两阶段网络效率方法，假定中间产品不变，第一阶段在输出一定的情况下最小化输入，第二阶段在输入一定的情况下最大化输出，使该系统整体效率可分解为各个子系统效率的乘积关系。之后该结论在另一类更特殊的串联系统，即各个串联子系统的资源总和受到严格约束的前提下得到了印证（毕功兵、梁樑和杨锋，2009）。Chiang Kao 和 Shiuh – Nan Hwang（2008）将两个子过程之间的相关关系引入基础两阶段结构的效率测量过程中，建立相同要素的权重在不同阶段保持不变的 CCR 模型的生产可能集，并得出整体效率是两个子过程效率的乘积的结论。Chiang Kao 和 Shiuh – Nan Hwang（2010）对该模型进行拓展，允许第一阶段的投入可以被第二个阶段共享。为了测算规模效率，Chiang Kao 和 Shiuh – Nan Hwang（2011）运用 BCC 投入模型测算第一个过程的规模效率，用产出模型测算第二个过程的规模效率，并且将系统效率分解为技术效率和规模效率。基础两阶段系统两个时期的绩效变化也被 Chiang Kao 和 Shiuh – Nan Hwang（2014）应用相关模型进行了研究，并得出了系统 Malmquist 生产率指数是两个过程指数的乘积。阿克塞、福山和韦伯（Akther，Fukuyama and Weber，2010）提出了一种考虑非期望产出的 SBM – DEA 模型，通过最大化各变量松弛量的均值测算绩效。阿克塞、福山和韦伯（2013）将其进一步改进为可以考虑非期望投入的 SBM – DEA 模型，测算银行效率。阿克让和米克勒斯特（Avkiran and McCrystal，2012）提出一种松弛变量模型，用所有决策单元的投入和产出范围来调整松弛变量，发现传统的观测值调整和范围调整方法存在等级相关。

关于两个过程共享投入的效率测量方面，戈拉尼、哈克曼和帕西（Golany，Hackman and Passy，2006）提出了两个过程距离估计模型。一个是最小化过程距离参数，另一个是最大化资源总消耗的径向缩减量。Yao Chen，Liang Liang，Feng Yang 和 Joe Zhu（2006）用两个过程效率的平均数，Yao Chen，Junm Du，Sherman 和 Joe Zhu（2010）用两个过程效率的加权平均作为目标函数寻找 IT 资源的最佳分配。对于反馈系统，Liang Liang，Zhao – Qiong Li，Cook 和 Joe Zhu（2011）提出了两个效率评价模型。一个最大化两个过程效率的平均值，另一个赋予其中某过程较高的优先权。Yao Chen，Cook，Li 和 Joe Zhu（2009）将每一个过程的总投入占两个过程投入之和的比重作为该过程的权重，将得出的整体效率定义为系统效率，且是过程效率的加权平均，基于此原因称该模型为加性模型。Ying – Aling Wang 和 Kwai – Sary Chin（2010）证明如果每个过程的权重被定义为该过程的总产出占两个过程产出之和的比重时，整体效率则为过程效率的加权几何平均数。

对于含有多个过程的序列结构，学者们大多是基于两阶段结构测算模型进行拓展的。如阿里特木里和柯德罗斯塔米（Amirteimoori and Kordrostami，2005）也提出了相似的效率聚合模型来评价串联系统的效率，每一个过程消耗外生投入，其产出的一部分可以作为下一个阶段的外生投入。Quan-ling Wei，Hong Yan 和 Pang Li-gong（2011）讨论了没有中间产出的基础多阶段系统，建模的目标是从投入和产出的角度，寻找所有过程距离参数和的最小值。研究结果表明，当且仅当所有过程都是有效时，系统才是有效的。Chiang Kao（2014）引入虚拟过程，将一般序列结构转化为基础的多阶段结构，每一个阶段由初始过程和虚拟过程并联组成，并且得出系统效率是各阶段效率乘积的结论。

相对于串联系统而言，目前对于并联系统 DEA 效率评价的研究较少。法尔、格拉博夫斯基、格罗斯科普夫和克拉夫特（Färe，Grabowski，Grosskopf and Kraft，1997）构建可以最大化产出系统距离函数的模型，是关于并联系统的早期研究文献之一。Yin-sheng Yang，Ben Jiang – Ma 和 Koike（2000）提出了一种 YMK 模型，将并联系统的整体效率定义为 YMK 效率，并先后证明了在规模报酬不变和可变的条件假设下，独立网络 DEA 模型下的系统效率是各子系统效率中的最大者。该结论在一定程度上可能会高估系统效率。Kao（2009）构建了一个相关模型来测算并列系统的系统效率和过程效率，发现了系统效率是过程效率的加权平均值的特点。杨锋、梁樑、凌六一和查勇（2009）在分析并联生产系统前沿生产能力的基础上，提出了评价并联生产系统的乘数模型和包络模型。与传统 CCR 模型相比较，该模型得到的前沿生产能力更高，表明该方法有利于更大程度地挖掘系统整体性能改善的潜力。

现实中复杂的生产运营体系不是单单体现为简单的串联结构或者并联结构。若子系统之间仅包含并联关系和串联关系，不包含循环关系；法尔和格罗斯科普夫（2000）将之称为一般网络结构，即混联结构。Castelli，Pesenti 和 Ukovich（2001）首次考虑了这种网络生产过程的 DEA 效率评价问题。提出了综合比较的观点，一个过程相对另一个过程的相对效率是两个过程效率之比，若一个过程与最好的过程相比较相对效率等于 1，则该过程是有效的。Cook，Joe Zhu，Gong-bing Bi 和 Feng Yang（2010）将 Yao Chen，Cook，Ning Li 和 Joe Zhu（2009）提出的能最大化两个过程效率加权平均的加性模型拓展到含有 P 个过程的一般网络结构。夏琼、杨锋、梁樑和吴华清（2011，2012）基于 Chiang Kao 和 Shiuh – Nan Hwang（2008）提出的将多个串联子系统的效率值乘积作为系统整体性能的量度以及

Chiang Kao（2009）提出的将并联系统中各子系统效率的加权和作为系统整体性能的量度，构建了两阶段和多阶段混联生产系统的 DEA 效率评价模型。该模型能更好地反映混联结构生产系统的前沿生产能力，更合理地评价混联结构生产系统的技术效率，进一步挖掘决策单元的性能改善空间。研究还表明大系统的性能不仅取决于各子系统的性能，也取决于各个子系统的协调程度。

2.2.3　网络 DEA 应用研究综述

在应用方面，首先，涌现出大量关于银行和金融机构运营效率评价方面的文献。如索特里欧和珍尼欧斯（Soteriou and Zenios，1999）评价了塞浦路斯 144 家商业银行分支机构的运营效率，贾汗沙鲁、阿米特穆礼和科德斯塔米（Jahanshahloo，Amirteimoori and Kordrostami，2004）测算了伊朗商业银行 39 个分支机构经营绩效，特索拉姆（Tsolas，2010）针对德国的 13 家商业银行进行经营效率测算，Feng Yang，De-xiang Wu，Liang Liang，Gong-bing Bi 和 Desheng Dashu（2011）则评价了中国安徽 17 家银行机构供应链效率，Chyan Yang 和 Hsian – Ming Liu（2012）和 Kao 和 Hsian – Ming Liu（2014）分别对中国台湾两家银行 55 个分支机构的效率，以及 22 家商业银行 2009 ~ 2011 年的绩效进行评价，马修斯（Matthews，2013）测算了中国 15 家银行的风险管理和管理效率，阿威克郎（Avkiran，2009）测算阿拉伯联合酋长国的国有商业银行效率。

其次，网络 DEA 被广泛用于评价公共交通（汽车、地铁和航空）的运营绩效。如舍斯、特里安蒂斯和特欧朵威克（Sheth，Triantis and Teodorovic，2007）研究了巴士路线的绩效，Yu 和 Lin（2008）重点评价铁路运营效率和绩效，Yu 和 Fan（2009）全方面地评价台湾省汽车运输系统生产效率、服务效率以及运输车的运作效率，洛扎诺、古铁雷斯和莫雷诺（Lozano，Gutiérrez and Moreno，2013）测算了西班牙 39 家机场的绩效，Ming – Miin Yu（2008）和 Chialin Chen，Joe Zhu，Jiun – Yu Yu 和 Hamid Noori（2012）分别研究了 40 条铁路线的生产效率、服务效率及汽车路线的设计绩效。Ming – Miin Yu（2010）评价机场生产效率和服务效率，高莹、李卫东和尤笑宇（2011）对中国 2007 年不同铁路运输企业生产运营的子过程的效率进行了评价分析。

最后，一些文献运用网络 DEA 方法评价农业（作物、乳制品和猪）、供应链管理以及能源效率。Yang，Hsiao 和 Yu（2008）研究了中国台湾省39家农场猪生产问题，第一个子过程产生了污染，第二个子过程应用了污染减排技术。Yang Chih Ching（2009）用产出方向距离测量模型评价了台湾省31家农场的生产效率和环境效率。Yung-ho Chiu，Chin-Wei Huang 和 Chun-mei ma（2011）应用过程距离测量模型测算了中国除香港、澳门特别行政区及台湾省外31个省（直辖市、自治区）受损耕地的恢复绩效和农业效率。Ci Chen 和 Hong Yan（2011）评价集中、分散和混合组织机制下的供应链绩效。系统由一个供应者和两个生产者组成，在集中机制下系统效率是供应商和制造商效率的产品。为测算植物油工业能源效率，诺乌利、洛特飞、勃格荷颇、阿塔比、沙德扎德和莫格哈达斯（Nouri，Lotfi，Borgheipour，Atabi，Sadeghzadeh and Moghaddas，2013）将生产过程分为5个过程，用系统效率作为目标函数来测算伊朗15个工厂的系统和过程效率。

其他类型的决策单元如高校、高科技公司、零售店、制造企业等也都出现在文献里。西蒙和阿里亚斯（Simon and Arias，2011）将图书馆生产系统分解为内部生产和提供服务两个阶段，分析了西班牙34家大学图书馆的效率和生产率增长。阿巴德、罗尔和拉发加（Abad，Thore and Laffarga，2004）运用两阶段 DEA 模型通过财务数据和公司价值数据对股票进行基础分析。筒井和五斗（Tsutsui and Goto，2009）用一个加权 SBM 模型研究了美国90家整合的电力公司的绩效。洛格仁和塔姆波（Löthgren and Tambour，1999）将效率、生产率以及顾客满意作为组织目标，用网络 DEA 模型来评价瑞典药房的生产率和顾客满意度。并且运用 Malmquist 指数来衡量生产率变化，显示网络 DEA 模型下的生产率进步比标准 DEA 模型下要低，从而有较好的鉴别力。Hsieh 和 Lin（2010）利用关联网络 DEA 模型分析了台湾省国际旅游酒店的效率和效能。通过评估酒店内不同的生产过程以及效率、效能和整体性能之间的关系，提出增强台湾省酒店产业整体绩效的建议。Ming - Miin Yu，Ching-cheng Chmg，Po - Chi Chen 和 Shih - Hswn Hsw（2012）等用多活动网络 DEA 分析方法评价我国台湾省垃圾焚烧厂的运营效率。采用2006年的22家垃圾焚烧厂作为样本来检验效率提高和污染减排之间的权衡。在一个统一的框架中评估污染处理和发电的效率。结果表明，要想改进垃圾焚烧厂的整体绩效，提高废物处理活动的效率比发电活动更重要。陈凯华、官建成、寇明婷和康小明（2013）运用网络 DEA 模型测度科技创新投资过程的纯技术效率，以适应科技创新投资转化过程中由上游的科技研发过程和下游的技术转化过程构成的关联网络结构。叶锐、杨建飞和常云昆（2012）基于高技术产业科技成果产出和科技成果转化为生产力的两阶段视角，考虑“中间产品产出再投入”和“初始投入在两个子系统间的分配结构”，构建共享投入关联DEA 模型，测算我国 1999 ~ 2010 年高技术产业系统效率和子系统的纯技术效率。李邃、江可申和郑兵云（2011）将区域创新活动分解为两个相互关联的创新链式子过程，构建规模报酬可变的链式关联网络 DEA 模型，对 6 个国家和地区创新活动的整体效率和各子过程的效率进行评价分析。

2.3　中国钢铁产业技术效率及全要素生产率研究现状

2.3.1　中国钢铁产业技术效率实证研究

进入 21 世纪后，随着中国钢铁工业的迅猛发展，钢铁产业技术效率方面的研究也逐渐丰富起来。张晓光和张斯奇（2001）基于 SFA 方法测算了中国大中型钢铁企业 1995 年的技术效率。研究将中国的钢铁企业按照企业所有制、规模、主要设备及所在地进行分类，结果表明非国有企业技术效率显著高于国有企业；无论国有还是非国有企业，相对而言大规模企业的效率高于小规模企业；生产设备的先进性对技术效率有显著正影响；技术效率地区差异虽并不明显，但对于中等规模的企业来说，东部地区比中西部地区企业效率高。马、埃文斯、富勒和斯图尔特（Ma，Evans，Fuller and Stewart，2002）应用 DEA 方法研究了中国 88 家钢铁企业 1989 ~ 1997 年技术效率和生产率的变迁。研究结果表明，平均技术效率只有 0.63，并以 3% 的速度稳步增长。低效率的原因归结于存在大量小企业以及不合理的产品结构。产品结构与技术效率存在显著正相关，生产钢材的企业技术效率明显高于生产生铁的企业。中型企业大多为地方政府控制，有更多的自主权和市场导向，效率增长幅度高于大型企业。赵国杰和郝清民（2003）采取分批次的数据包络分析方法，选择国内 27 家重点大中型钢铁企业 2000 年的截面数据，测度其规模经济性，揭示了中国大规模企业规模不经济的深层原因。杨家兵和吴利华（2006）选取了 23 家钢铁工业上市公司2003~2004年财务数据，应用CCR和C2GS2两种模型分别对钢铁行业上市公司效率进行测度。客观地评价了钢铁行业上市公司的效率并分析规模效率、技术进步、生产率等变量之间的内在联系。樊宏（2007）运用33家上市公司面板数据和CCR DEA的改进模型，从投入产出结合角度建立运行效率评价模型及相应投影模型，对我国钢铁、汽车、房地产三大行业2000~2004年的运行效率进行实证研究。夏绍模、张宗益和杨俊（2008）建立了CRS和VRS假定下投入导向DEA模型，根据我国29个钢铁主营上市公司2005年的横截面数据，采用求解DEA模型的多阶段方法分析测定了技术效率、规模效率、参照企业、目标投入产出等数据，为企业改进生产、提高效率，提供了参照企业和改进目标。Wei Yang，Yanmin－Shao，Han Qiwo和Shon-yang Wang（2014）应用网络DEA方法研究了2006~2010年中国钢铁部门的地区技术效率。研究结果表明网络DEA得到比传统DEA模型更合理的效率结果，样本期间技术效率稳定增长，东、中、西部地区技术效率不平衡，西部地区较低，东部地区较高。

近年来，随着我国对能源、资源消耗以及环境保护的重视，越来越多的学者开始将能耗及污染物排放纳入技术效率评价模型中。Jian－Ling Zhang和Cuo－Shur Wang（2008）采用Cobb－Douglas生产函数研究了1990~2000年节能技术和创新对中国钢铁工业的生产效率影响。结果显示，生产效率的提高一部分可归功于运用能源节约措施、技术改进以及对节能方面的投资。同时还发现大企业相对于中小企业而言拥有较大的效率优势。齐二石、马珊珊、霍艳芳和潘贻芳（2008）等首次提出钢铁企业绿色规模经济的概念，并建立了钢铁工业绿色规模经济的变量体系，使用超效率DEA模型测度我国钢铁企业绿色规模经济有效性，同时为钢铁企业提供了相应的改进措施和发展方向。杜春丽和成金华（2009）研究了能耗和污染物排放约束下我国钢铁企业循环经济效率，但其研究采用传统DEA模型，无法对有效单元进行全排序，且没有量化分析投入和排放的冗余量。张庆芝、何枫和赵晓（2010）对我国钢铁企业能源及水资源消耗与效率进行了研究，结果表明我国钢铁企业综合生产效率有所上升，其中规模效率提高显著，尽管钢铁企业能源和新水消耗有所降低，但在现有技术条件下，依然有较大的节能和节水空间。藤井、金马和马男木（Fujii，Kaneko and Managi，2010）研究了技术现代化对中国钢铁企业1990~1999年的传统经济生产效率和环境效率的影响。技术改进会提升企业的生产率和竞争力，从而对经济增长和环境保护起到正面作用。但是从短期来看，技术改进需要消耗大量资金反而给企业带来经济负担。研究发现 1990 ~ 1999 年是中国钢铁工业快速实现现代化的阶段，中国钢铁企业的环境效率持续增长，尽管有些阶段生产效率有所下降。韩一杰和刘秀丽（2011）探讨了我国钢铁行业能源效率及节能减排潜力，结果表明能源效率整体不高，存在严重的投入拥挤和产出不足。张庆芝、何枫和赵晓（2012）基于微观层面研究了我国钢铁企业的能源效率，发现我国钢铁企业之间能源效率差距较大，在现有技术水平下，平均每年有 20% 左右的能耗可降空间。此外，我国钢铁产业能源效率提升主要源于技术效率的提升而非技术进步，反映了钢铁行业缺乏技术创新动力。史红亮和陈凯（2011）基于 DEA 的非参数分析，测算我国钢铁行业 28 个省份 1992 ~ 2008 年全要素能源效率的变化，并按七大经济区进行全要素能源效率的区域差异和节能潜力分析。结果表明：目前我国钢铁行业能源利用效率提高潜力巨大，且能源调整量主要集中在大西南、中部、大西北三大经济区；全要素能源效率与区域经济的发展水平呈"U"型关系，且钢铁行业规模递增效应对全要素生产率的促进作用在集约型扩张阶段才能凸显出来；技术进步是影响钢铁能效的主要原因。张庆芝、何枫和雷家骕（2013）从技术效率视角，将能耗、水耗及非期望产出纳入评价模型，对我国重点大中型钢铁企业技术效率进行综合评价。结果表明，我国钢铁企业之间效率差距较大，民营企业平均效率高于国企，粗钢年产量在千万吨以上的大型钢铁企业拥有显著的效率优势。此外，我国钢铁企业能源、资源及污染物排放存在较大冗余，节能减排潜力较大。张庆芝、何枫和雷家骕（2013）运用 Undesirable - SBM 模型，将钢铁企业能耗、水耗及非期望产出纳入效率评价模型，对 2006 ~ 2010 年我国重点大中型钢铁企业技术效率进行综合评价。结果表明：能源、水资源和环境约束下低效率广泛存在于钢铁企业中；钢铁企业节能减排潜力大，技术效率存在地区差异，总体表现为自东向西降低，但西部钢铁企业技术效率 2007 年后上升显著，而东部和中部技术效率却呈现下降趋势。王震勤、王维才和张斌（2013）运用超效率 DEA 模型测度中国 24 家钢铁上市公司 2005 ~ 2010 年的技术效率，发现企业绩效与企业规模呈现"U"型关系，与经营费用显著负相关，与流通股比例显著正相关。

2.3.2　中国钢铁产业全要素生产率实证研究

莫威书克（Movshuk，2004）运用 SFA 方法研究了 1998 ~ 2000 年中国

钢铁企业的生产效率，分析国有企业改革对中国钢铁业生产效率的影响。结果表明，虽然生产可能边界在上移，但是技术效率并没有显著提升，而且相对于小企业来说大企业并没有显著的效率优势。徐二明和高怀（2005）利用数据包络分析DEA方法和Malmquist指数，选取全国38家大中型钢铁企业1995～2001年数据，根据企业价值创造的效率和有效性分析了我国大中型钢铁企业竞争力及其动态演变趋势。结果显示我国钢铁行业总体的竞争力提高主要归因于科技进步效率的大幅提高，行业总体竞争力提高缓慢的原因主要是由于行业总体经营规模效率降低所致。李尽法、吴育华和潘海生（2008）运用基于DEA模型的Malmquist方法测算2001～2006年中国钢铁类上市公司效率改善指数、技术进步效率指数和全要素生产率指数的变化。结果表明，目前大部分钢铁企业的规模效率没有达到最优，钢铁企业的全要素生产率增长主要是由技术进步推动的。因而，提高钢铁企业的技术效率是钢铁业发展的主要方向，同时应走钢铁生产规模化经营之路以提高规模效率。韩晶（2008）利用我国28家上市公司2002～2005年的数据计算了Malmquist指数并分析了影响经营效率的因素。结果表明，中国主要钢铁企业综合技术效率基本表现为下降的趋势，普遍存在比较严重的投入拥挤问题，生产率改善主要是由技术进步来实现的，技术效率还有很大的改善空间。刘秉镰、林坦和刘玉海（2010）应用Malmquist生产力指数，从企业规模和所有制形式两个角度对我国45家钢铁企业2001～2005年的动态效率进行了分析。研究发现，我国钢铁企业生产力逐渐改善的主要原因是技术进步，大型钢铁企业的效率变动并没有优于中小型企业，国有钢铁企业动态效率下降，而民营企业的生产率稍有改进。其中，小型国有钢铁企业的效率水平成为制约钢铁企业生产力提升的关键。Yu Sheng和Li－gang Song（2013）重估了1998～2007年我国钢铁产业企业层面的全要素生产率及其潜在的影响因素。研究结果表明各钢铁企业全要素生产率稳定增长的驱动因素不同，规模小的公司生产率与市场份额正相关，而与研发负相关。非国有企业更倾向于通过出口获得生产率增长。企业规模与企业全要素生产率绩效正相关，这点在欠发达的西部地区表现的更为显著。总之，针对具有不同规模、所有制及地理位置特点的钢铁企业应该采取不同的政策措施。

近年来，随着我国钢铁工业的飞速发展对能源、资源消耗以及环境的影响日益严重，钢铁产业的绿色健康可持续性发展成为政府及钢铁相关规划部门关注的重点。因此，在考核钢铁企业生产率发展指标时必须将能耗及污染物的排放纳入技术效率评价模型中。Yi-ming Wei，Hua Liao 和 Ying Fan（2007）运用 Malmquist 指数对中国钢铁企业 1994～2003 年能源效率进行了实证研究。将能源效率提升分解为两个部分：技术进步（生产前沿面的移动）以及技术效率进步（追赶效应）。实证结果表明，该期间中国钢铁工业能源效率提高了60%，其主要归功于技术进步，而不是技术效率的提升。杜春丽和成金华（2009）采用 Malmquist 指数模型对我国钢铁产业循环经济效率进行动态评价。结果表明，钢铁产业政策的颁布从根本上没有改变我国钢铁产业循环经济效率不高的现实，只有通过技术创新，提高钢铁企业的核心竞争力才能真正提高我国钢铁产业循环经济效率。韩一杰和刘秀丽（2011）应用 Malmquist 指数法对钢铁产业 2005～2007 年能源利用效率的变动进行动态分析，结果表明尽管钢铁产业政策的颁布促进了规模效率和结构效率的提高，但只有技术创新才能提升我国钢铁工业的节能减排率。Feng He，Qing-zhi Zhang，Jia-su Lèi，Wei-hui Fu 和 Xiaoning Xu（2013）应用 DEA 和 MPI 指数分析我国 50 家钢铁企业 2001～2008 年的能源效率和生产率变化。结果表明，平均能源效率为 0.611，生产率年均增长率为 7.96%，并且主要归因于技术进步。在纳入非期望产出后应用 Malmquist－Luenberger 生产率指数对生产率进行测算。通过对比发现忽略非期望产出将导致效率变化和技术变化的偏差。Bo qiang Lin 和 Xiao lei Wang（2014）应用能源输入随机前沿模型分析中国钢铁产业的全要素能源效率及相应的节能潜力。结果表明，2005～2011 年能源效率呈现增长趋势，平均能源效率为 0.699，总的节能潜力为 723.44 百万吨标煤。进一步进行能源效率地区差异分析，发现东北地区的钢铁企业能源效率较高，而中部和西部地区较低。所以，钢铁产业的节能潜力主要集中在中西部地区。同时，还发现经济体系的结构性缺陷是能源效率提高的一个重要的障碍，所以说经济结构调整是提高能源效率的关键。

2.3.3 环境规制对全要素生产率的影响

关于我国钢铁产业技术效率及生产率的影响因素，国内外学者已做了大量研究。现有文献基本从企业所有制形式、规模、所在地区、企业年龄等方面展开研究，对于上市钢铁公司还从财务杠杆、流通股比例、独立董事人数、高管薪酬等角度考察其对技术效率的影响，具体影响因素归纳如表2－1所示。

表 2-1 现有关于钢铁产业技术效率影响因素研究

年份	研究者	研究结果
1996	Wu	企业年龄对技术效率正影响，所有制形式和企业规模则影响不显著
2001	Xiaoguang Zhang and Siqi Zhang	设备先进性、企业规模对技术效率显著正影响，非国有企业效率显著高于国有企业，地区因素对技术效率无显著影响
2004	Movshuk	企业规模大小对技术效率无显著影响
2007	焦国华、江飞涛	企业规模和技术效率没有显著相关性
2008	韩晶	铁矿石储量和人均 GDP 对技术效率有显著正影响，而科技人员比例、企业规模对技术效率无显著影响
2008	王晓东	企业年龄、国有股比例、独立董事人数、董事会规模对技术效率无显著影响，企业规模、所在地区、高管薪酬及流通股比例与技术效率显著正相关
2008	Zhang 和 Wang	企业规模大小对技术效率显著正相关
2010	刘秉镰和林坦	企业规模大小对技术效率无显著影响，国有企业效率较低于民营企业效率
2011	张庆芝、何枫等	代理成本、流通股比例和第一大股东持股比例与技术效率显著正相关，财务杠杆与技术效率显著负相关
2014	张庆芝、何枫等	企业规模、教育投资率、研发投资率、“三废”综合产值与技术效率显著正相关，环保投资率与技术效率无显著相关性

通过对钢铁企业技术效率及生产率影响因素的梳理和归纳，发现现有影响因素分析中都没有涉及环境规制，而环境规制是影响生产率的一个重要的制度因素。在理论方面，有关环境规制与生产率关系的相关文献可以归纳为三个假说，即“制约假说”“波特假说”和“不确定假说”。

“制约假说”认为企业为控制环境污染需要花费一定的直接成本。同时，在环保设施上所投入的人力、财力和技术资源不会产生直接的生产价值，因其挤占了企业在其他方面的投资，导致某些生产要素价格的提高而造成了部分间接成本。环境规制给企业造成的额外成本负担，拖累了企业生产率的提高。国外学者先后应用美国制造业（Jaffe and Stavins，1995）、美国造纸业、炼油业和炼钢业（Gray and Shadbegian，1995）的数据验证了环境规制强度与企业生产率之间存在负相关关系。波特和林德（Porter and Linde，1995）提出的“波特假说”具有开创性的意义，指出企业的竞争优势不依赖于固定约束下的最优行为，而是依赖于变动约束条件下的改进创新。合理恰当的环境规制可以给企业传达其资源无效率的信号，从而刺激被规制企业在变动约束条件下，进一步优化资源配置效率和改进技术水平，通过“创新补偿”和“先动优势”，在部分乃至全部抵消企业“遵循成本”的同时，提高其生产率和国际竞争力。即从动态的角度来看，环境规制和企业竞争力之间具备实现“双赢”格局的现实可能性。许多国外学者集中从产业和企业层面对“波特假说”进行实证研究。如伯曼和布伊（Berman and Bui，1998）对洛杉矶的冶炼业进行研究，发现污染控制投资提高了企业生产率。考虑到发达国家与发展中国家之间的差异，阿尔帕伊和弗列特（Alpay and Kerkvliet，2002）对墨西哥食品加工业，穆尔蒂和库马尔（Murty and Kumar，2003）对印度企业进行研究，都得出企业生产率和技术效率会随着环境规制的严格而提高的结论。“不确定假说”认为由于影响环境规制与生产率关系的因素存在不确定性，导致环境规制对企业生产率的影响也具有不确定性。如布朗润德（Brannlund，2008）使用 1931 ~ 1999 年瑞典制造业部门数据，验证发现环境规制和生产率增长没有显著的关系。

以上国外文献大多关注污染密集型企业或行业的生产活动。国内学者对此项研究开展较晚，且主要基于中国地区或行业层面数据检验环境规制与技术创新、产业绩效之间的关系。关于环境规制对技术创新的影响研究，多数文献中得出的结论证实了“波特假说”在中国的存在性（黄德春、刘志彪，2006；王国印、王动，2011）。张成、于同申和郭路（2010）等对中国工业部门全要素生产率与环境规制强度的关系进行了研究，得出了环境规制及强度和生产率之间可以实现双赢的结论。刘伟明和唐东波（2012）考虑了能源和环境约束，分析环境全要素生产率变化的影响因素。结果表明，环境规制对我国全要素生产率增长起正向作用。李玲和陶锋（2012）以我国 28 个制造业部门为样本，分析重度、中度和轻度污染产业环境规制强度和绿色全要素生产率的关系。研究结果表明中度和轻度产业环境规制与绿色技术效率及全要素生产率的关系呈“U”型。而重度污染产业环境规制能促进绿色全要素生产率提高。总体而言，国内对于该领域的研究仍处于探索阶段。限于微观数据的缺乏，国内从企业层面对环境规制与技术效率及生产率结合起来的系统研究较为缺乏。仅有张三峰和卜茂亮（2011）利用 2006 年的 1000 多家中国企业数据，实证研究了环境规制及其强度与企业生产率之间存在稳定显著的正向关系。王杰和刘斌（2014）应用 1998 ~ 2011 年中国工业企业数据，分析环境规制与企业全要素生产率之间的关系。研究结果发现两者之间呈现倒“N”型关系，突破环境规制水平的第一个拐点将有利于全要素生产率（TFP）的提高，跨过第二个拐点则会导致企业 TFP 下降，中国大部分行业都位于第一个拐点左端，少数重度污染行业位于第一个和第二个拐点之间，所有行业都没有跨越第二个拐点，说明整体环境规制水平需要提高。

2.4 产能过剩相关研究

产能过剩是市场经济发展中一种常见的现象，适度的产能过剩可以促进企业改进经营管理水平、提高技术创新能力。严重的产能过剩则会导致市场无序竞争，使企业陷入经营困境，危害产业及国家经济增长的质量。近年来，国内外专家学者主要从产能过剩概念、影响因素、度量实证研究以及产能过剩预警分析四个不同的角度进行了研究。

1. 产能过剩概念研究

部分学者从生产能力角度揭示产能过剩的内涵。如王兴艳（2007）将产能过剩界定为一定时间和技术条件下生产能力存量的过剩。周劲（2007）则主张一段时间内，某一产业出现生产能力大于该产业实际产出数量的状况为产能过剩。部分学者从过剩产能产生的原因及后果角度理解产能过剩的概念。李江涛（2006）认为由于宏观经济周期波动而造成的有效需求低于产品实际生产能力的现象即为产能过剩。王立国等（2010）将周期性、体制性或结构性原因造成的一定技术水平下全部要素投入产生的最佳产出与实际消费量和产量之间的严重偏离现象称为产能过剩。曹建海等（2010）则认为产能过剩是由于企业的生产能力远远超出了均衡价格条件下的有效需求导致的。张保权（2006）则主张由于实际生产能力远高于社会有效需求导致的企业竞争加剧、产品积压及价格下降的后果称为产能过剩。还有个别学者从产能分类和判断角度阐述过剩产能的概念。王岳平（2006）认为当未来预期需求与预期生产能力之比超过合理范围时形成的产能过剩为预期过剩。而将当前生产能力与产品需求量之比超出市场良性竞争的必要限度时所产生的过剩产能称为即期过剩。

2. 产能过剩的原因研究

大部分学者从体制方面阐述过剩产能形成的原因。金（Kim，1997）认为政府的规制行为设立了更为严格的行业准入限制，使得原有企业产生了较多的剩余产能。郭庆旺等（2006）认为由于地方政府以优惠政策招商引资，造成了大量的重复建设，致使形成过剩产能。刘西顺（2006）认为大企业凭借其信贷优势，盲目投资造成了低水平重复建设和严重的过剩产能。布龙尼根等（Blonigen et al.，2010）认为对出口企业的过度补贴是产能过剩的重要原因。博斯车（Bossche，2010）认为政府部门对微观经济主体的过度干预是产能过剩的原因。斯夸尔斯等（Squires et al.，2010）则认为企业投入要素产权的公共属性导致了其过度消耗资源，引发过剩产能。部分学者则从产能结构方面揭示过剩产能形成原因。如吕政（2000）主张过剩产能是新企业进入壁垒较低和老企业退出壁垒较高共同作用的结果。梁金修（2006）认为市场信息不完全、不对称以及投资渠道不健全导致产业集中度较低和重复建设现象严重。万岷（2006）主张钢铁产业市场集中度较低丧失了规模经济效益，并加剧了产能过剩。还有一小部分学者从市场方面解释产能过剩原因。如何杉（2008）认为厂商会利用过剩产能形成壁垒，阻止潜在竞争者的进入。萨卡尔（Sarkar，2009）则主张投入要素产出弹性和信息对称性与过剩产能之间存在密切关系。查图维迪（Chaturvedi，2009）通过研究发现，消费者的预期需求与供应商供应能力存在不确定性时，企业会倾向于增加原料购入和商品产出，导致产能过剩。何记东和史忠良（2012）的研究结果表明产业政策的反向激励和市场需求呈现出来的长期性是钢铁产业在产能过剩背景下仍旧继续扩张的主要原因。江飞涛和陈伟刚（2007）认为各级地方政府因钢铁产业的 GDP 拉动强、投资规模大、易于解决地方就业问题，争相为各钢铁企业提供优惠政策导致了产能过剩。冯梅（2013）提出政府主导型增长、高昂的退出成本以及钢铁企业的盲目扩张是其产能过剩的主要原因。张群和冯梅（2014）等重点分析了钢铁产业产能过剩的原因主要有行业过度投资、国内市场需求减缓、产业集中度过低、钢铁产品出口受阻、地方政府的过度干预、原材料价格上涨等。韩国高（2013）则从产品差异化程度、市场集中度以及进退出壁垒三方面探究我国钢铁产业产能过剩问题，研究结果表明严重偏低的市场集中度、激烈的产品同质化竞争、较低的市场准入门槛是造成钢铁企业严重的产能过剩问题的原因。

3. 产能过剩的度量研究

关于过剩产能的度量主要有三大类方法。第一种是应用生产函数法，将实际产出与一定时间内一定技术水平条件下给定投入所能达到的最大产出之间进行对比，来分析是否存在产能过剩。如法尔等（1980）利用生产函数法度量了行业产能的利用程度。韩国高等（2013）也应用该方法测算了我国轻工业和重工业的产能利用率。第二种方法是数据包络分析法（DEA）。杜邦等（Dupont et al.，2002）应用该方法测算了美国渔业产权制度变化对渔业产品产能利用率的影响。何彬（2008）应用非参数生产前沿面法测度了工业产能过剩序列，并实证分析了利润与工业产能过剩之间的关系。第三种方法是利用峰值分析法度量过剩产能。边雅静等（2004）利用该方法测度了我国资本设备利用率。法尔等（1995）通过案例证实了生产要素拥挤是一种普遍存在的现象，且认为生产要素拥挤是一种无效状态。柯克利等（Kirkley et al.，2002）实证研究了由于厂房、设备等要素的过度投资导致了公地资源的产能利用率较低。

4. 产能过剩预警研究

关于我国过剩产能预警研究，目前还比较少。刘晔（2007）提出从总供给和总需求角度构建产能过剩的指标评级体系以及预警制度的基本思路和重点步骤。王兴艳（2007）从固定资本投资、行业效益、劳动以及产需与库存四个系统，构建产能过剩评级指标体系，并提出了构建产能预警模型的思路。

5. 化解治理过剩产能的相关政策文件

关于过剩产能的治理措施主要包括两大类。一类是通过严格控制新增产能数量达到抑制产能过剩的目标；另一类是通过加大对现有过剩产能的清理力度来缓解过剩产能。无论是控制增量还是优化存量，都属于事后整理手段，在过剩产能治理过程中短期内起到了一定积极作用，但是无法从源头上解决根本问题。为治理化解我国产能过剩问题，我国政府陆续颁布了一系列的政策文件，主要可分为以下三类：

（1）设置行业进入门槛。1981 年出台的《关于制止盲目建设、重复建设的几项规定》中列举了 12 项“不准”，对各类投资项目设定了立项标准。政府设置产能过剩行业进入门槛的手段主要包括制定和颁布各行业的准入条件，提高项目资本金最低比例的有关规定。如 2004 年国家发改委制定了《铁合金行业准入条件》《焦化行业准入条件》，2010 年出台了《多晶硅行业准入条件》等。通过颁布《关于固定资产投资项目试行资本金制度的通知》将钢铁行业项目资本金最低比例从 1996 年 25% 上调至 2009 年的 40%。从而防止了低水平重复建设和过度投资。

（2）严格项目审批。如 2004 年颁布的《当前部分行业制止低水平重复建设目录》中将命令禁止、工艺技术落后、环境污染以及资源浪费严重的项目划分为禁止类目录和限制类目录，分别停止建设，停止审批。2006 年颁布的《国务院关于加快推进产能过剩行业结构调整的通知》提出直接停止审批钢铁、电石、焦炭、汽车、铁合金、煤炭、纺织等产能过剩行业的投资项目。2009 年颁布的《关于抑制部分行业产能过剩和重复建设引导产业健康发展的若干意见》中要求各地政府对供地审批严格控制，对于未达到《工业项目建设用地控制指标》，不符合产业政策以及相关工程建设用地指标要求的项目，一律不得供应土地。

（3）清理过剩产能。主要包括强制清理过剩产能、加快淘汰落后产能以及推进产能过剩行业的兼并重组三种措施。2004 年《国务院办公厅关于清理固定资产投资项目的通知》要求各地方政府全面清理审核在建和拟建项目，重点清理钢铁、水泥等项目及 2004 年后新开工的所有项目。2010 年颁布的《国务院关于进一步加强淘汰落后产能工作的通知》中提出了焦炭行业、钢铁行业、铁合金行业、有色金属行业等 10 个行业具体落后产能的淘汰目标。2013 年颁布的《国务院关于化解产能严重过剩矛盾的指导意见》中明确了“十三五”期间淘汰落后产能的标准。提出了通过提高财政奖励标准，落实等量或减量置换方案等措施，同时建立了过剩产能退出的法律制度，要求完善激励和约束政策，引导企业主动退出过剩行业。2007 年公布的《国家重点支持水泥工业结构调整大型企业名单》中要求各级地方政府对名单上所列企业给予土地审批、项目核准等方面的优先支持。2010 年和 2011 年分别颁布的《国务院关于促进企业兼并重组的意见》和《工业转型升级规划》中均提出，要以钢铁、汽车、船舶、水泥等行业为重点，推进行业内各企业的兼并重组。2013 年颁布的《国务院关于化解产能过剩矛盾的指导意见》中要求各级政府加快产能过剩行业的企业兼并重组，并完善落实相关的金融、财政等措施，以促进行业内优势企业跨地区整合过剩产能。

2.5 研究评述

2.5.1 网络DEA理论和应用研究

通过对现有文献梳理发现，首先，相比较而言，各类网络DEA模型中有关独立模型、比率形式系统效率模型、过程距离测算模型、比率形式过程效率模型的研究相对较早的出现在文献里，被讨论和应用较为广泛。而网络SBM－DEA模型的相关研究2009年才开始出现，虽然近几年被重点关注，但文献数量相对较少，无论在理论拓展还是应用上，都是未来研究的一个潜在领域。

其次，现有网络DEA方法中涉及非期望产出的研究可以分为两类，一类是针对网络结构中的一个或多个子过程产生非期望最终产出，多应用乘数模型（Kordrostami and Amirteimoori，2005）或者包络方法，如网络基于松弛量的效率损失测算方法（NSBI）（Fukuyama and Weber，2010；Akther，2013）和网络方向距离函数法（NDDF）（Lozano et al.，2013）。另一类是网络结构中某一过程产生的非期望产出作为中间产品，成为相邻下一阶段的非期望投入。如法尔（2013）深入“黑箱”，将减排活动拓展至企业生产过程中，应用距离产出方向函数构建了网络技术模型，并将其分解为生产子技术和减排子技术。之后，一些学者借鉴其思想从生产和污染治理两阶段的视角应用方向距离函数法（涂正革和谌仁俊，2013）或SBM方法（Song，Wang and Wei，2014）评价区域、工业环境效率。但是，以上处理非期望产出的方法都存在一定的缺陷。NDDF方法不能考虑投入产出变量存在的非零松弛量问题，NSBI方法通过测算决策单元无效率程度侧面进行有效评价。Ma-lin Song等（2014）的研究没有考虑两个阶段的联结变量。将非期望产出因素纳入网络SBM－DEA模型框架中，一方面考虑了多阶段生产过程中各子阶段相互间的联结关系及某阶段产生的非期望产出；另一方面还解决了各投入、期望产出、非期望产出的松弛变量不为0的问题，可以有效地解决现有模型的不足，得到更合理更准确的效率评价结果。因此，构建非期望产出SBM－DEA模型成为必要。

最后，以网络DEA效率为基础构建Malmquist指数模型进行多阶段生产率测算的研究仅有少量文献。理论方面的研究有 Pouryusef，Tohidi 和 Razavyan（2011），Jahantighi，Moghaddas 和 Ghasemi（2012）。应用方面的研究有 Löthgren 和 Tambour（1999），Lee 和 Johnson（2011），Lotfi，Jahanshahloo，Vaez - Ghasemi 和 Moghaddas（2013）。这几篇文献在效率测算时，均运用距离效率测算模型或比率效率测算模型，并且都没有考虑诸如污染物排放等非期望产出。一方面，不能解决投入产出变量非同比例变化问题及其松弛量不为 0 的问题；另一方面，无法考察环境污染物等非期望产出因素对全要素生产率的影响，不能真实客观地反映环境绩效动态变化。以网络 SBM - DEA 效率为基础构建的网络 Malmquist 指数模型可以弥补第一个不足，而以考虑非期望产出的网络 SBM - DEA 效率为基础构建的网络 Malmquist - Luenberger 生产率指数模型可以同时弥补以上两方面不足。因此，以非期望网络 SBM - DEA 为基础建立网络 Malmquist - Luenberger 生产率指数模型进行多阶段生产率测算成为必要。

2.5.2　钢铁企业效率及生产率研究

通过文献梳理和归纳，发现从 Yi-ming Wei，Hua Luo，Ying Fam（2007）开始将能耗投入纳入了技术效率及生产率评价模型。从杜春丽（2009）开始将“三废”等非期望产出纳入效率及生产率评价模型。但是该研究选择将外排废水、废气和废渣量等污染物作为非期望投入指标的处理方法。韩一杰（2011）也是把二氧化碳作为一种生产投入来处理。这与钢铁企业实际生产过程是不相符的。张庆芝等（2013）开始采用非期望产出 SBM - DEA 模型及 Malmquist - Luenberger 指数模型对我国钢铁存在“三废”产出时的效率及生产率进行测算，并且与忽略非期望产出的测算结果进行比较研究。

从目前研究来看，首先，关于钢铁产业技术效率及生产率测算的研究都是将钢铁企业视为“黑箱”，运用传统 DEA 方法和基于 DEA 的 Malmquist 或 Malmquist - Luenberger 指数方法。一方面，没有考虑钢铁企业生产流程包括一系列工序，各个工序之间存在的联结关系对效率及生产率存在一定的影响；另一方面，大多文献未能同时考虑能源和污染排放因素对效率及生产率的影响。因此，无法全面、客观、准确地评价钢铁产业经济发展的环境绩效水平，更无法鉴别出制约钢铁企业整体环境绩效提升的短板工序。仅有一篇论文（Yang，Shao，Qiao and Wang，2014）应用网络

DEA 方法将钢铁企业生产流程划分为两个阶段，研究 2006 ~ 2010 年中国钢铁部门的地区技术效率。该研究存在几方面的缺陷：所选择的变量没有考虑能源投入及“三废”等非期望产出；选择了最基本的系统距离效率测算方法，不能考虑到投入产出变量的非零松弛及非同比例变化状况；只对技术效率进行评价，没有涉及生产率。得出的测算结果与钢铁企业实际生产运营是有偏差的，故需要进一步的改进。

其次，对于钢铁产业全要素生产率影响因素分析，现有文献主要选取企业规模、所有制等一般常规变量，较少学者考虑到环境规制变量。关于环境规制与生产率关系的研究，国外文献大多关注污染密集型企业或行业的生产活动。限于微观数据的缺乏，国内相关文献主要基于地区或行业层面数据检验展开研究，从企业层面将环境规制与技术效率、生产率结合起来的系统研究较为缺乏。少数学者以工业企业为样本，得出了环境规制与生产率之间呈现显著的正向关系和倒“N”型关系。从生产率的角度验证“波特假说”进而寻找最优环境规制强度的另一个重要前提就是全要素生产率的准确度量。以上文献都是基于传统 Malmquist - Luenberger 生产率指数模型进行全要素生产率测算的，没有考虑生产决策单元的多阶段网络结构。钢铁企业作为多工序污染密集型企业代表，以网络 Malmquist - Luenberger 生产率指数所测算出的整体全要素生产率为被解释变量，探究环境规制变量对其影响成为必要。

2.5.3 钢铁产业产能过剩研究

目前关于我国钢铁产业产能过剩更多的是定性研究产能过剩的特点和形成原因，定量测算钢铁产业产能过剩程度的实证研究不是很多。从供给侧视角探讨过剩产能治理的研究还较少。如鞠蕾和高越青等（2016）从供给侧入手，应用 1992 ~ 2013 年制造业 28 个行业的面板数据采用固定效应模型实证检验了要素市场扭曲导致了企业投资决策和市场退出扭曲，进而引发了产能过剩。陈爱雪（2016）采用新供给理论研究方法，重点阐述了我国钢铁产业实施供给侧改革的必要性、须破解的难题以及相应的改革路径。孙雯（2016）以河北省钢铁过剩产能为研究对象，在过剩产能现状及原因分析的基础上，提出了供给侧改革的必要性以及实施的对策建议。

2.6 本章小结

本章首先阐述了技术效率、全要素生产率理论及其发展，介绍了目前技术效率度量及全要素生产率测算的常用方法和模型。其次，对本书所涉及的网络 DEA 理论及其应用研究进行了详细的阐述。最后，对中国钢铁产业技术效率评价、生产率测算以及产能过剩的相关研究现状进行了梳理。

总体来看，国内外学者对中国钢铁企业技术效率及生产率评价方面的实证研究已经做了大量工作，并取得了一定的成果，但仍然存在很大的拓展空间，主要体现在：

（1）现有文献对钢铁企业技术效率及生产率测算，均视钢铁企业为"黑箱"，忽视钢铁生产流程中各工序阶段之间的相互联结。评价方法基于传统 DEA 模型，变量选取时只关注初始投入及最终产出，不考虑中间产出变量。因此，评价结果有失合理客观性，且不能进一步挖掘对企业整体技术效率影响较大的关键工序。以上缺陷为本书选取网络 DEA 评价方法提供了支撑。

（2）现有网络 DEA 模型中对非期望产出的处理方法选择有一定的不足，为本书进行网络 SBM－DEA 模型拓展，并进一步应用于资源和环境约束下的钢铁企业技术效率及生产率评价提供了很大的空间。

（3）已有文献中对于全要素生产率影响因素的研究分析相对缺乏，并且很少考虑环境规制变量的影响，从而难以提出切实可行的生产率改进途径。

第 3 章

中国钢铁产业发展现状

3.1 中国钢铁产业现状

2004～2014 年是我国经济发展的“黄金十年”，人均 GDP 年均增速高达 9.4%，我国经济的年均增长率高达 9.99%。工业化和城镇化使得钢铁产业的下游诸如机械、房地产、汽车、轻工、船舶和家电等行业迅速发展，从而也带动了钢铁产业的快速发展。

3.1.1 钢铁产业供给端现状

“十二五”期间，我国粗钢产量累计 38.1 亿吨，为我国基础设施建设和工业制造奠定了基础。钢铁工业有效支撑了我国经济的快速发展，并在很多方面取得了一定的成绩，主要表现在：

（1）钢材品种质量不断提升。首先，2015 年钢铁企业已经具备高精尖汽车板和家电板的研发生产能力。如宝钢和太钢批量生产第三代汽车钢后，汽车企业、钢铁企业以及相关的研究院所联盟加快构建了新一代汽车钢研发应用平台，在满足我国汽车快速增长需要的同时，还可以为日系、韩系和德系等合资品牌轿车提供高端冷轧汽车板。钢铁企业生产的家电板，其加工性能、力学性能等达到了国际先进水平，满足了国内龙头家电企业如海尔、格力、美的等需要。其次，优特钢如轴承钢和齿轮钢的研发生产也取得了明显的进步，质量达到了国际先进水平，并获得了世界知名轴承制造企业的认证。最后，对于量大面广的产品，如高强、抗震钢筋和线材也取得了显著进步。精轧钢筋可批量生产，并应用于工业、大型水利工程、铁路和公路大中跨度桥梁等工程。PC 制品用线材产量增加，产品质量的稳定性不断提高。

（2）技术装备水平有所提高。“十二五”期间，一是烧结机装备和炼焦装备大型化进步明显，先进焦炉和顶装焦炉产能占比有所提高。二是冶炼工艺装备水平提升，重点统计钢铁企业 120 吨及以上转炉和 70 吨及以上电炉的炼钢先进产能占比提高了。铁水预处理、双渣少渣冶炼和炉外精炼等生产技术研发步伐加快，转炉负能炼钢、钢渣处理等节能减排技术应用取得了重大进展。三是新建的轧钢生产线普遍采用连续化、自动化控制二级或三级水平，多数达到了国内或国际先进水平，在线热处理技术和控轧控冷技术等推广方面加快了速度。四是钢铁产业信息化、智能化水平明显提升。关键工艺流程数控化率超过 65%，宝钢汽车板制造商开始了智能创新模型、鞍山冶金智能制造工厂开展了柔性化产品定制模式。荣程集团与冶金工业规划研究院联盟，打造“互联网 +”智能制造示范项目。

（3）技术创新不断进步。我国钢铁行业基本建立了以市场为导向、以企业为主体、以合作研究和战略技术联盟为载体的产学研相结合的技术创新体系。据不完全统计，现有国家级技术中心 50 余家，在冶金工艺技术创新、冶金新材料研发创新、节能减排以及资源的有效配置利用等方面都取得了很大的成就，推动我国钢铁产业的转型升级和健康可持续性发展。

在取得以上成绩的同时，也面临着一些问题，主要表现为：

（1）债务危机日益严重。自 2012 年开始，由于钢铁产业普遍存在产能过剩和严重亏损的问题，银行对钢铁行业信贷政策整体收紧，导致了企业出现融资难和融资贵的现象。由于贷款利息较高，高负债率的钢铁企业数量不断上升。

（2）自主创新能力不强。我国钢铁业在工艺设备及关键品种上原创性技术不足。大多是在引进西门子、浦项、新日铁等现代化技术设备基础上进行新产品或者工艺的开发，导致突破性关键技术供给不足，无法支撑钢铁企业的转型升级。同时，R&D 创新投入占主营业务收入比例较小，创新性研发人才缺乏，难以研制具有影响力的专有技术和优势产品。

（3）贸易摩擦日益增多。出口规模不断扩大，2011 ~ 2014 年，我国钢材出口额分别同比增长 39.2 个、0.5 个、3.4 个、31.6 个百分点。在进出口结构方面，主要进口高附加值、高技术含量的冷轧薄板带、电工钢板等钢材产品，出口低技术含量、低附加值的粗钢。此种贸易结构引起了中外贸易摩擦，致使中国钢铁产品 2012 年遭受欧美、拉美等地 20 个国家启动的 26 项贸易救济调查，2015 年上升至 58 项。

3.1.2 钢铁产业需求端现状

首先，对于国内市场钢铁需求较难有大幅度提升。目前，全球产能过剩现象严重，据经济合作与发展组织钢铁委员会最新数据显示全球有将近 7 亿吨的钢铁过剩产能。而全球经济复苏的不可控因素较多，“十三五”期间我国整体经济面临着结构性调整，国内经济增速明显不足，经济持续下行压力依然巨大。2015 年，传统的船舶、汽车等领域钢材需要量下降，制造业、房地产和基础设施领域的投资增速分别同比下降 5.1%，10.6% 和 3.6%。投资增速放缓导致了全国粗钢表现消费量同比下降了 4%。在此背景下，国内钢铁需求量很难有较大幅度的提高。所以为推动钢铁消费的继续增长，更应该抓住一些机遇。如《中国制造 2025》的颁布，促使传统制造业绿色改造，新能源汽车、高档数控机床、先进轨道交通装备等行业的快速发展对钢材需求增加。同时，“一带一路”国家重要战略对钢铁需求也产生一定的拉动作用。我国钢铁企业要积极参与“一带一路”沿线国家如俄罗斯、哈萨克斯坦、泰国、蒙古国、印度尼西亚等经济欠发达国家的运输设备、通用设备以及金融制造业的基础设施建设，从而扩大我国钢材的出口。其次，对于国际市场，钢铁国际贸易争端升级加剧打压我国钢铁出口。全球性的钢铁产能过剩使得钢材贸易保护主义日趋严重。随着发展中国家钢铁研发技术的不断发展，部分高附加值钢铁产品的自供能力进一步提高，导致该类钢铁产品面临多个国家间的贸易摩擦风险。各国为保护本国经济发展，对我国出口的钢铁产品多次展开了反倾销，从而导致了供给市场需求量的下降。如南非于 2016 年 4 月底起征了“钢铁紧急税”，印度也将对来自中国的无缝钢管征收临时反倾销税等。

3.2　中国钢铁产业发展面临的资源和环境约束现状

3.2.1　铁矿石资源对外依存度高

铁矿石是钢铁产业实现可持续发展的最重要的原材料，具有非再生性和不可替代性的特点。从世界铁矿石资源分布情况看，我国虽然铁矿石资源丰富，但与国外品位高、储量大、便采运的铁矿资源相比较，具有贫矿、难选矿较多、人均储量低、资源禀赋条件差等特点。自 2001 年以来，随着钢铁需求产量的日益增加，粗钢的增长幅度远远高于铁矿石的增长幅度。因此，国内铁矿石的供需矛盾不断加大，进口量连年大幅度提升，且主要集中在澳大利亚、巴西和印度。自 2003 年起，我国钢铁产业对铁矿石进口的依赖程度日益加剧，已经超过日本、欧盟成为世界最大的铁矿石进口国，如图 3 - 1 所示。到 2007 年，中国对进口铁矿石的依存度达 50% 以上，且呈刚性上升态势。全球范围内铁矿石资源的供不应求，导致其价格连续上涨，我国钢铁企业生产成本连年大幅度上升。一旦国际形势发生变化，或进口价格上涨过快，不能获得国外铁矿石资源供应，将会给我国整个钢铁产业带来灾难性影响。

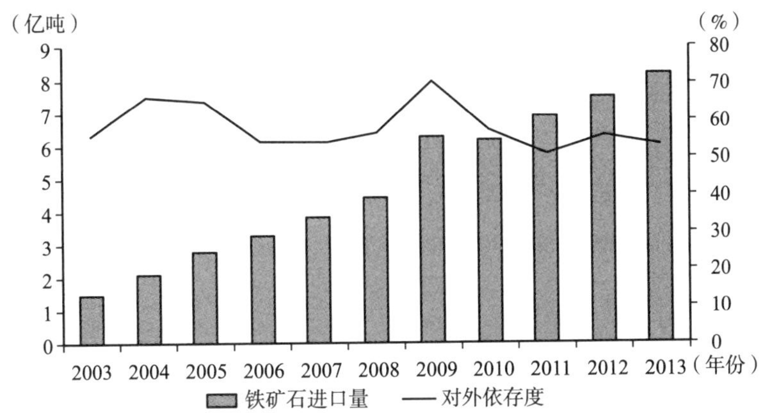

图 3 - 1　我国铁矿石进口量与对外依存度

3.2.2 能源消耗约束

钢铁产业能源依存度高、消耗强度大，钢铁生产的每个工序，如烧结、炼铁、炼钢、轧钢等都消耗大量的能源。吨钢综合能耗是衡量钢铁企业能耗情况的重要指标。如图 3-2 所示，“十一五”到“十二五”过渡期间，我国钢铁行业的能耗总量呈持续增长趋势。2009 年钢铁行业能耗总量为 564.04 百万吨标煤，占工业总能耗的 25.73%，占全国总能耗的 18.39%。2013 年能耗总量增长至 581.25 百万吨标煤，占全国总能耗的比例下降至 15.45%。对全国范围内重点大中型钢企而言，2009 年能耗总量为 23832.88 万吨标煤，2013 年达 28588.94 万吨，年均增幅 4.65%。单位工业增加值能耗由 2009 年的 6.41 吨标煤/元，增长至 2013 年的 7.40 吨标煤/元。但是，吨钢综合能耗呈现持续下降趋势，从 2009 年的 619.43 千克标煤下降至 2013 年的 591.63 千克标煤。但是，与钢铁工业“十二五”规划中制定的到 2015 年实现吨钢综合能耗小于 580 千克标煤/吨的目标还有距离，未来一段时期内仍面临较大的节能降耗压力。

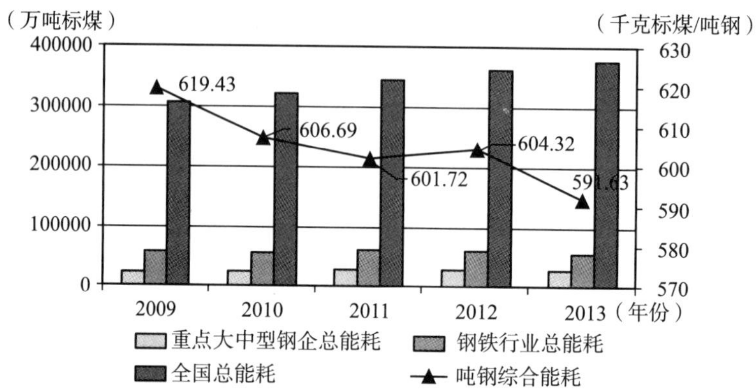

图 3-2　2009～2013 年重点大中型钢铁企业能耗总量及吨钢能耗

此外 2009～2013 年重点大中型钢铁企业各工序能耗也呈下降趋势，2013 年各项变量创新低，如表 3-1 所示。这说明在“十一五”期间我国钢铁工业节能工作取得了新进展，但是要达到“十二五”钢铁工业发展规划中制定的 2015 年实现吨钢综合能耗下降至 580 千克标煤的标准，还有一定的节能空间和压力。同时，我们还可以看出在钢铁生产过程中，炼铁工序是能耗大户，其次是焦化工序以及电炉炼钢工序。

表 3－1　　2009～2013 年重点大中型钢铁企业工序能耗 单位：千克标煤/吨

年份	烧结工序	球团工序	焦化工序	炼铁工序	转炉炼钢工序	电炉炼钢工序	钢加工工序
2009	54.95	29.96	112.28	410.65	3.24	72.53	57.66
2010	55.27	29.13	109.1	407.58	0.22	73.8	61.45
2011	54.34	29.73	106.65	404.07	－3.21	69	60.93
2012	50.46	28.84	105.1	402.59	－6.05	66.85	60.72
2013	49.2	28.26	100.02	398.04	－7.04	62.21	59.57

资料来源：2009～2013 年度中国钢铁工业节能环保统计季报。

3.2.3 环境约束现状

钢铁冶炼过程的每个环节几乎都会产生各种废气、废水和废渣等废弃物。如二氧化碳、二氧化硫、炉渣等都会对生态环境造成严重污染。由表 3－2 可以看出，钢铁产业作为我国工业经济发展的主导产业，在引领经济高速增长的同时，其二氧化硫排放量和烟粉尘排放量在全国工业排放指标中占比较高，造成了环境污染、资源消耗等负外部性。

表 3－2　　钢铁产业主要排放指标占全国工业排放指标对比 单位：万吨

年份	二氧化硫排放量			烟粉尘排放量		
	钢铁重点企业	工业总量	占比（%）	钢铁重点企业	工业总量	占比（%）
2011	68.10	2017.2	3.38	48.65	1100.9	4.41
2012	68.18	1911.7	3.57	43.78	1029.3	4.25
2013	67.78	1835.2	3.69	44.31	1094.6	4.05
2014	58.54	1740.4	3.36	44.42	1456.1	3.05

资料来源：Wind 资讯。

图 3－3 和图 3－4 给出了 2009～2013 年钢铁企业单位工业增加值废水、废气排放量和排放达标率。图 3－5 给出了 2009～2013 年钢铁企业单位工业增加值废渣产生量及其综合利用率。总体来看，废水、废气排放密度在 2009～2012 年呈现逐年快速增长趋势，2013 年有所下降。废水排放密度从 2009 年的 681.03 立方米/万元快速增长至 2012 年的 1009.71 立方米/万元，2013 年又降低至 940.85 立方米/万元。废水排放达标率由 2009

年的 99.64% 上升至 2011 年的 99.91%，进而下降至 2013 年的 99.74%，年均排放达标率为 99.75%。废气排放密度由 2009 年的 20.42 立方米/元逐年增长至 2012 年的 30.74 立方米/元，2013 年稍有下降，达 29.31 立方米/元。2009～2011 年的排放达标率从 99.44% 上升至 99.63%，2011～2012 年迅速下降为 95%，2012～2013 年又上升至 99.4%，年均排放达标率为 98.65%。单位工业增加值废渣产生量 2009～2012 年也呈现逐年增长趋势，2009 年为 6.55 吨/万元，2012 年增长至 9.56 吨/万元，2013 年略下降至 9.06 吨/万元。相比较废水、废气排放达标率而言，各年的废渣综合利用率都不高。从 2009 年的 77.01% 上升至 2010 年的 80.70%，陆续下降至 2012 年的 79.14%，2013 年稍有增长，年均综合利用率仅达 79.49%。

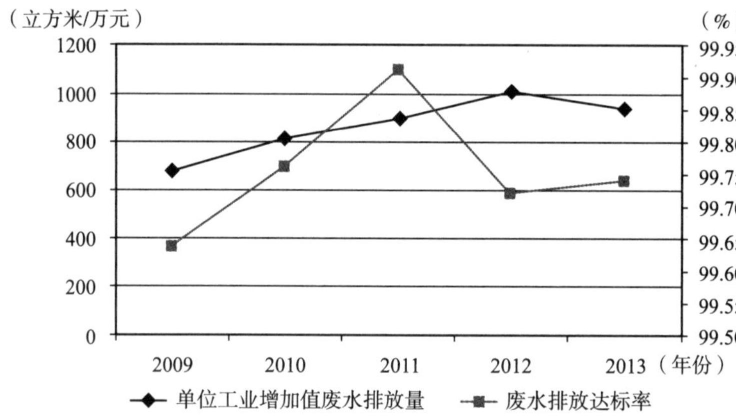

图 3－3　2009～2013 年钢铁企业废水排放密度和达标率

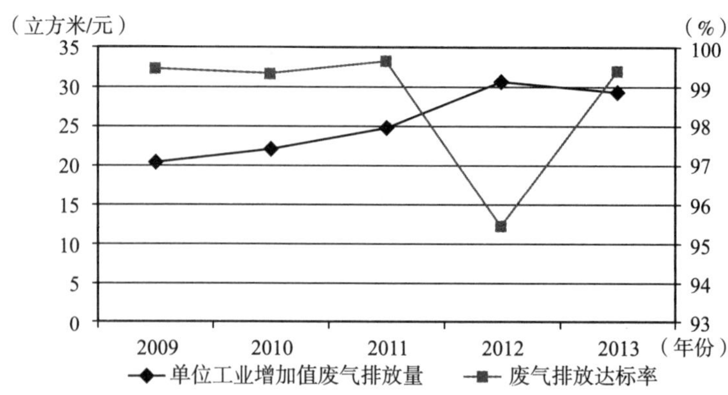

图 3－4　2009～2013 年钢铁企业废气排放密度和达标率

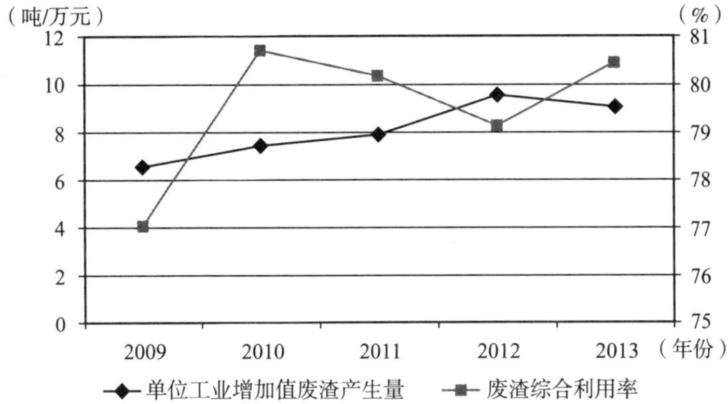

图 3－5　2009～2013 年钢铁企业废渣排放密度和综合利用率

以上数据显示虽然废水、废气的排放密度呈现上升趋势，但是其排放达标率相对较高。说明“十一五”和“十二五”期间，钢铁行业的环境规制并没有在源头减排上看到成效，而只是在废水、废气处理工作上取得了一定的效果。单位工业增加值废渣产生密度逐年升高，综合利用率却相对较低。

目前，工业发达国家已经完成了对烟尘、二氧化硫等的治理，现在已经处于对挥发性有机物控制治理技术的研发和应用阶段。在废渣处理方面，已经形成稳定的钢渣利用渠道，建立了污染源自动监测系统，及时准确地实施监控管理。我国虽然连续十几年成为世界产钢第一大国，但在污染治理与环保水平方面与先进产钢国家相比，存在很明显的差距。如表 3－3 所示，2011 年我国钢铁工业重点企业吨钢 SO_2 排放量、吨钢 NO_x 排放量以及吨钢排尘量与国际先进钢铁企业（如日本的 JFE，韩国的 POSCO）国内先进钢铁企业（如宝钢）相比较，污染物控制有明显差距。宝钢股份 2011 年的吨钢 SO_2 排放量是日本 JFE 钢铁公司 2010 年的 1.46 倍，吨钢 NO_x 排放量以及吨钢排尘量分别是韩国 POSCO 公司 2011 年的 1.41 倍和 4.18 倍。由此可见，我国钢铁企业在污染物减排方面存在很大的潜力。

表 3－3　　国内外重点钢铁企业环保指标比较

项目	POSCO	JFE	POSCO	我国重点钢铁企业平均	宝钢	武钢
	2007 年	2010 年	2011 年	2011 年	2011 年	2011 年
吨钢 NO_x（kg/t）	1.22	0.73	1.06	1.22	1.5	1.95
吨钢 SO_2（kg/t）	0.70	0.39	0.73	1.67	0.57	1.45
吨钢排尘（kg/t）	0.22	—	0.11	1.03	0.46	0.51

注：宝山、武汉钢铁公司 2011 年可持续发展报告，POSCO 公司 2007 年、2011 年，JFE 公司 2010 年可持续发展报告。2011 年中国钢铁工业环境保护统计。

钢铁工业“十二五”规划中明确提出到2015年达到固体废弃物综合利用率97%以上的目标，2020年欲实现综合利用率100%。钢铁企业作为工业产业结构调整的重要组成部分，一定要与当地的资源和环境条件安相适应。新颁布的《中华人民共和国环境保护法》于2015年1月1日起实行。环保部还配合新环保法颁布了《环境保护主管部门实施按日连续处罚办法》《环境保护主管部门实施限制生产、停产整治办法》等4个配套办法，进一步加强查封、限产停产、扣押等执法依据，加大对超标污染企业的处罚力度。同时，《钢铁行业规范企业管理办法》和《钢铁行业规范条件2015年修订》于2015年7月1日正式实施，将烧结球团焙烧设备二氧化硫的排放浓度从小于等于600mg/m^{3}提高至小于等于200mg/m^3，而氮氧化物的排放浓度则由之前的小于等于500mg/m^{3}提高至小于等于300mg/m^3。2016年颁布的《国务院关于钢铁行业化解过剩产能实现脱困发展的意见》中在环保、质量、能耗、安全和技术等方面均制定了相应的法律法规和政策，对于不达标的钢铁产能要依法退出。如环保方面，对于钢铁企业污染物排放不符合《钢铁烧结、球团工业大气污染物排放标准》《炼钢工业大气污染物排放标准》《钢铁工业水污染物排放标准》《炼铁工业大气污染物排放标准》以及《轧钢工业大气污染物排放标准》等要求的产能，将处于按日连续罚款，严重的则责令关闭；能耗方面，对于不满足《粗钢生产主要工序单位产品能源消耗限额》等强制性标准的产能，须在6个月内整改，逾期未改的依法关停；安全方面，对于安全条件不满足《炼钢安全规程》《炼铁安全规程》以及《工业企业煤气安全规程》等要求的产能，6个月内未整改的依法关停。钢铁企业为了达到国家新的环保标准，将大幅度增加吨钢运营费用及吨钢环保投资。在未来的一段时期内，我国钢铁企业发展仍面临着较大的减排压力。在更加严峻的环保标准约束下，须不断提高能源资源利用效率以谋求可持续性发展。

3.3 中国钢铁产业产能过剩现状

所谓产能过剩，指一种工业品的行业生产能力长时间高于市场需求量，由于供需不平衡导致的生产能力得不到充分利用。

3.3.1　我国钢铁产业产能过剩特征

1. 供大于求，产能利用率低

随着我国经济深化转型逐渐落地，增长动能由固定资产投资拉动转为扩大内需拉动，经济发展引擎由传统转为新兴、产业结构由第二产业转向第三产业，国内钢铁下游行业的低位运行，导致了对钢铁需求量的大幅萎缩，且单位 GDP 钢材消费强度将持续走低。国内市场对钢铁需求主要应用于建筑业和制造业上。自 2010 年以来，由于中国政府对多城市实行了限购、限贷政策，致使房地产市场低迷，对钢材需求量大幅度下降。制造业方面，受市场需求疲软影响，2010～2013 年，机械制造业总产值增速连续 3 年大幅回落，大大削弱了对钢材的需求量。汽车产业方面，受国外进口汽车冲击，2012 年汽车销量增长率出现了近十年最低，也直接影响了对国内钢铁的需求量。除此之外，随着欧美等西方国家对我国出口钢铁反倾销力度的进一步增强，对我国钢铁的外需增速也将进一步减小。产能利用率是反映产能过剩程度的有效指标。我国钢铁 2011～2014 年的产能利用率呈现不断下降趋势，分别为 82.3%、80.3%、72%、70.69%。根据国际标准，产能利用率达 75% 时为严重过剩，意味着自 2013 年起，我国钢铁产能已经处于严重过剩状态。2015 年我国全年炼钢产能利用率仅为 66.99%，比 2010 年下降了 15.01 个百分点。

2. 价格持续走低，负债率较高

由于市场供给大大超过需求使得产品价格不断下降，同时铁矿石、环保成本以及能源成本的不断上涨使得行业利润率大幅下降。行业下行压力巨大，日益增加的违约使得钢铁企业现金流动日趋紧张，大多数钢铁企业短期偿债压力较大，长期处于亏损阶段。2015 年钢铁行业的资产负债率创历史新高，意味着钢铁企业的融资空间将被进一步压缩。

3. 阶段性过剩和结构性过剩并存

2009 年为应对国际金融经济危机，政府出台了一系列的能推动公路、铁路、工程机械以及建筑等行业发展的经济刺激政策，带动了用钢需求的急剧上升。金融危机后，中国经济进入了历时十年左右的快速增长期，为了满足钢铁产品市场需求，钢铁产业扩张产能、增加投资，随着经济增速变缓，钢材需求量增长速度下降，出现了钢材实际生产能力大于社会需求产能过剩的问题。我国钢铁产业存在产品结构不合理的问题，板带材等低端产品扎堆和部分下游行业用钢品种过剩，同质化竞争激烈。而在国际钢铁行业整体产能过剩的激烈竞争下，高端装备制造业和新兴产业所需的具有高技术含量和高附加值的高端产品由于自主创新能力较差缺乏竞争优势。诸如高强高韧汽车用钢、低温压力容器板、高压锅炉管以及400兆帕的高强度螺纹钢筋等钢材制品需要大量进口。

4. 产业集中度较低，产能过于分散

产业集中度指标在一定程度上衡量了某行业中最具竞争力企业对整个市场的支配能力。产业集中度越高，越能有效阻止新企业跨入市场，对市场中企业数量的控制和支配能力越强。虽然中国产量在世界上占据极为重要地位，但是产业集中度一直较低。据国研网统计显示，2012年我国钢铁企业共11031家，其中大型企业占比特别小，而中小型钢铁企业为10608家，占据总数的96.2%。2009~2013年中国粗钢产量前十位企业的产业集中度呈现先增长后下降趋势，但均低于50%。2011年和2012年分别为48.4%和45.9%，而巴西、日本等国均在80%左右。低产业集中度影响规模经济效应的发挥，不能实现生产及销售成本的降低，因此出现产能分散、盈利能力下降。同时，由于产业集中度过低，众多钢铁企业为争夺资源和市场，展开了无序竞争，直接导致了中小企业陷入生产经营困境。如表3-4所示，2008~2012年，美国和日本钢铁产业集中度均值都超过了50%，分别为55.26%和75.36%，而我国钢铁产业集中度一直处于偏低水平，且提升速度缓慢，均值仅为23.24%。说明我国钢铁产业市场集中度与西方发达国家相比，还有较大的差距（冯梅，2013）。

表3-4　美国、日本和中国钢铁产业集中度比较　　单位：%

年份	美国	日本	中国
2008	56.84	76.3	23.9
2009	54.1	75.5	22.1
2010	55.2	74.2	20.2
2011	56.9	76.5	28.51
2012	53.3	74.3	21.5
均值	55.26	75.36	23.24

资料来源：中国产业竞争情报网。

5. 总量性过剩和结构性短缺并存

粗钢生产总量、建筑用钢总量过剩，汽车、船舶等用钢短缺，需要大量从国外进口。在新常态下，我国产业结构调整以发展高端装备制造业和战略性新兴产业为重点。因此，钢铁产业应在经济增长和市场容量的约束下，控制粗钢总量、减少低端钢品种，增加精品中厚板、优质线材、管材等高附加值钢材品种，进而优化产品结构。同时要注意合理配置优化比例，鼓励企业根据市场需求转向高附加值产品市场，而不是一味地淘汰低附加值产品。通过注重产品质量和创新满足了传统工业升级及我国产业结构调整的需要，同时也实现了钢铁产业结构的优化调整。

3.3.2　我国钢铁产业产能过剩原因

1. 钢铁产业和企业特点造成的产能过剩

首先，钢铁产业关联现象严重造成产能过剩治理困难。钢铁产业处于制造业产业链的中游，对上游行业的拉动效应、下游行业的推动效应、其他行业的旁侧效应以及对区域经济的发展起着至关重要的作用。由于钢铁产业与房地产、汽车等工业有高度相关性，要限制钢铁产能扩张必定会影响以上两大行业的发展，对国民经济的增长造成一定损失，使得钢铁产业过剩产能治理陷入困境。其次，钢铁企业的高度进入和低度退出行为导致产能过剩。依据经济学理论和产业组织理论，当预期收入大于进入壁垒所带来的成本时以及退出壁垒成本高于钢铁企业可以承担的范围时，钢铁企业会做出进入和不退出市场的决策。由于钢铁企业股权高度集中造成经营决策集中化，内部人控制问题严重造成企业投资过度的短视行为。当前我国转轨经济时期的体制性因素，导致了钢铁企业即便亏损也不退出，即便微利也要进入过度投资的非理性行为。从而形成了钢铁产业的体制性产能过剩。

2. 宏观形势及政府的不当干预造成的产能过剩

目前，钢铁产业的产能过剩现状与我国经济发展的宏观形势、钢铁行业形势以及政府部门颁布的各项重大行业政策直接相关。如为应对2009年的金融危机冲击，我国政府实施了积极财政政策和适度宽松货币政策，此期间国外对我国出口的钢铁产品的贸易保护措施不断升级；同年2月，国务院颁布了《钢铁产业调整和振兴计划》，同时将炼铁阶段和炼钢阶段落后产能淘汰指标下发各省。2010年，我国上半年经济稳定发展，下半年经济出现复苏波动性，钢铁行业出现了下行趋势；下半年我国继续实施适度宽松的货币政策，同年4月，国务院颁布了进一步淘汰落后产能的通知。2011年我国宏观经济整体平稳增长，但世界经济低迷，欧美等贸易保护主义措施加强，国内钢铁行业下游需求减少，钢材出口减缓，企业盈利状况较差，亏损额日益上升，经营状况不断恶化；同年11月，政府部门颁布了《钢铁工业十二五发展规划》，以首钢为代表的大型钢铁企业工业结构调整取得了一定进展，钢铁企业重组及地方钢铁企业项目进入同时开展。2012年，仍然采取宽松的货币政策，但通胀压力加大，GDP增长速度放慢，钢铁行业进入微利时代；同年5月，国务院颁布了《钢铁产业生产力布局和调整规划》，部分城市钢厂搬迁，各地大型钢企兼并重组。以上宏观调控及行业政策的效果并不是很好，原因是多方面的，诸如政策工具单一、政策前后不一致、实施不到位以及由于市场信息较难掌握导致的形势预期不准确，等等，最根本的原因是钢铁行业中以国企为主导的各大企业与政府之间的交融关系，导致不能制定有效化解钢铁过剩产能政策。以考核GDP增长为政府官员晋升标准的体制直接引发重复建设和过度投资。

3. 技术水平落后导致的产能过剩

技术落后是造成钢铁产业产能结构性过剩的主要原因。R&D投入水平能更好地衡量技术水平。首先，由于目前我国钢铁产业的R&D投入偏低，致使钢铁企业将资金引向低进入门槛的资金密集型环节以及低端产品的生产，而忽视了高技术门槛的技术密集型产品的生产，导致了结构性过剩。其次，较低的R&D投入水平，导致钢铁企业无法进行自主创新，更多的是从国外引进技术。随着国外企业对核心术知识产权及专利的保护意识不断提高，并无法引进最先进的技术，而是盲目引进低端技术、扩大生产，造成了低端产品产能的结构性过剩。最后，R&D投入的溢出性导致了部分钢铁企业的“搭便车”现象，缺乏进行技术创新的激励措施。

4. 较高的经济性退出壁垒

钢铁行业属于资本密集和劳动力密集的行业，前期投入较大，诸如高炉、转炉等设备是专用于钢铁行业生产的特定环节。较大的资产专用性导致沉没成本较高，对于较高的退出壁垒，厂商只能继续生产，造成结构性产能过剩。同时淘汰落后产能，解雇职工会造成解雇工资、退休金、新工作安置培训等一系列经济问题和社会问题，较高的解雇成本也在一定程度上抬高了退出壁垒。

3.4　本章小结

本章首先从供给端和需求端阐述了中国钢铁产业发展现状。其次对现阶段中国钢铁产业发展面临的严峻的资源和环境约束进行了描述。最后对中国钢铁产业产能过剩的相关研究现状进行了梳理。

(1)“十二五”期间钢铁工业有效支撑了我国经济的快速发展，并在很多方面取得了一定的成绩。如钢材品种质量不断提升，技术装备水平有所提高，技术创新不断进步，出口规模不断扩大。但是也面临着债务危机日益严重，自主创新能力不强，国内以及国际钢铁市场需求萎缩等问题。

(2) 现阶段中国钢铁产业面临着铁矿石资源对外依存度高的发展约束。2016 年颁布的《国务院关于钢铁行业化解过剩产能实现脱困发展的意见》在环保、质量、能耗、安全和技术等方面均制定了相应的法律法规和政策，使我国钢铁产业发展面临着更加严峻的能源、环境约束。

(3) 我国钢铁产业发展存在严重的产能过剩现象。主要表现为供大于求，产能利用率低；钢铁产品价格持续走低，负债率较高；阶段性过剩和结构性过剩并存；产业集中度较低，产能过于分散；总量性过剩和结构性短缺并存等特征。钢铁产业关联现象严重，钢铁企业易进入和退出壁垒，宏观形势和政府的不当干预以及技术水平落后等是造成我国钢铁产业产能过剩的主要原因。

第 4 章

资源约束下中国钢铁企业技术效率评价

4.1 网络 SBM－DEA 模型

托恩（Tone，2001）提出了 SBM－DEA 方法，并于 2009 年将其拓展到网络结构中，构建了网络 SBM－DEA 模型，可用于同时评价决策单元整体及各组成部门的效率。与比率形式系统效率模型、过程距离模型等其他径向网络 DEA 方法模型相比，网络 SBM－DEA 模型属于非径向效率测算方法，可以同时考虑投入、产出松弛变量不为 0 时对效率评价的影响，并解决投入产出变量的非同比例变化问题。因此，得到的技术效率评价结果更合理、更准确。

设有 $n(j=1,\ \cdots,\ n)$ 决策单元，每个决策单元包括 $k(k=1,\ \cdots,\ K)$ 个子过程，m_k 和 r_k 分别为第 k 个子过程的投入和产出个数。$(k,\ h)$ 表示子过程 k 和子过程 h 之间的节点。第 j 生产决策单元的第 k 个子过程的投入和产出资源分别由 $x_j^k \in R_+^{m_k}(j=1,\ \cdots,\ n;\ k=1,\ \cdots,\ K)$ 和 $y_j^k \in R_+^{r_k}(j=1,\ \cdots,\ n;\ k=1,\ \cdots,\ K)$ 表示。连接子过程 k 和 h 的中间产品由 $z_j^{(k,h)} \in R_+^{t_{(k,h)}}(j=1,\ \cdots,\ n;\ (k,\ h) \in L)$ 表示。则规模报酬可变条件下被评价单元的投入产出导向效率评价模型可以表示为：

$$\rho_0^* = \min_{\lambda^k,\, s^{k-},\, s^{k+}} \frac{\sum_{k=1}^{K} w^k \left[1 - \frac{1}{m_k}\left(\sum_{i=1}^{m_k} \frac{s_i^{k-}}{x_{i0}^k}\right)\right]}{\sum_{k=1}^{K} w^k \left[1 + \frac{1}{r_k}\left(\sum_{r=1}^{r_k} \frac{s_r^{k+}}{y_{r0}^k}\right)\right]}$$

$$\text{s. t.} \begin{cases} x_0^k = X^k \lambda^k + s^{k-} (k = 1, \cdots, K) \\ y_0^k = Y^k \lambda^k - s^{k+} (k = 1, \cdots, K) \\ Z^{(k,\, h)} \lambda^h = Z^{(k,\, h)} \lambda^k (\forall (k,\, h)) \\ e\lambda^k = 1 (k = 1, \cdots, K) \\ \lambda^k \geqslant 0,\ s^{k-} \geqslant 0,\ s^{k+} \geqslant 0,\ (\forall k) \end{cases} \tag{4-1}$$

其中 $\lambda^k \in R_+^n$ 表示子过程 $k(k=1, \cdots, K)$ 生产过程中密集度的密度矢量，w^k 是根据子过程 k 对决策单元的重要程度不同而设的相对权重，并且 $\sum_{k=1}^{K} w^k = 1$，$w^k \geqslant 0 (\forall k)$。$Z^{(k,h)} \lambda^h = Z^{(k,h)} \lambda^k (\forall (k, h))$ 表示在保持投入和产出之间的连续性时，两个子过程之间的链接活动是自由不受约束的。ρ_0^* 是 DMU_0 的投入产出导向整体效率。当且仅当 $\rho_0^* = 1$，s^{k-*}，$s^{k+*} = 0$ 时，DMU_0 是整体有效的。子阶段 k 的效率值可以表示为 $\rho_k = \frac{1 - \frac{1}{m_k}\left(\sum_{i=1}^{m_k} \frac{s_i^{k-*}}{x_{i0}^k}\right)}{1 + \frac{1}{r_k}\left(\sum_{r=1}^{r_k} \frac{s_r^{k+*}}{y_{r0}^k}\right)} (k = 1, \cdots, K)$。

4.2　变量与数据

4.2.1　既往研究方法的指标选取

已有文献在评价钢铁企业技术效率时均将其视为“黑箱”，如图 4-1 所示。

图 4-1　钢铁企业“黑箱”生产流程

不考虑企业内部各生产阶段的投入和产出，只依据企业整体初始的非资源投入（资本、劳动投入等）、资源投入、各种实物产出（粗钢、钢材等）、经济产出（企业附加值等）及非期望产出指标应用传统 DEA 模型进行效率测算，各投入、产出指标如表 4 – 1 所示。

表 4 – 1　有关钢铁企业技术效率研究的投入和产出指标

作者	投入指标	产出指标
Zhang（2001）	职工人数、固定资产净值	工业增加值
Ma 和 David（2002）	职工人数、固定资产净值、能源消耗	产值、生铁、粗钢、钢材
赵国杰等（2003）	资本、职工人数、金属物料	钢产量、销售收入利润额
Movshuk（2004）	职工人数、固定资产	工业增加值
焦国华、江飞涛（2007）	资本总额、工资总额、能源消耗	工业增加值、利税总额
韩晶（2008）	年末总资产、职工人数	主营业务收入
齐二石、马珊珊（2008）	固定资产净值、职工人数、吨钢耗新水量、吨钢综合能耗标煤	钢产量、工业总产值、利税总额、销售收入、厂界噪声、降尘量
杜春丽（2009）	新水、能源、工资总额、资本总额、“三废”	工业增加值、利润总额
夏绍模等（2009）	总资产、人力投入、销售费用、管理费用、财务费用	粗钢产量、主营收入、净利润
韩一杰、刘秀丽（2011）	电力消耗量、化石能源消耗、二氧化碳排放	粗钢产量、生铁产量、成品钢材产量
张庆芝、何枫等（2012）	固定资产净值、职工人数、综合能耗	工业增加值
张庆芝等（2013）	固定资产净值、职工人数、综合总能耗、总耗新水量	工业增加值、“三废”值
He 和 Zhang 等（2013）	固定资产净值、职工人数、综合总能耗	工业增加值、“三废”值
Lin 和 Wang（2014）	能源、资本、劳动力	工业总产值

4.2.2 两阶段效率评价指标体系的建立

传统 DEA 评价方法不能反映多阶段生产系统的业务运作特征，无法深入探索企业生产流程中各阶段效率对系统效率的影响，所测算的企业整体技术效率有偏差，同时不能鉴别出系统整体无效的根本原因。因此，为更精确地评价资源约束下钢铁企业技术效率，我们从企业内部生产运行机理角度给出投入、期望产出和联结生产阶段中间变量的选取。现代钢铁联合企业生产工艺流程包括选矿、烧结、炼铁、炼钢、连铸和轧钢工序。根据数据口径的科学性、可比性、统一性和可操作性原则，并参考国内外主要研究文献，将钢铁企业生产活动概念化为由铁前阶段和铁后阶段串联而成的一般两阶段网络结构。生铁产生之前的所有工序统称为铁前工序阶段，生铁产生之后的所有工序划分为铁后工序阶段，如图 4 –2 所示。在第一个阶段企业利用固定资产净额、员工、能源、铁矿石和焦炭五种投入变量获得中间产品生铁，作为炼钢过程的原材料之一。除此之外，在第二个阶段中还需投入固定资产、劳动力、能源对铁水进行加工生成各种形态钢，最终产出为工业增加值。各变量指标名称及具体定义如表 4 –2 所示。

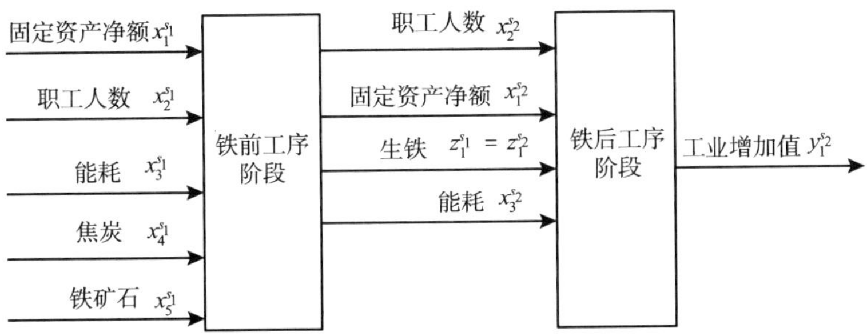

图 4 –2　资源约束下钢铁企业两阶段生产流程

表 4 –2　两阶段模型中投入、中间和产出变量指标体系

类型	变量名称	具体指标
投入变量	固定资产净额	固定资产原值 – 累计折旧 – 固定资产减值准备
	职工人数	(上年末职工人数 + 本年末职工人数)/2
	能耗	各种能源能耗统一折算成标煤的消耗量
	焦炭	年消耗焦炭总量
	铁矿石	年消耗铁矿石总量
中间变量	生铁	年均生铁量
期望产出变量	工业增加值	现价工业总产值 – 工业中间投入 + 本期应交增值税

(1) 投入变量，本书选取非资源指标（固定资产净额、全部从业人员年平均人数）、资源指标（能源、焦炭和铁矿石）五个要素。其中，固定资产净额以 2009 年为基期的固定资产投资价格指数进行调整；能源投入，是将煤炭、天然气、燃油和电力等其他能源统一折算成标煤，得到的综合总能耗；焦炭在高炉炼铁中是不可缺少的炉料，主要以 C 和 CO 的形

式对铁矿石起还原作用，制约着生铁的产出，同时还起到炉料的骨架作用，支撑着球团矿、烧结矿等其他炼铁原料，铁矿石作为炼铁阶段的另一独立投入原材料，两者都是用每年的消耗量来衡量。

（2）中间产品变量，生铁。即在高炉炼铁环节投入焦炭和铁矿石等原料所生成的铁水量。

（3）期望产出变量，本书选取可以体现企业新增加价值的工业增加值来衡量。相比较工业总产值而言，工业增加值可以涵盖钢铁企业生产流程中中间产品产出，更综合全面地衡量了企业的产出变量。因此，本书选取工业增加值这一指标，并通过以2009年为基期的工业产品出厂价格指数进行调整。

4.2.3 样本选取

为更加真实地反映中国钢铁产业中不同类型企业的效率状况，本书尽可能将我国大中小型钢铁企业包含其中。本书以从《中国钢铁工业统计年报》《中国钢铁工业环境保护统计》及《冶金大中型企业财务年报汇编》中获取的2009～2013年60家重点大中型钢铁企业的面板数据为基础。对于样本中某些虽已实施兼并重组，但在生产经营上仍保持一定独立性，且数据仍以独立企业形式进行统计上报的企业，例如，新疆八一、鄂城钢铁、宣化钢铁等，本书将其作为独立决策单元来评价。剔除废气、废渣等变量缺失的样本，最终选择了48家企业①。综合中国钢铁协会专家及钢

---

① 这48家钢铁企业分别为首钢股份有限公司（首钢）、贵州水城钢铁集团（水钢）、首钢长治钢铁有限公司（长治）、通化钢铁集团（通钢）、天津天钢集团（天钢）、天津天铁冶金集团（天铁）、唐山钢铁集团（唐钢）、邯郸钢铁集团（邯钢）、宣化钢铁集团（宣钢）、承德钢铁集团（承钢）、新兴铸管股份（新兴）、河北津西钢铁股份（津西）、唐山国丰钢铁有限公司（国丰）、河北敬业集团有限责任公司（敬业）、太原钢铁有限公司（太钢）、包头钢铁有限责任公司（包钢）、鞍山钢铁集团（鞍钢）、攀枝花钢铁集团有限公司（攀钢）、本钢集团有限公司（本钢）、凌源钢铁集团（凌钢）、西林钢铁集团（西林）、宝钢集团（宝钢）、新疆八一钢铁（八一）、广东韶关钢铁集团（韶钢）、新冶钢有限公司（新冶钢）、新余钢铁有限公司（新余）、南京钢铁集团（南京）、江苏沙钢集团（沙钢）、江苏苏钢集团（苏钢）、杭州钢铁集团（杭钢）、马钢控股有限公司（马钢）、萍乡钢铁有限责任公司（萍钢）、福建三钢集团（三钢）、济南钢铁集团（济钢）、莱芜钢铁集团（莱钢）、青岛钢铁控股集团（青钢）、河南安阳钢铁集团（安阳）、河南济源钢铁集团（济源）、武汉钢铁股份有限公司（武钢）、昆明钢铁控股有限公司（昆钢）、鄂城钢铁有限责任公司（鄂钢）、广西柳州股份（柳钢）、湘潭钢铁集团（湘钢）、涟源钢铁集团（涟钢）、重庆钢铁集团（重钢）、陕西钢铁集团（陕钢）、酒泉钢铁有限责任公司（酒泉）、西宁特殊钢集团（西宁）。

铁企业生产管理经验，铁前和铁后工序阶段投入的固定资产比约为 55%：45%，劳动力比约为 45%：55%，能耗比约为 3∶1。各样本变量统计描述如表 4-3 所示。

表 4-3　　投入、产出变量统计描述

变量	平均值	标准差	最大值	最小值
固定资产净额（亿元）	196. 512	233. 000	1496. 090	11. 403
职工人数（千人）	30. 268	27. 838	143. 576	2. 232
焦炭（百万吨）	5. 629	4. 728	28. 477	0. 346
能耗（百万吨）	4. 616	3. 399	20. 144	0. 385
铁矿石（百万吨）	16. 484	14. 174	90. 003	0. 915
生铁（百万吨）	8. 483	7. 097	41. 940	0. 514
工业增加值（亿元）	54. 845	67. 761	487. 399	0. 084

4.3　结果分析

根据网络 SBM-DEA 模型，取 $k=2$，$w_1=w_2=0.5$，使用 lingo11.0 软件估算了中国钢铁企业 2009～2013 年的整体、铁前工序阶段和铁后工序阶段技术效率，具体测算结果见附录 1，其统计描述结果如表 4-4 所示。

表 4-4　　2009～2013 年资源约束下钢铁企业整体及两阶段绿色技术效率

年份		2009	2010	2011	2012	2013	2009～2013 均值
整体	平均值	0. 564	0. 561	0. 347	0. 495	0. 417	0. 477
	最小值	0. 131	0. 202	0. 136	0. 145	0. 152	
	最大值	1. 000	1. 000	1. 000	1. 000	1. 000	
铁前工序阶段	平均值	0. 526	0. 444	0. 223	0. 492	0. 267	0. 391
	最小值	0. 177	0. 169	0. 100	0. 107	0. 095	
	最大值	1. 000	1. 000	1. 000	1. 000	1. 000	
铁后工序阶段	平均值	0. 616	0. 675	0. 478	0. 525	0. 567	0. 573
	最小值	0. 121	0. 234	0. 114	0. 111	0. 160	
	最大值	1. 000	1. 000	1. 000	1. 000	1. 000	

4.3.1 整体与两阶段技术效率变化趋势分析

研究结果表明，从企业生产流程整体来看，2009～2013 年中国钢铁企业平均整体技术效率位于以 0.477 为中心的 0.347～0.564 的低位增长区间，明显存在较大的提升空间。具体到企业，2009 年整体技术效率处于前沿面的钢铁企业有 A11、A17、A22、A25、A28 和 A43 共 6 家，技术效率最低的是 A20，只有 0.131。2010 年 A11、A17、A22、A27、A28 和 A38 共 6 家企业技术效率值为 1，A04 钢铁技术效率值最低（0.202）。2011 年只有 A22 和 A28 两家达到了整体有效，效率排名后两位的是 A03（0.136）和 A17（0.152）。2012 年 A11、A18、A22、A28、A14 和 A34 共 6 家钢铁企业处于前沿面上，成为该年份的标杆企业，A17 效率最低，仅为 0.145。2013 年只有 A01、A11、A22 和 A28 共 4 家企业整体运营有效，效率排名后三位的是 A46（0.152）、A02（0.157）和 A20（0.177）。通过以上分析发现，平均技术效率最高的为 A22 和 A28，2009～2013 年均处于前沿面上，其他钢铁企业样本期内均存在不同程度的无效率现象。从分阶段效率来看，考察期内铁后工序阶段效率一直显著高于铁前工序阶段效率。铁前工序阶段平均技术效率处于以 0.391 为中心的 0.223～0.526 低位宽幅区间，年均技术效率高低相差 0.303，波动幅度大，即钢铁企业之间的个体差异大。铁后工序阶段技术效率则围绕均值 0.573 在区间 0.478～0.616 内上下波动，预示着铁前和铁后阶段效率均偏低。尤其是铁前工序阶段的效率损失现象更为严重，成为制约钢铁企业整体效率提升的短板问题。从技术效率变化趋势来看，样本钢铁企业整体、铁前和铁后工序阶段技术效率在 2009～2013 年均呈现出“先增长、后下降”的循环波浪式变化趋势，如图 4－3 所示。整体技术效率总是介于铁前和铁后工序阶段技术效率值之间，并且铁后工序阶段技术效率值高于铁前工序阶段相应值，再次说明铁前工序阶段是影响整体技术效率提升的薄弱环节。

4.3.2 网络 SBM－DEA 与传统 SBM－DEA 效率值比较分析

运用传统 SBM－DEA 效率评价模型，将钢铁企业视为一个“黑箱”测算 2009～2013 年的技术效率值，并与网络 SBM－DEA 模型的测算结果及排名进行比较，结果如表 4－5 所示。严格意义上讲，两个模型下所得

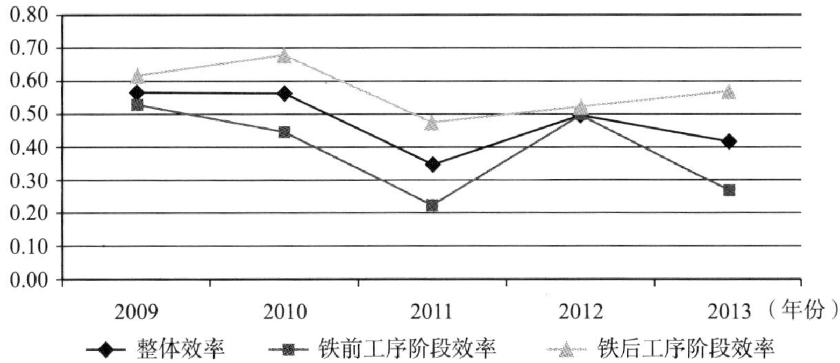

图 4-3　资源约束下钢铁企业整体及两阶段技术效率变化趋势

到的技术效率值不能客观比较，因为所涉及的投入、产出变量不同，所构建的前沿技术面不同。但是可以通过比较两种方法下有效企业数量以及各样本企业分别在两种测算方法下的排名顺序，来间接判断两种方法的鉴别力和区分度。相比较而言，网络 SBM - DEA 方法有以下优点：第一，网络 SBM - DEA 方法可以根据企业实际生产流程设置各个子阶段，通过赋予客观权重使得各子阶段在整体效率评价过程中地位相当。传统 SBM - DEA 评价方法由于无法区分子阶段，可能导致生产流程中各阶段对整体效率的影响不同。第二，网络 SBM - DEA 方法的节点设置为非线性规划模型增加了约束条件，与传统 SBM - DEA 方法相比较得到的技术效率值区分度高，可以避免由于决策单元偏少造成的多个决策单元整体有效的异常情况。如表 4 - 5 所示，在网络 SBM - DEA 模型测算下只有 A22 和 A28 两家钢铁企业整体及两阶段技术有效，整体技术效率均值在［0.6，1）区间的企业只有 8 家，分别为 A11、A14、A15、A16、A25、A28、A38 和 A48，全部样本平均技术效率值为 0.477。而在传统 SBM - DEA 模型下有 4 家整体有效的钢铁企业（A11、A22、A28、A15），技术效率均值在［0.6，1）区间的样本企业有 13 家，全部样本技术效率均值为 0.542。由此可见，网络 SBM - DEA 模型下的有效企业数量以及企业技术效率均值均小于传统 SBM - DEA 模型。即相比较而言，网络 SBM - DEA 模型鉴别无效决策单元的能力较强，该结论与 Lothgren 和 Tambour（1999）的研究结果保持一致。在整体效率排名上，部分企业也发生很大变化。如 A39，传统 SBM - DEA 模型下测算的效率值为 0.489，排名第 21 位，网络 SBM - DEA 模型下效率值仅为 0.372，排名第 30 位。与此相类似的：A47 由（0.576，15）变为（0.430，22）、A31 由（0.327，36）变为

(0.275, 44)、A30 由 (0.489, 22) 变为 (0.380, 29)、A20 由 (0.288, 37) 变为 (0.284, 43)、A19 由 (0.457, 24) 变为 (0.350, 32) 等。此外, A01 和 A12 则由传统 SBM - DEA 模型下排名第 18 位和第 29 位上升至网络 SBM - DEA 模型下排名第 13 位和第 24 位。第三, 传统 SBM - DEA 评价结果中评价标杆单一, 准确性较低。如多数钢铁企业参照宝钢, 因为该企业样本期间内每年技术效率都较高。而网络 SBM - DEA 在每个阶段都存在多个评价标杆, 除了各年份技术效率值都达到 1 的 A22 和 A28 外, 部分年份中鞍钢和新兴铸管在铁前工序阶段担任评价标杆, A15 和 A16 在铁后工序阶段担任评价标杆。因此, 网络 SBM - DEA 方法可以更有效地挖掘钢铁企业绩效信息, 得到的效率评价结果更合理更准确, 可以为提高钢铁企业经营绩效提供更为详尽的优化方案。

总之, 传统 SBM - DEA 不能反映钢铁生产流程各阶段之间的关系, 无法比较铁前和铁后阶段技术效率的差异及其对整体技术效率的影响, 因而不能提供较为详尽的优化措施。网络 SBM - DEA 通过打开"黑箱", 基于钢铁生产流程各阶段的综合评价更能反映客观现实。同时, 其较高的区分度能为钢铁企业综合绩效的提高提供精度更高的优化调控政策依据。

表 4-5　2009~2013 年钢铁企业两阶段技术效率与传统技术效率均值比较

DMU	整体	排名	铁前工序阶段	排名	铁后工序阶段	排名	黑箱	排名
A01	0.551	13	0.430	15	0.584	16	0.530	18
A02	0.294	40	0.390	18	0.294	42	0.286	40
A03	0.296	38	0.443	14	0.263	44	0.270	42
A04	0.215	47	0.176	47	0.254	45	0.217	45
A05	0.364	31	0.270	32	0.457	29	0.377	31
A06	0.409	26	0.309	29	0.523	22	0.452	25
A07	0.469	18	0.259	36	0.678	12	0.628	12
A08	0.491	17	0.299	31	0.683	11	0.616	14
A09	0.270	45	0.209	44	0.332	39	0.281	41
A10	0.336	34	0.241	38	0.430	32	0.385	30
A11	0.930	2	0.860	2	1.000	1	1.000	1
A12	0.410	24	0.259	35	0.561	18	0.404	29
A13	0.389	28	0.263	33	0.526	20	0.412	27

续表

DMU	整体	排名	铁前工序阶段	排名	铁后工序阶段	排名	黑箱	排名
A14	0.744	6	0.581	5	0.906	4	0.876	5
A15	0.726	7	0.452	11	1.000	1	1.000	1
A16	0.702	8	0.450	12	0.954	2	0.953	2
A17	0.523	15	0.482	8	0.570	17	0.543	16
A18	0.589	10	0.425	16	0.754	8	0.702	8
A19	0.350	32	0.235	41	0.465	28	0.457	24
A20	0.284	43	0.460	10	0.293	43	0.288	37
A21	0.460	19	0.448	13	0.517	23	0.478	23
A22	1.000	1	1.000	1	1.000	1	1.000	1
A23	0.410	25	0.324	25	0.495	25	0.517	19
A24	0.317	36	0.343	24	0.363	34	0.338	34
A25	0.787	3	0.661	4	0.909	3	0.941	3
A26	0.541	14	0.398	17	0.685	10	0.645	11
A27	0.563	12	0.378	21	0.748	9	0.651	10
A28	1.000	1	1.000	1	1.000	1	1.000	1
A29	0.662	9	0.531	6	0.793	7	0.827	7
A30	0.380	29	0.233	42	0.532	19	0.489	22
A31	0.275	44	0.213	43	0.337	37	0.327	36
A32	0.284	42	0.305	30	0.334	38	0.286	39
A33	0.413	23	0.320	27	0.492	26	0.419	26
A34	0.442	20	0.378	20	0.499	24	0.503	20
A35	0.433	21	0.260	34	0.606	15	0.540	17
A36	0.571	11	0.467	9	0.670	13	0.665	9
A37	0.238	46	0.178	46	0.303	41	0.268	43
A38	0.775	4	0.683	3	0.869	5	0.844	6
A39	0.372	30	0.239	40	0.487	27	0.489	21
A40	0.336	35	0.240	39	0.431	31	0.350	33
A41	0.400	27	0.348	22	0.453	30	0.407	28
A42	0.301	37	0.200	45	0.402	33	0.329	35
A43	0.515	16	0.384	19	0.645	14	0.618	13
A44	0.287	41	0.247	37	0.340	36	0.287	38
A45	0.336	33	0.313	28	0.363	35	0.377	32
A46	0.295	39	0.343	23	0.308	40	0.239	44

续表

DMU	整体	排名	铁前工序阶段	排名	铁后工序阶段	排名	黑箱	排名
A47	0.430	22	0.323	26	0.524	21	0.576	15
A48	0.750	5	0.526	7	0.854	6	0.940	4
均值	0.477		0.391		0.573		0.542	

4.3.3 两阶段技术效率类型分析

网络 SBM - DEA 模型的另一个优势为在判别出无效钢铁企业后，还能进一步地鉴别导致该企业整体无效率的子阶段或工序。以 2009 ~ 2013 年样本钢铁企业铁前和铁后工序阶段技术效率均值（0.391，0.573）为分界点，可以得到钢铁企业两阶段技术效率矩阵图，如图 4 - 4 所示。该技术效率矩阵可以将 48 家钢铁企业分为四大类，不同类型钢铁企业为提升整体技术效率值需要关注的重点、努力的方向不同。

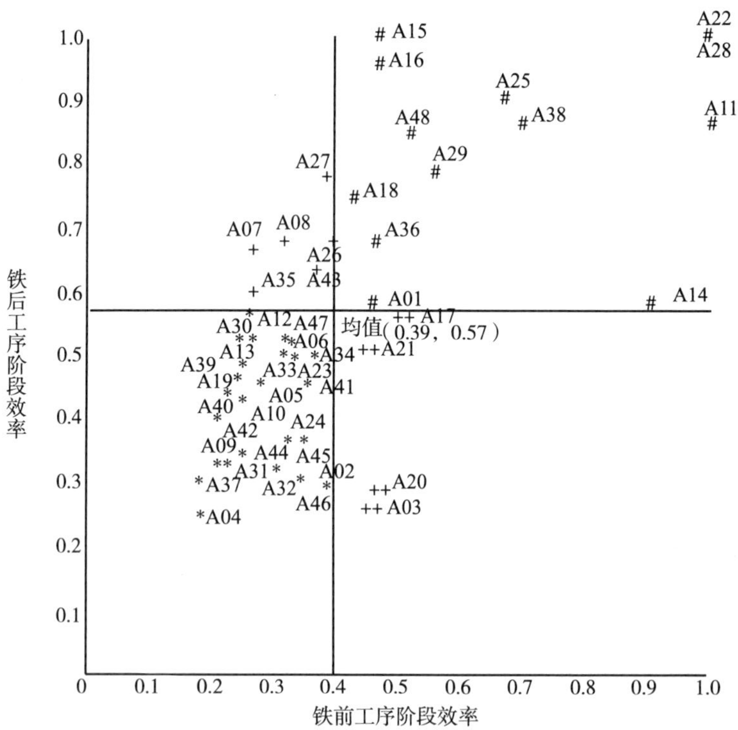

图 4 - 4 资源约束下钢铁企业两阶段技术效率矩阵

（1）第一类企业的铁前和铁后工序阶段技术效率值均大于均值，该类企业在铁水生产和炼钢、产钢方面均领先于其他企业，主要有A15、A16、A22、A28等13家企业，占总数的27.08%。其中，A22和A28两阶段技术效率值等于1，表明该两家企业投入资源配置较为合理、在节能技术创新、管理优化等方面较为突出，指使其处于生产前沿，可以成为其他企业参照的标杆。

（2）第二类企业的铁前和铁后工序阶段的效率值均小于均值，如A30、A12、A47、A37等25家钢铁企业，占总数的52.08%。该结果说明一半以上的钢铁企业整体技术效率值较低，可归结于其铁前和铁后工序阶段在投入资源配置，节能降耗方面都存在一定问题，均有很大的改进空间。因此，该类企业需要进一步学习标杆企业的先进生产技术和节能技术。

（3）第三类企业铁前工序阶段的技术效率大于均值，而铁后工序阶段技术效率小于均值，A17、A21、A20和A03共4家钢铁企业属于这种情况。如长治钢铁集团近几年通过提高煤比、降低焦比，广泛应用干式布袋除尘及热风炉节能技术，在长钢炼铁节能降耗方面取得了很大的进步，但其在炼钢轧钢等工序上可能还存在较大的问题。因此，对于该类企业，企业管理决策者应重点关注铁后工序阶段的资源配置及利用效率。

（4）第四类企业的铁前工序阶段技术效率小于均值，铁后工序阶段技术效率大于均值，包括A27、A07、A08、A26、A43和A35共6家企业。以A07为例，铁后工序阶段的技术效率年均值达到了0.678，排名第12位。但其铁前工序阶段的效率年均值仅为0.259，排名第36位，从而影响了其整体技术效率的提高和排名。“十二五”期间，A07集团对两个炼钢厂实施蓄热式钢包烘烤和钢包全程加盖改造，大幅度降低炼钢工序煤气消耗量。同时，通过管理节能、操作节能和技术节能，全面加强能源的精细化管理。因此，对于这类企业，要想提高企业整体技术效率，经营管理者应更加重视烧结、炼铁等工序上可能存在的问题。

4.3.4 节能潜力分析

根据投入产出导向网络SBM－DEA模型所计算出来的效率前沿标准，对除宝钢和苏钢之外的46家无效样本钢铁企业铁前工序阶段、铁后工序阶段的能耗实际值与目标值进行比较，测算各年度两阶段的节能潜力，如图4－5所示。相比较而言，样本企业铁前工序阶段的节能空间较大。

2009~2013年，铁前工序阶段每年能耗可降空间在44.63%~76.21%之间，年均可降程度为59.51%。其中，A22、A28的节能潜力为0，节能空间最大的为A42（85.18%），其次为A37（81.22%）和A31（81.10%）。铁后工序阶段每年能耗可降空间在33.62%~39.73%之间，年均可降程度为37.34%。该阶段节能潜力排前三位的是A04（71.15%）、A42（69.99%）和A37（69.64%），A11、A15、A22和A25的能耗利用完全有效，无节能空间。研究结果表明，我国钢铁企业“十一五”期间虽在节能方面做出了很大的努力，但仍旧有较大的节能空间。从分阶段的视角看，可以确定的是铁前工序阶段应被重点关注。

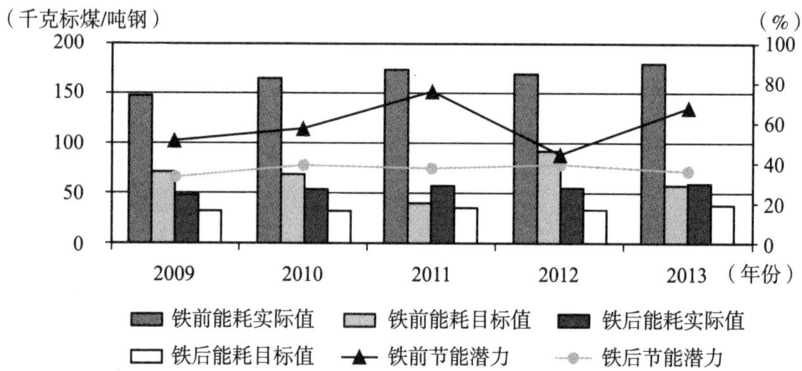

图4-5 钢铁企业两阶段实际能耗、目标能耗及节能潜力

4.3.5 技术效率的改善方向

网络SBM-DEA模型所计算出来的松弛变量反映了各变量距离评价标杆的距离。负数表示各投入变量指标需要减少的绝对量，正数表示期望产出变量需要增加的绝对量。资源约束下网络SBM-DEA方法为钢铁企业生产流程的铁前和铁后工序阶段提供了具体的优化方向和优化措施，表4-6显示了各钢铁企业2009~2013年各投入、产出变量的年均可调整量。钢铁企业投入指标的松弛变量越大，说明该决策单元要达到有效需要付出的努力越大；相反，则其需要调整的幅度相对较小。整体来看，铁前工序阶段的平均固定资产、职工人数和能耗投入的缩减量分别为69.72亿元、9.93千人、2.59百万吨，均大于铁后工序阶段三种投入变量的需改善空间（34.05亿元、5.75千人和0.54百万吨）。焦炭和铁矿石需要分别平均调减3.09百万吨、9.24百万吨，期望产出工业增加值可调增3.42亿元。具体到各家钢铁企业，测算结果表明除了A22和A28外，所有钢铁企业的投入产出变量都需要有不同程度的调整。值得注意的是，大多数企业工业增加值的调整量为0，说明在现有的技术水平下，各钢铁企业要想提高铁前和铁后工序阶段的技术效率，必须努力提高各投入变量的利用率。如A15集团的铁后工序阶段年均技术效率为1，该阶段各投入产出变量的可调整量为0，但由于铁前工序阶段固定资产、职工人数、能耗、铁矿石和焦炭投入都存在不同程度的冗余，导致该企业整体技术效率均值仅为0.726。因此，该企业只要能突破铁前阶段投入冗余的瓶颈，就能大大提高整体技术效率，成为处于前沿面上的标杆企业。再比如A07在铁前工序阶段的固定资产、职工人数投入量上需要缩减的幅度是最大的，尽管其在铁后工序阶段的技术效率相对比较高，但其铁前工序阶段的低效率使得该企业的整体技术效率值并不高。

表4-6 2009~2013年钢铁企业两阶段投入、产出年均可调整量

DMU	铁前工序阶段					铁后工序阶段			
	资产	职工	能耗	焦炭	铁矿	资产	职工	能耗	产值
A01	-26.29	-0.80	-2.25	-4.26	-11.86	-20.64	-0.31	-0.69	3.87
A02	-17.29	-7.76	-1.25	-1.40	-4.17	-4.59	-5.86	-0.21	23.31
A03	-9.80	-5.62	-0.87	-1.00	-3.01	-1.38	-4.15	-0.09	19.47
A04	-56.98	-7.57	-1.94	-2.71	-7.89	-43.55	-8.07	-0.56	0.00
A05	-67.30	-5.46	-1.22	-2.73	-8.19	-47.30	-4.22	-0.29	0.00
A06	-31.07	-8.97	-1.36	-2.47	-7.37	-19.32	-7.84	-0.25	0.00
A07	-262.82	-39.64	-4.79	-6.67	-19.69	-78.57	-15.69	-0.80	0.00
A08	-161.03	-16.25	-1.69	-4.13	-12.34	-79.48	-6.61	-0.14	0.00
A09	-52.55	-9.09	-2.08	-3.08	-9.10	-36.16	-8.85	-0.57	0.00
A10	-60.38	-6.27	-2.63	-3.37	-10.06	-42.46	-4.39	-0.63	0.00
A11	-5.84	-1.47	-0.10	-0.49	-1.52	0.00	0.00	0.00	0.00
A12	-27.99	-3.58	-2.40	-4.58	-13.58	-15.26	-2.12	-0.62	0.00
A13	-31.12	-4.89	-2.60	-4.08	-12.08	-18.75	-2.64	-0.64	0.00
A14	-15.53	-2.79	-1.15	-1.67	-5.04	-2.10	-0.32	-0.11	0.00
A15	-173.65	-25.22	-1.94	-1.42	-4.43	0.00	0.00	0.00	0.00
A16	-104.99	-32.52	-2.69	-2.02	-6.31	0.00	-3.93	-0.08	0.00
A17	-137.56	-7.00	-3.32	-8.99	-27.68	-104.94	-6.37	-0.89	0.00

续表

DMU	铁前工序阶段					铁后工序阶段			
	资产	职工	能耗	焦炭	铁矿	资产	职工	能耗	产值
A18	-68.82	-27.69	-1.51	-3.13	-9.43	-14.22	-22.56	-0.11	0.00
A19	-216.57	-36.40	-5.44	-6.83	-20.41	-103.77	-25.86	-1.32	0.00
A20	-22.59	-3.96	-0.96	-1.09	-3.35	-11.70	-1.80	-0.10	21.02
A21	-14.66	-3.74	-0.71	-0.93	-2.82	-7.38	-2.80	-0.16	4.42
A22	0.00	0.00	0.00	0.00	0.00	0.00	0.00	0.00	0.00
A23	-78.35	-8.95	-2.33	-2.35	-7.15	-49.00	-6.46	-0.48	0.00
A24	-50.72	-4.46	-1.91	-2.01	-6.02	-32.63	-1.34	-0.37	20.59
A25	-22.67	-1.34	-0.35	-0.25	-0.77	-4.19	-0.16	0.00	1.32
A26	-57.36	-3.07	-2.14	-2.17	-6.66	-31.14	-0.55	-0.36	0.00
A27	-172.40	-12.16	-4.67	-11.66	-35.02	-65.82	-1.73	-0.99	0.00
A28	0.00	0.00	0.00	0.00	0.00	0.00	0.00	0.00	0.00
A29	-13.69	-4.61	-0.45	-0.50	-1.55	-2.82	-1.84	-0.01	0.00
A30	-156.14	-27.85	-5.01	-7.39	-21.97	-63.27	-16.95	-1.17	0.00
A31	-56.77	-14.63	-3.21	-4.01	-11.90	-38.33	-14.25	-0.83	0.00
A32	-47.66	-6.80	-2.22	-3.20	-9.56	-25.64	-3.38	-0.45	26.16
A33	-37.64	-6.71	-1.24	-2.54	-7.55	-24.30	-5.46	-0.24	0.00
A34	-55.01	-9.42	-2.51	-3.28	-9.59	-38.25	-7.61	-0.60	1.17
A35	-117.04	-20.08	-3.12	-6.22	-18.65	-48.82	-10.09	-0.55	0.00
A36	-17.28	-4.17	-0.59	-0.85	-2.54	-5.53	-2.58	-0.07	4.55
A37	-62.34	-14.26	-3.81	-5.67	-16.77	-40.18	-14.12	-1.09	0.00
A38	-6.43	-1.06	-0.39	-0.65	-2.05	-0.11	-0.10	-0.02	2.54
A39	-244.60	-20.37	-5.87	-6.80	-20.16	-138.82	-12.57	-1.44	0.00
A40	-53.24	-4.83	-2.43	-3.24	-9.65	-37.50	-3.11	-0.63	0.00
A41	-35.62	-4.34	-0.99	-1.22	-3.61	-22.72	-3.09	-0.19	7.28
A42	-69.38	-5.67	-3.93	-4.73	-14.00	-47.86	-3.52	-1.08	0.00
A43	-73.02	-5.08	-1.83	-2.69	-8.10	-36.21	-3.63	-0.30	0.00
A44	-72.64	-6.45	-2.16	-3.07	-9.09	-52.31	-5.12	-0.58	1.52
A45	-88.89	-10.32	-1.40	-1.99	-6.07	-65.16	-9.27	-0.24	9.80
A46	-33.08	-4.18	-1.28	-2.17	-6.50	-19.67	-2.49	-0.25	17.46
A47	-135.80	-15.79	-2.55	-2.65	-8.07	-83.29	-10.38	-0.46	0.00
A48	-21.03	-2.48	-25.01	-0.14	-0.44	-6.96	-0.91	-5.69	0.00

4.4　本章小结

本章运用网络 SBM - DEA 模型，将钢铁企业生产流程划分为铁前工序阶段和铁后工序阶段，在传统投入、产出变量基础上，增加了能源、铁矿石资源消耗，以及中间产出变量铁水，测算并分析了中国钢铁企业 2009 ~ 2013 年的整体、铁前和铁后工序阶段的技术效率。结果显示：

（1）技术非效率广泛存在于我国钢铁企业中，考察期内整体、铁前和铁后工序阶段的技术效率年均值分别为 0.477、0.391 和 0.573。相对来说，铁前工序阶段的效率更低，是影响钢铁企业整体技术效率提升的短板，应作为未来钢铁企业整体技术效率改进的出发点。

（2）网络 SBM - DEA 模型下的有效企业数量以及企业平均技术效率均小于传统 SBM - DEA 模型。即相比较而言，网络 SBM - DEA 模型鉴别无效决策单元的能力较强。传统 SBM - DEA 因无法反映钢铁生产流程各阶段的结构，对优化信息的利用效率不高。网络 SBM - DEA 方法因其较高的区分度可以提供更为准确的评价结果，能为钢铁企业综合绩效的提高提供更为详尽的优化方案。

（3）从两阶段技术效率视角看，可以将钢铁企业分为四种类型。其中，铁前和铁后工序阶段技术效率值都大于均值的企业只占总数的 27.08%。而 52.08% 的钢铁企业铁前和铁后工序阶段技术效率值都小于均值。通过两阶段技术效率矩阵，可以清晰地辨别出影响各钢铁企业整体技术效率提升的薄弱阶段，从而为其明确改进方向提供了建议。

（4）在现有技术条件下，我国钢铁企业仍有较大的节能空间。铁前和铁后工序阶段的年均能耗可降程度分别为 59.51% 和 37.34%，进一步说明铁前工序阶段是节能降耗工作关注的重点。

第 5 章

资源和环境约束下中国钢铁企业技术效率评价

5.1 非期望网络 SBM – DEA (UNSBM) 模型构建

在对被视为“黑箱”的决策单元进行效率评价的过程中，当伴随着期望产出产生非期望产出时，传统 DEA 假设诸如 CCR 和 BBC 都是不恰当的。为了解决这一问题，出现了以下几种观点。基于非期望产出与投入都造成了成本损失的特点，皮特曼（Pittman，1983）主张将非期望产出视为一种投入，该方法在一定程度上不能反映生产过程的真实性。第二种观点是利用原始数据转换方法将转换后的非期望产出整合到传统 DEA 模型中进行效率评价（Hua，Bian and Liang，2007；Seiford and Zhu，2002）。由于强凸性约束，该方法只有在 VRS 情况下才有可行解。第三种观点是将生产技术的可任意处置性引入 DEA 模型中，用弱可处置性处理非期望产出（Fare，1989；Fare，Grosskopf，Noh and Weber，2005），该方法在很多研究中得到了进一步拓展（Tyteca，1996；Zhou，Ang and Poh，2008）。近期，方向距离函数法 DDF（Chung，1997）、非径向 DEA 模型（Zhou，Poh and Ang，2007）、基于松弛量的效率损失测算方法 SBI、基于松弛量的方法 SBM（Tone，2004；Zhou，Ang and Poh，2006）成为解决非期望产出问题普遍应用的模型。

以上方法都用于解决“黑箱”决策单元效率评价中存在的非期望产出问题。对于由若干个工序组成的生产流程中存在非期望产出时的效率评价问题，需要将以上处理方法拓展至网络结构中。如分别将 DDF 方法和 SBI 方法拓展到网络结构中提出了网络方向距离函数模型 NDDF（Lozano et al.，2013）和网络基于松弛量的效率损失法 NSBI（Fukuyama and Weber，2010）。但是这两种模型都存在一定的不足，前者没有考虑投入产出变量的松弛问题，属于径向 DEA 模型。后者测算的是决策单元技术无效率的程度大小。为进一步改进上述测算方法的不足，本章借鉴传统非期望 SBM - DEA（Tone，2004）和网络 SBM - DEA 模型（Tone，2009）的构建思想，定义考虑环境约束的非期望网络 SBM - DEA 模型（何枫、祝丽云、徐晓宁，2015；祝丽云、何枫、张庆芝、徐晓宁，2015），以更准确、合理的测算决策单元的环境绩效。

如图 5 - 1 所示，假设有 n 决策单元，将决策单元 DMU_j 的整个生产过程分解为 k 阶段。在第 k 阶段，投入 $x_{ij}^k(i=1,\ \cdots,\ I_k)$，生产得到期望产出 $y_{rj}^k(r=1,\ \cdots,\ R_k)$ 和非期望产出 $u_{pj}^k(p=1,\ \cdots,\ P_k)$。连接阶段 k 和阶段 $k-1$ 的中间产品由 $z_j^{(k-1,k)} \in R_+^{t(k-1,k)}(j=1,\ \cdots,\ n;\ (k-1,\ k)\in L)$ 表示。$\lambda_j^k(j=1,\ \cdots,\ n)$ 为每个阶段对应的权向量，则生产规模报酬可变前提下的生产可能集可表示为：

$$
T=\left\{(x_i^k,\ z_d^{(k-1,\ k)},\ y_r^k,\ u_p^k):\begin{array}{l} x_i^k \geqslant \sum\limits_{j=1}^{n}\lambda_j^k x_{ij}^k,\ y_r^k \leqslant \sum\limits_{r=1}^{s}\lambda_j^k y_{rj}^k \\ u_p^k \geqslant \sum\limits_{j=1}^{n}\lambda_j^k u_{pj}^k \\ z^{(k-1,\ k)} = \sum\limits_{j=1}^{n} z_j^{(k-1,\ k)}\lambda_j^k(\ \forall\,(k-1,\ k)) \\ z^{(k-1,\ k)} = \sum\limits_{j=1}^{n} z_j^{(k-1,\ k)}\lambda_j^{k-1}(\ \forall\,(k-1,\ k)) \\ \sum \lambda_j^k = 1(k=1,\ \cdots,\ K) \end{array}\right\} \tag{5-1}
$$

基于投入松弛变量 s_i^{k-}、期望产出松弛变量 s_r^{kg+} 和非期望产出松弛 s_u^{kb+}，被评价单元 DMU_0 的投入产出导向的效率评价模型可定义为：

$$\rho_0^* = \min_{\lambda^k,\ s^{k-},\ s^{kg+},\ s^{kb+}} \frac{\sum_{k=1}^{K} w^k \left[1 - \frac{1}{I_k}\left(\sum_{i=1}^{I_k} \frac{s_i^{k-}}{x_{i0}^k}\right)\right]}{\sum_{k=1}^{K} w^k \left[1 + \frac{1}{R_k + P_k}\left(\sum_{r=1}^{R_k} \frac{s_r^{kg+}}{y_{r0}^k} + \sum_{p=1}^{P_k} \frac{s_p^{kb+}}{u_{p0}^k}\right)\right]}$$

$$\text{s. t.} \begin{cases} x_0^k = X^k\lambda^k + s^{k-}(k = 1, \cdots, K) \\ y_0^k = Y^k\lambda^k - s^{kg+}(k = 1, \cdots, K) \\ Z^{(k-1,\ k)}\lambda^{k-1} = Z^{(k-1,\ k)}\lambda^k(\forall(k-1,\ k)) \\ u_0^k = U^k\lambda^k + s^{kb+}(k = 1, \cdots, K) \\ \sum \lambda^k = 1(k = 1, \cdots, K) \\ s^{k-},\ s^{kg+},\ s^{kb+},\ \lambda > 0 \end{cases} \tag{5-2}$$

其中，w^k 是事前指定的权重，用以表示第 k 阶段的效率对决策单元整体效率值的相对重要程度，k 个阶段的权重和为 1，即 $\sum_{k=1}^{K} w^k = 1$，$w^k \geqslant 0(\forall k)$。$Z^{(k-1,k)}\lambda^{k-1} = Z^{(k-1,k)}\lambda^k(\forall(k-1,\ k))$ 表示两个部门之间的衔接活动是不受约束的。ρ_0^* 是 DMU_0 的投入产出导向整体效率。当且仅当 $\rho_0^* = 1$，s^{k-*}，s^{kg+*}，$s^{kb+*} = 0$ 时，DMU_0 是整体有效的。

若以 s^{k-*}，s^{kg+*}，$s^{kb+*} = 0$ 表示上述模型中投入、期望产出和非期望产出的最优解，则第 k 阶段的投入产出导向效率值可以表示为：

$$\rho_k = \frac{1 - \frac{1}{I_k}\left(\sum_{i=1}^{I_k} \frac{s_i^{k-*}}{x_{i0}^k}\right)}{1 + \frac{1}{R_k + P_k}\left(\sum_{r=1}^{R_k} \frac{s_r^{kg+*}}{y_{r0}^k} + \sum_{p=1}^{P_k} \frac{s_p^{kb+*}}{u_{p0}^k}\right)}(k = 1, \cdots, K) \tag{5-3}$$

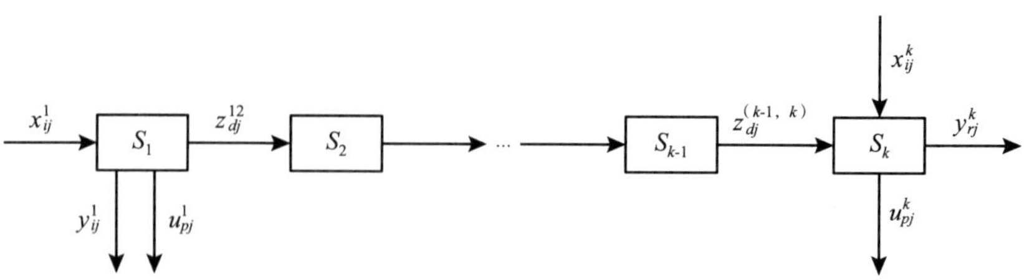

图 5-1　考虑非期望产出的多阶段生产过程 DMU 结构

5.2 变量与数据

钢铁企业两阶段生产流程中期望产出生成时，各工序还产生了环境污染物等非期望产出，如图 5 - 2 所示。本章在第 4 章各投入、产出变量定义的基础上增加了非期望产出：废气和废渣。前者指在炼铁炼钢过程中产生的 CO_2、SO_2、氧氮化物等综合气体，后者指钢铁生产过程中所产生的粉煤灰、高炉矿渣、炼钢转炉炉渣等综合废渣。仍选择 48 家钢铁企业 2009 ~ 2013 年的面板数据，铁前和铁后工序阶段产生的废渣比约为 3∶1，废气比约为 4∶1，各样本变量的统计性描述如表 5 - 1 所示。

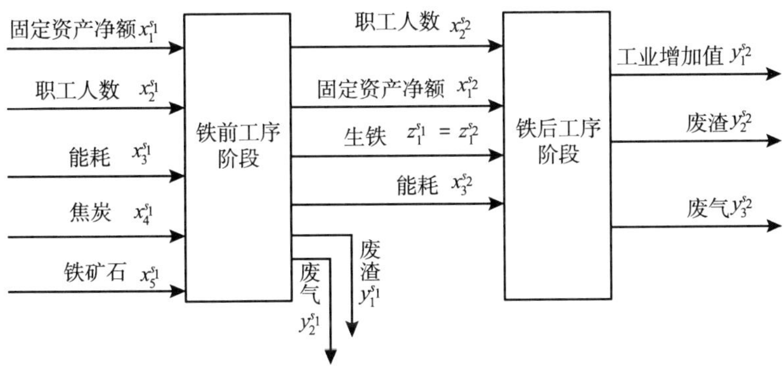

图 5 - 2　资源环境约束下钢铁企业两阶段生产流程

表 5 - 1　投入产出变量统计分析

类型	变量名称	平均值	标准差	最大值	最小值
投入变量	固定资产净额（亿元）	196.512	233.000	1496.090	11.403
	职工人数（千人）	30.268	27.838	143.576	2.232
	焦炭（百万吨）	5.629	4.728	28.477	0.346
	能耗（百万吨）	4.616	3.399	20.144	0.385
	铁矿石（百万吨）	16.484	14.174	90.003	0.915
中间变量	生铁（百万吨）	8.483	7.097	41.940	0.514
期望产出变量	工业增加值（亿元）	54.845	67.761	487.399	0.084
非期望产出变量	废渣（百万吨）	4.913	4.704	24.825	0.278
	废气（亿立方米）	1489.619	1405.395	7976.019	49.859

5.3 结果分析

应用非期望网络 SBM - DEA 模型，取 $k=2$，$w_1=w_2=0.5$，使用 lingo11.0 软件估算中国钢铁企业资源环境约束下 2009 ~ 2013 年的整体、铁前和铁后工序阶段的技术效率，具体测算结果见附录 2。

5.3.1 整体及两阶段技术效率变化趋势分析

对比图 5 - 3 与第 4 章中的图 4 - 3，我们发现应用非期望网络 SBM - DEA 和网络 SBM - DEA 两种方法测算出的钢铁企业整体及两阶段的平均技术效率变化趋势基本保持相同。分析两阶段和整体技术效率的差别，可以发现整体技术效率总是介于铁前和铁后工序技术效率之间。对于整体和铁前工序阶段，2009 ~ 2011 年技术效率持续下降，在 2012 年经历了小幅增长后，2013 年又开始下降。而对于铁后工序阶段，自 2009 年开始呈现出先升高后下降循环波浪式的变化趋势。值得注意的是，考虑了环境污染影响后，钢铁企业整体及两阶段技术效率均值有小幅度的下降，整体技术效率由资源约束下以 0.477 为中心的［0.347，0.564］变化区间，变成以 0.440 为中心的［0.386，0.497］变化区间。铁前工序阶段技术效率由只考虑资源约束下的变动区间［0.223，0.526］变为［0.302，0.439］，技术效率均值从 0.391 下降为 0.369。而铁后工序阶段技术效率变化区间则由［0.478，0.616］变为［0.461，0.646］，技术效率均值从 0.573 下降为 0.538。由此可见，增加环境约束后，虽然整体及两阶段技术效率在考察期内变化趋势没有发生明显变化，但是铁前及铁后工序阶段技术效率均值均降低了，并且铁后工序阶段效率仍一直显著高于铁前工序阶段效率。该结果说明，环境污染造成了铁前和铁后工序阶段技术效率更大程度的损失，尤其是铁前工序阶段的效率损失现象更加严重。因此，增加环境约束后，铁前工序阶段仍是制约钢铁企业整体效率提升的薄弱环节，铁前工序阶段技术效率的提升将会对钢铁企业整体技术效率的提升起到较为明显的作用。

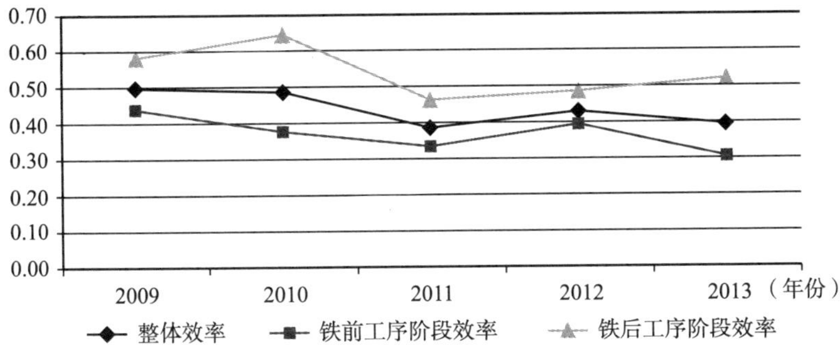

图 5－3　资源环境约束下钢铁企业整体及两阶段技术效率变化趋势

根据资源和环境约束下的技术效率得分可以对钢铁企业资源、环境和经济产出的协调状态进行分类。参考涂正革（2008）、黄建欢、杨晓光和胡毅（2014）的文献，本书将企业分为以下五类：当整体技术效率值等于1时，该企业的资源利用、环境保护和经济产出处于最佳水平，属于完全协调状态；整体技术效率值在［0.9，1）之间为高度协调；［0.6，0.9）之间为中度协调；［0.3，0.6）之间为不协调；0.3 以下为严重不协调。图 5－4～图 5－6 表示钢铁企业 2009～2013 年整体、铁前工序阶段和铁后工序阶段的技术效率分布情况。

（1）根据整体技术效率得分，2009～2013 年整体有效钢铁企业数量依次为 10 家、8 家、6 家、11 家、5 家，即累计 40 家次钢铁企业处于完全协调状态，其中技术效率均值排名前三位的是 A11、A22 和 A28，均连续 5 年效率值为 1。累计 58 家次钢铁企业处于不协调状态，而处于严重不协调状态的钢铁企业累计达 117 家次。其中，排名后三位的分别是 A42、A37 和 A04。另外，没有钢铁企业处于高度协调状态，处于中度协调状态的企业也仅只有 25 家次，意味着我国钢铁企业在资源、环境和经济产出协调性方面具有明显两极分化特征。

（2）根据铁前工序阶段技术效率得分（见图 5－5），发现其 2009～2013 年的技术效率分布情况与整体技术效率比较相似，除了少部分企业处于完全协调状态外，绝大多数企业均处于严重不协调或不协调状态。与整体技术效率相比较而言，铁前工序阶段处于中度协调状态企业数量更少。不协调状态的企业数量从 2009 年的 13 家次逐年下降为 2013 年的 6 家，而严重不协调的企业数量则从 2009 年的 23 家上升至 2013 年的 36 家。

（3）从图 5－6 可以看出，铁后工序阶段技术效率相对比较好一些，效率均值排名前 5 位的分别为 A15、A48、A22、A28 和 A11，其铁后工序阶段均连续 5 年处于完全协调状态。与整体和铁前工序阶段技术效率相比较，2009 ~ 2013 年处于中度协调和不协调状态的企业数量有所增加，而处于严重不协调状态的企业数量大幅度减少。

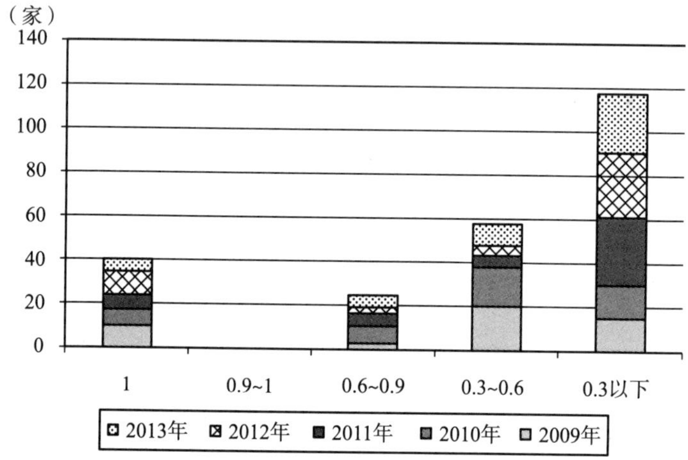

图 5 – 4　2009 ~ 2013 年整体技术效率分布

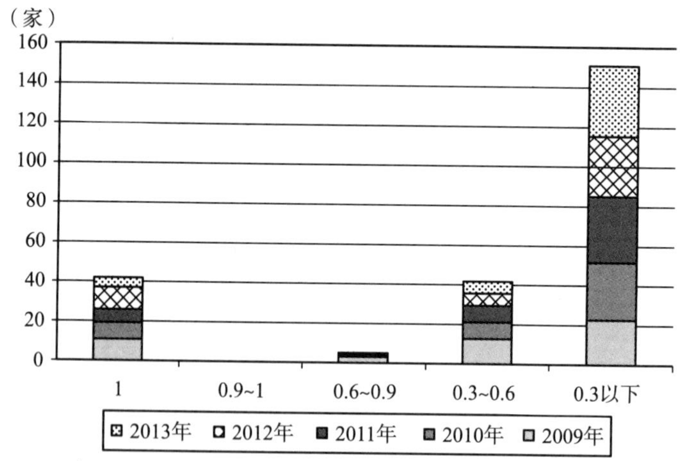

图 5 – 5　2009 ~ 2013 年铁前工序阶段技术效率分布

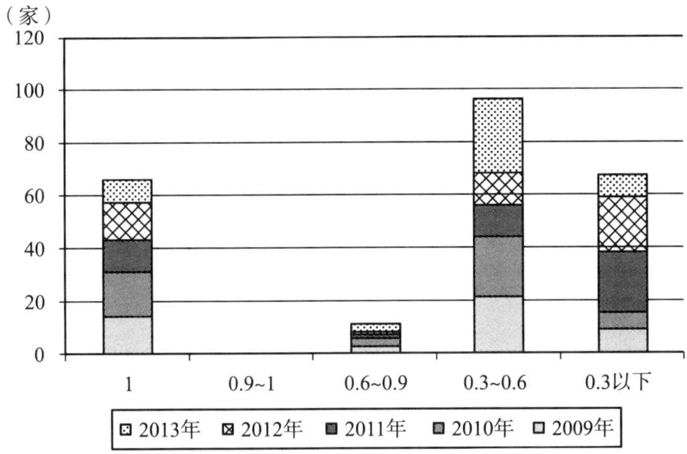

图 5 - 6　2009 ~ 2013 年铁后工序阶段技术效率分布

5.3.2　环境约束对企业整体及两阶段技术效率影响分析

为了全面地分析环境因素对每家钢铁企业整体及两阶段技术效率的影响，本书将对比分析钢铁企业各年只有资源约束和资源环境约束两种情形下的技术效率，如表 5 - 2 所示。从表 5 - 2 可以看出，无论是否考虑环境约束，技术效率最高的为 A28 和 A22，在 2009 ~ 2013 年其整体、铁前工序和铁后工序阶段均处于前沿面上。除此之外，两种约束下 A11 和 A48 钢铁企业的整体及两阶段技术效率排名均居前列，且考虑环境约束后的技术效率值高于忽略环境影响的传统技术效率值。对比结果表明在综合考虑资源利用和环境影响后，这些企业的技术效率水平更高，反映了环境绩效评价具有突出和强化高效率水平的能力。钢铁企业 A44、A31 和 A09 在两种约束下排名均较靠后，且在综合考虑环境影响因素后的效率水平反而更低，说明环境绩效评价具有突出和强化低效率水平的能力。此外，对于诸如 A46、A48、A47 和 A41 等西部地区钢铁企业，考虑环境约束后的技术效率排名显著高于只考虑资源约束忽略环境影响的效率排名，这说明传统效率指标忽略了地区的自然资源禀赋、地理条件等对污染负荷的消化能力，仅仅关注“好产出”，故得出的效率值也是片面的。

从两阶段视角看，资源约束下铁前和铁后工序阶段技术效率都大于均值的钢铁企业数量为 13 家，增加环境约束后变成了 16 家，如钢铁企业 A07 和 A43 的铁前工序阶段在资源约束下技术效率都比较低，是影响企业整体技术效率提高的根源，增加环境约束后都有所提高；两阶段技术效率都小于均值的钢铁企业数量则从25家变成27家，如A03和A20在资源约束下铁前工序阶段效率较高，对整体效率影响也较大，增加环境约束后两阶段技术效率都下降至小于均值，一定程度上也表明了考虑环境约束具有突出和强化效率水平的能力。

表5-2　2009~2013年资源环境约束下钢铁企业两阶段技术效率

DMU	整体效率		铁前工序阶段效率		铁后工序阶段效率	
	UNSBM	NSBM	UNSBM	NSBM	UNSBM	NSBM
A01	0.513（12）	0.551（13）	0.480（9）	0.430（15）	0.552（16）	0.584（16）
A02	0.262（30）	0.294（40）	0.224（26）	0.390（18）	0.310（33）	0.294（42）
A03	0.265（29）	0.296（38）	0.224（25）	0.443（14）	0.316（31）	0.263（44）
A04	0.171（46）	0.215（47）	0.142（44）	0.176（47）	0.209（44）	0.254（45）
A05	0.291（28）	0.364（31）	0.209（29）	0.270（32）	0.396（25）	0.457（29）
A06	0.334（24）	0.409（26）	0.242（24）	0.309（29）	0.458（22）	0.523（22）
A07	0.888（2）	0.469（18）	0.845（2）	0.259（36）	0.933（2）	0.678（12）
A08	0.484（14）	0.491（17）	0.367（16）	0.299（31）	0.653（10）	0.683（11）
A09	0.203（41）	0.270（45）	0.158（39）	0.209（44）	0.263（41）	0.332（39）
A10	0.234（34）	0.336（34）	0.181（33）	0.241（38）	0.300（36）	0.430（32）
A11	1.000（1）	0.930（2）	1.000（1）	0.860（2）	1.000（1）	1.000（1）
A12	0.305（25）	0.410（24）	0.203（30）	0.259（35）	0.438（23）	0.561（18）
A13	0.292（27）	0.389（28）	0.198（31）	0.263（33）	0.418（24）	0.526（20）
A14	0.778（6）	0.744（6）	0.698（7）	0.581（5）	0.885（5）	0.906（4）
A15	0.612（9）	0.726（7）	0.376（15）	0.452（11）	1.000（1）	1.000（1）
A16	0.560（10）	0.702（8）	0.348（19）	0.450（12）	0.918（3）	0.954（2）
A17	0.489（13）	0.523（15）	0.471（10）	0.482（8）	0.514（19）	0.570（17）
A18	0.473（15）	0.589（10）	0.383（13）	0.425（16）	0.589（13）	0.754（8）
A19	0.232（37）	0.350（32）	0.155（40）	0.235（41）	0.335（29）	0.465（28）
A20	0.214（39）	0.284（43）	0.174（35）	0.460（10）	0.265（40）	0.293（43）
A21	0.739（7）	0.460（19）	0.704（6）	0.448（13）	0.783（8）	0.517（23）
A22	1.000（1）	1.000（1）	1.000（1）	1.000（1）	1.000（1）	1.000（1）
A23	0.354（22）	0.410（25）	0.270（22）	0.324（25）	0.475（20）	0.495（25）
A24	0.233（35）	0.317（36）	0.181（32）	0.343（24）	0.303（35）	0.363（34）
A25	0.694（8）	0.787（3）	0.566（8）	0.661（4）	0.893（4）	0.909（3）
A26	0.408（19）	0.541（14）	0.295（20）	0.398（17）	0.564（15）	0.685（10）

续表

DMU	整体效率		铁前工序阶段效率		铁后工序阶段效率	
	UNSBM	NSBM	UNSBM	NSBM	UNSBM	NSBM
A27	0.471 (16)	0.563 (12)	0.349 (18)	0.378 (21)	0.630 (11)	0.748 (9)
A28	1.000 (1)	1.000 (1)	1.000 (1)	1.000 (1)	1.000 (1)	1.000 (1)
A29	0.539 (11)	0.662 (9)	0.420 (11)	0.531 (6)	0.715 (9)	0.793 (7)
A30	0.253 (33)	0.380 (29)	0.149 (43)	0.233 (42)	0.387 (26)	0.532 (19)
A31	0.202 (43)	0.275 (44)	0.160 (38)	0.213 (43)	0.258 (42)	0.337 (37)
A32	0.205 (40)	0.284 (42)	0.151 (42)	0.305 (30)	0.273 (38)	0.334 (38)
A33	0.403 (20)	0.413 (23)	0.353 (17)	0.320 (27)	0.467 (21)	0.492 (26)
A34	0.232 (36)	0.442 (20)	0.175 (34)	0.378 (20)	0.306 (34)	0.499 (24)
A35	0.349 (23)	0.433 (21)	0.215 (27)	0.260 (34)	0.542 (17)	0.606 (15)
A36	0.470 (18)	0.571 (11)	0.382 (14)	0.467 (9)	0.587 (14)	0.670 (13)
A37	0.172 (45)	0.238 (46)	0.129 (46)	0.178 (46)	0.228 (43)	0.303 (41)
A38	0.799 (5)	0.775 (4)	0.791 (4)	0.683 (3)	0.817 (7)	0.869 (5)
A39	0.254 (32)	0.372 (30)	0.161 (37)	0.239 (40)	0.376 (27)	0.487 (27)
A40	0.232 (38)	0.336 (35)	0.169 (36)	0.240 (39)	0.313 (32)	0.431 (31)
A41	0.292 (26)	0.400 (27)	0.245 (23)	0.348 (22)	0.351 (28)	0.453 (30)
A42	0.200 (44)	0.301 (37)	0.139 (45)	0.200 (45)	0.278 (37)	0.402 (33)
A43	0.471 (17)	0.515 (16)	0.388 (12)	0.384 (19)	0.590 (12)	0.645 (14)
A44	0.203 (42)	0.287 (41)	0.154 (41)	0.247 (37)	0.266 (39)	0.340 (36)
A45	0.258 (31)	0.336 (33)	0.210 (28)	0.313 (28)	0.319 (30)	0.363 (35)
A46	0.825 (4)	0.295 (39)	0.825 (3)	0.343 (23)	0.834 (6)	0.308 (40)
A47	0.380 (21)	0.430 (22)	0.282 (21)	0.323 (26)	0.521 (18)	0.524 (21)
A48	0.858 (3)	0.750 (5)	0.745 (5)	0.526 (7)	1.000 (1)	0.854 (6)
均值	0.440	0.477	0.369	0.391	0.538	0.573

为检验模型中增加了废气、废渣后，对技术效率是否会产生偏差，分别对两个模型所得出的整体、铁前和铁后工序阶段的技术效率进行了秩和检验（Wilcoxon Rank Sum test）。H_0 假设：增加环境约束后，钢铁企业整体、铁前和铁后工序阶段的技术效率评价结果无显著差异。相反，H_1 假设：增加环境约束后钢铁企业整体、铁前和铁后工序阶段的技术效率评价结果有显著差异。如表 5 - 3 所示，秩和检验结果表明 UNSBM 模型和

NSBM模型所计算出的整体、铁前和铁后工序阶段技术效率均表现出显著的区别，其中整体和铁后工序阶段技术效率通过了1%的显著性检验，铁前工序阶段技术效率通过了5%的显著性检验。因此，都拒绝零假设，说明在考虑废气和废渣排放后所测算的整体及两阶段技术效率显著小于只考虑资源约束下的估算结果，也即说明忽视环境因素进行的技术效率评价结果是有偏的。综上分析可知，同时考虑资源利用和环境质量约束后的技术效率，能更全面、准确地反映钢铁企业运营绩效，与传统效率指标相比具有更强的判别能力。

表5-3　模型UNSBM与NSBM统计检验

H_0 假设	统计值	P值	结果
整体效率 NSBM = UNSBM	-3.791***	0.000	拒绝
铁前效率 NSBM = UNSBM	-2.469**	0.014	拒绝
铁后效率 NSBM = UNSBM	-3.624***	0.000	拒绝

注：*，**，***分别表示在10%，5%，1%水平下显著。

5.3.3 减排潜力分析

根据非期望网络SBM-DEA模型得出的铁前和铁后工序阶段废气、废渣排放的实际值、目标值以及松弛变量，计算出各无效钢铁企业两阶段废气、废渣的减排潜力，计算结果如图5-7和图5-8所示。

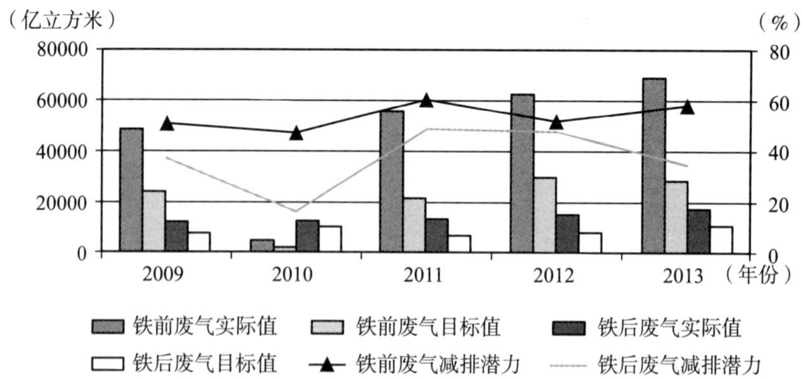

图5-7　钢铁企业两阶段废气减排潜力

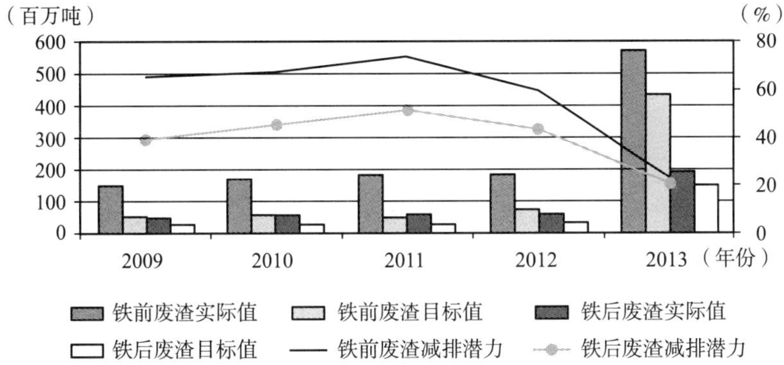

图 5－8　钢铁企业两阶段废渣减排潜力

总体来看，我国钢铁企业铁前和铁后工序阶段对废气和废渣的排放均有较大的降低空间。这与张庆芝等（2013）将钢铁企业视为“黑箱”进行单阶段效率评价时所得出的钢铁企业存在很大减排潜力的结论是一致的。但是，相比较而言，两阶段效率测算结果能进一步发现铁前工序阶段更具减排潜力，应视为钢铁企业减排工作关注的重点。2009～2013 年铁前废气减排潜力的变动幅度较小，2010 年最低（47.45%），2011 年最高（60.76%），年均值为 54.02%。铁后工序阶段废气减排潜力则围绕均值 36.98% 上下波动，同样在 2010 年减排潜力最小为 16.28%，2011 年最大为 48.85%，年均值为 36.98%。铁前工序阶段的废渣减排潜力从 2009 年的 65.42% 逐年增长，2011 年达最高（73.30%），2012～2013 年大幅度地缩减为 23.92%，年均值为 57.91%。铁后工序阶段废渣减排潜力的变化趋势和铁前工序阶段相同，2011 年最高（51.41%），2013 年最低（20.81%），年均值为 40.14%。说明“十二五”期间我国钢铁产业在废渣产生、排放减少方面做出了一定的努力，并且取得了一定的成效。但通过本书的实证研究发现，同样本中的最前沿的企业相比，大部分钢铁企业的废气和废渣仍有较大的降低空间，尤其是铁前工序阶段的减排潜力相比较更大，应作为今后减排工作推进和强化的重点。

5.3.4　环境约束对技术效率地区差异的影响分析

为了比较钢铁企业污染排放对技术效率影响的地区差异，本章按样本企业所在地理位置及大多数学者的划分方法分为东、中、西三大地区①，分别测算并比较了三个地区钢铁企业在资源约束下、资源环境约束下整体及两阶段技术效率的变化趋势，如图5－9、图5－10和图5－11所示。

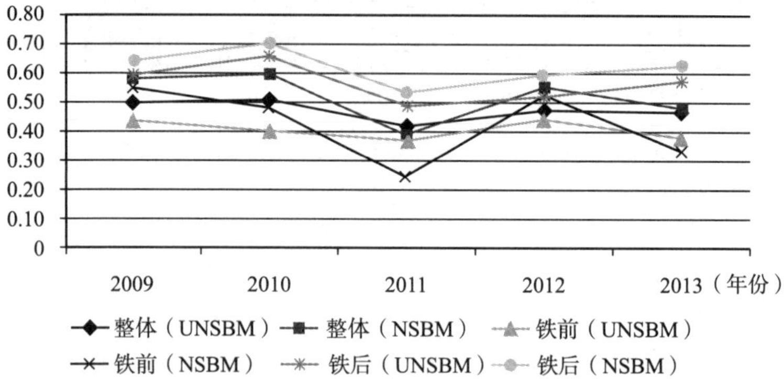

图5－9　环境约束对东部地区钢铁企业整体及两阶段效率影响

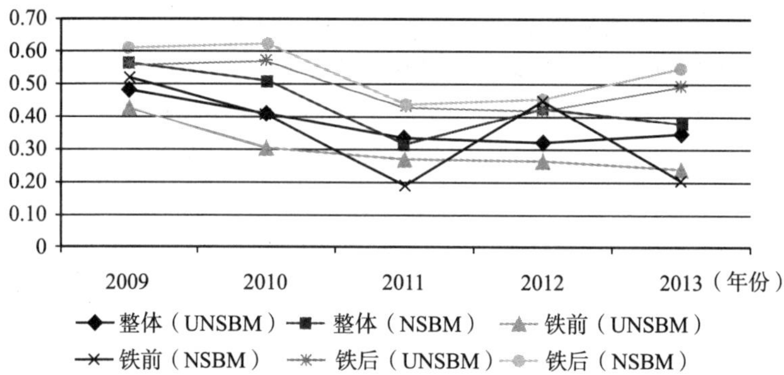

图5－10　环境约束对中部地区钢铁企业整体及两阶段效率影响

在不考虑污染变量即只有资源约束情况下，东、中、西部地区钢铁企业的年均整体技术效率值差距较大，分别为0.519、0.438和0.430，全部企业年均整体技术效率值为0.462。反映了样本期间内，中国钢铁企业整体技术效率呈现出从东部向西部地区依次递减的趋势，除东部地区钢铁企

---

① 东部地区：辽宁、北京、天津、河北、山东、江苏、上海、浙江、福建、广东；中部地区：黑龙江、吉林、山西、河南、安徽、江西、湖北、湖南、广西、内蒙古；西部地区：云南、贵州、四川、重庆、陕西、宁夏、甘肃、青海、新疆、西藏。

业外，中、西部地区钢铁企业技术效率值都小于全国平均技术效率。考虑环境约束后，东部和中部地区钢铁企业整体技术效率平均值分别下降为0.473和0.381，而西部地区钢铁企业技术效率平均值则增长为0.453。分地区考察结果发现，环境约束的增加对各地区钢铁企业技术效率的影响程度不同。加入污染排放变量后，2009～2013年东部地区钢铁企业的整体、铁前和铁后工序阶段的技术效率平均值分别下降了8.81%、4.68%和9.09%。中部地区钢铁企业整体、铁前和铁后工序阶段的技术效率平均值分别下降了13.13%、14.65%和7.63%，如图5－9和图5－10所示。而西部地区钢铁企业整体及两阶段技术效率平均值却分别提高了5.47%、7.74%和8.39%，如图5－11所示。对东部和中部的钢铁企业而言，经济较早地进入快速发展时期，资源丰富，“三高”产业基础较好，大量资源消耗取得经济产值增加的同时，生态环境不能完全消化吸纳经济增长带来的负面影响。因此，在考虑环境约束后，普遍出现了技术效率下降的现象。西部地区资源富集，工业不发达，经济发展水平相对较低，与经济比较发达的东中部地区相比，污染排放及环境质量相对要好些。因此，环境约束下的技术效率相对提高。同时，各地区样本的选择对环境约束下的技术效率也有一定的影响。

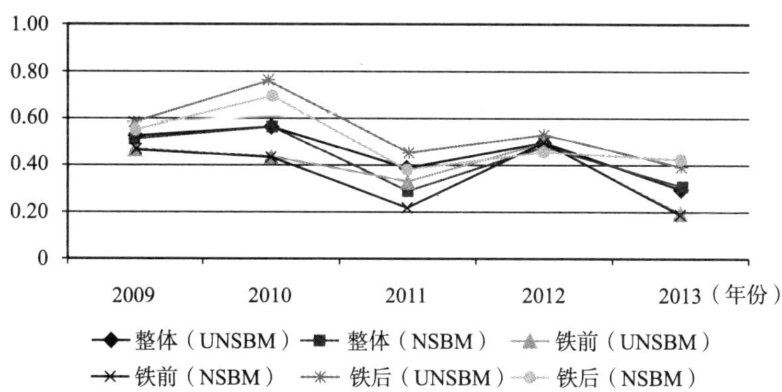

图5－11 环境约束对西部地区钢铁企业整体及两阶段效率影响

5.3.5 技术效率的改善方向

资源环境约束下非期望网络SBM－DEA方法为钢铁企业生产流程的铁前和铁后工序阶段提供了优化方向和优化措施，表5－4和表5－5分别显示了2009～2013年各钢铁企业铁前和铁后工序阶段各投入产出变量的年均可调整量。负数表示各投入变量、非期望产出指标距离评价标杆需要减少的绝对量，正数表示期望产出变量需要增加的绝对量。钢铁企业投入指标的松弛变量越大，说明该决策单元要达到有效需要付出的努力越大；相反，则其需要调整的幅度相对较小。分阶段来看，铁前（铁后）工序阶段的平均固定资产、职工人数和能耗投入的缩减量分别为60.83（30.45）亿元、8.83（5.61）千人、1.77（0.47）百万吨。焦炭和铁矿石分别需要平均调减2.49百万吨和7.38百万吨。与第4章资源约束下两阶段各投入变量的缩减量相比较有所减小，说明考虑环境约束后，各投入变量的配置利用效率有所提高。但是，铁前工序阶段的非期望产出变量排放过量，如废渣需年均减排2.47百万吨，废气年均减排量为557.21亿立方米，均大于铁后工序阶段的废渣废气减排量（0.6百万吨和111.64亿立方米）。期望产出工业增加值可调增0.02亿元。具体到各家钢铁企业，测算结果表明除了A22和A28两家钢铁企业外，所有钢铁企业的投入产出变量都需要有不同程度的调整。值得注意的是，大多数企业工业增加值的调整量为0，说明在现有的技术水平下，各钢铁企业要想提高铁前和铁后工序阶段的技术效率，必须提高各投入变量的利用率，减小各非期望产出变量的排放率。如A15的铁后工序阶段年均技术效率为1，该阶段各投入产出变量的可调整量为0，但由于铁前工序阶段的固定资产、职工人数、能耗、铁矿石、焦炭投入都存在不同程度的冗余，废渣和废气排放过量导致该企业整体技术效率均值仅为0.612。因此，该企业若能突破铁前阶段投入冗余的瓶颈，就能大大提高整体技术效率，成为处于前沿面上的标杆企业。再比如A39在铁前和铁后工序阶段的固定资产、能耗投入量上需要缩减的幅度是最大的，A19铁前和铁后工序中职工投入上需要缩减的幅度最大，A27钢铁集团在废气排放上需要缩减的幅度最大，钢铁企业A19则需最大幅度地缩减废渣排放。

表5－4　2009～2013年钢铁企业铁前工序阶段投入产出年均可调整量

DMU	资产	职工	能耗	焦炭	铁矿石	废渣	废气
A01	－26.51	－0.87	－2.24	－4.26	－11.84	－1.69	－108.40
A02	－18.21	－7.90	－1.42	－1.72	－5.14	－1.37	－142.73
A03	－11.57	－5.75	－1.02	－1.31	－3.89	－0.75	－188.99

续表

DMU	资产	职工	能耗	焦炭	铁矿石	废渣	废气
A04	-55.28	-7.26	-1.76	-2.41	-6.94	-1.52	-262.75
A05	-62.22	-5.32	-1.22	-2.46	-7.34	-1.03	-149.74
A06	-26.48	-8.14	-1.26	-2.17	-6.39	-1.18	-264.37
A07	-69.57	-12.16	-0.66	-0.42	-1.34	-0.11	-29.26
A08	-128.05	-12.85	-1.19	-2.80	-8.14	-2.26	-923.30
A09	-48.86	-8.78	-2.00	-2.79	-8.16	-2.09	-231.32
A10	-58.16	-5.98	-2.30	-2.81	-8.33	-2.44	-963.79
A11	0.00	0.00	0.00	0.00	0.00	0.00	0.00
A12	-26.01	-3.30	-2.05	-4.14	-12.25	-1.46	-335.81
A13	-28.84	-4.51	-2.24	-3.61	-10.63	-1.92	-314.11
A14	-5.82	-1.47	-0.50	-0.46	-1.27	-0.65	-41.47
A15	-152.92	-22.76	-1.47	0.00	0.00	-2.19	-957.60
A16	-93.52	-30.90	-1.81	-0.33	-1.03	-8.82	-1065.82
A17	-135.65	-7.46	-2.83	-8.07	-24.77	-2.55	-1318.21
A18	-65.81	-27.63	-0.98	-2.23	-6.63	-10.34	-691.84
A19	-204.65	-35.54	-5.09	-5.74	-17.01	-14.68	-1626.09
A20	-25.64	-4.06	-1.15	-1.52	-4.48	-2.55	-501.60
A21	-8.22	-1.46	-0.41	-0.59	-1.84	-0.19	-33.64
A22	0.00	0.00	0.00	0.00	0.00	0.00	0.00
A23	-76.07	-8.60	-1.74	-1.72	-5.24	-1.98	-288.23
A24	-52.20	-4.53	-1.96	-2.22	-6.64	-2.18	-317.96
A25	-20.26	-1.22	-0.22	-0.02	-0.06	-0.35	-307.71
A26	-53.45	-2.93	-1.82	-1.67	-5.08	-1.63	-568.34
A27	-160.30	-11.31	-3.92	-9.78	-29.16	-2.80	-2460.17
A28	0.00	0.00	0.00	0.00	0.00	0.00	0.00
A29	-12.19	-5.04	-0.48	-0.20	-0.58	-0.70	-488.21
A30	-150.13	-27.36	-4.70	-6.54	-19.33	-9.57	-2030.33
A31	-54.07	-14.19	-2.92	-3.50	-10.31	-4.08	-364.67
A32	-50.84	-6.93	-2.50	-3.66	-10.91	-2.51	-419.84
A33	-28.51	-5.18	-0.98	-1.90	-5.56	-0.70	-224.45
A34	-69.94	-12.21	-2.71	-4.07	-11.89	-2.47	-611.77
A35	-109.35	-19.38	-2.50	-4.93	-14.91	-2.72	-1251.32
A36	-13.13	-3.97	-0.54	-0.55	-1.62	-0.78	-210.66
A37	-55.40	-14.01	-3.72	-5.15	-15.17	-3.01	-451.65

续表

DMU	资产	职工	能耗	焦炭	铁矿石	废渣	废气
A38	-2.04	-0.56	-0.18	-0.28	-0.88	-0.25	-17.45
A39	-238.40	-19.89	-5.73	-6.06	-17.89	-7.11	-1965.26
A40	-50.33	-4.67	-2.29	-2.92	-8.63	-3.16	-458.98
A41	-32.26	-4.27	-0.98	-1.04	-3.04	-0.78	-618.71
A42	-68.24	-5.52	-3.55	-4.29	-12.61	-3.56	-793.58
A43	-67.75	-4.88	-1.67	-2.24	-6.40	-2.02	-636.34
A44	-69.08	-6.12	-1.77	-2.35	-7.10	-1.78	-591.73
A45	-86.89	-10.36	-1.36	-1.83	-5.56	-1.35	-762.83
A46	-12.86	-1.36	-0.44	-0.88	-2.79	-0.59	-230.93
A47	-119.84	-13.61	-2.46	-1.74	-5.33	-2.50	-492.70
A48	-14.45	-1.60	-0.08	0.00	0.00	-0.07	-31.24
均值	-60.83	-8.83	-1.77	-2.49	-7.38	-2.47	-557.21

表 5-5　2009~2013 年钢铁企业铁后工序阶段投入产出年均可调整量

DMU	资产	职工	能耗	废渣	废气	工业增加值
A01	-21.65	-0.67	-0.73	-0.54	-38.71	0.00
A02	-11.86	-8.62	-0.45	-0.37	-26.46	0.00
A03	-7.57	-6.46	-0.32	-0.21	-43.14	0.00
A04	-40.80	-7.88	-0.55	-0.44	-57.09	0.00
A05	-40.12	-3.64	-0.32	-0.24	-33.24	0.00
A06	-13.37	-7.62	-0.30	-0.23	-32.49	0.00
A07	-13.23	-4.75	-0.13	0.00	0.00	0.00
A08	-60.50	-5.06	-0.18	-0.51	-169.33	0.00
A09	-32.57	-8.82	-0.60	-0.59	-39.26	0.00
A10	-39.69	-4.61	-0.67	-0.64	-232.02	0.00
A11	0.00	0.00	0.00	0.00	0.00	0.00
A12	-14.54	-2.24	-0.63	-0.34	-69.41	0.00
A13	-16.75	-2.87	-0.67	-0.45	-54.62	0.00
A14	-2.24	-0.40	-0.11	-0.08	0.00	0.00
A15	0.00	0.00	0.00	0.00	0.00	0.00
A16	0.00	-4.00	-0.08	-0.45	-22.30	0.00
A17	-104.43	-6.41	-0.90	-1.05	-379.03	0.00
A18	-12.45	-22.74	-0.14	-3.14	-143.86	0.00

续表

DMU	资产	职工	能耗	废渣	废气	工业增加值
A19	-99.47	-25.30	-1.36	-4.27	-283.63	0.00
A20	-17.85	-3.90	-0.35	-0.80	-133.31	0.80
A21	-3.03	-1.33	-0.13	-0.05	-0.65	0.00
A22	0.00	0.00	0.00	0.00	0.00	0.00
A23	-41.03	-5.68	-0.46	-0.39	-47.29	0.00
A24	-36.42	-3.72	-0.60	-0.60	-52.65	0.00
A25	-4.50	-0.29	-0.01	-0.01	-21.51	0.00
A26	-28.24	-0.77	-0.40	-0.29	-122.47	0.00
A27	-65.28	-0.37	-1.05	-0.49	-519.04	0.00
A28	0.00	0.00	0.00	0.00	0.00	0.00
A29	-5.19	-2.98	-0.04	-0.05	-82.59	0.00
A30	-54.02	-15.49	-1.24	-2.67	-468.54	0.00
A31	-35.65	-14.45	-0.86	-1.17	-63.50	0.00
A32	-34.91	-6.43	-0.74	-0.71	-87.56	0.00
A33	-17.63	-5.16	-0.28	-0.15	-58.23	0.00
A34	-48.26	-10.65	-0.77	-0.58	-160.63	0.00
A35	-40.85	-8.85	-0.58	-0.42	-224.99	0.00
A36	-6.05	-2.99	-0.11	-0.14	-43.23	0.00
A37	-37.44	-14.27	-1.13	-0.81	-104.45	0.00
A38	-0.59	-0.46	-0.06	-0.05	-72.05	0.00
A39	-130.52	-9.35	-1.56	-1.81	-438.39	0.00
A40	-34.82	-3.31	-0.66	-0.92	-105.62	0.00
A41	-22.90	-3.84	-0.27	-0.17	-172.87	0.00
A42	-44.89	-3.75	-1.12	-1.02	-201.60	0.00
A43	-32.23	-3.34	-0.48	-0.48	-120.95	0.20
A44	-49.84	-5.15	-0.51	-0.61	-153.03	0.00
A45	-61.71	-9.98	-0.36	-0.34	-180.26	0.00
A46	-8.29	-1.48	-0.14	-0.19	-51.19	0.00
A47	-68.26	-9.08	-0.44	-0.43	-47.49	0.00
A48	0.00	0.00	0.00	0.00	0.00	0.00
均值	-30.45	-5.61	-0.47	-0.60	-111.64	0.02

5.4 本章小结

本章是研究的核心篇章之一，首先阐述了中国钢铁企业“三废”排放现状。在现有网络DEA理论和方法基础上，将废气和废渣作为非期望产出纳入网络SBM－DEA模型中，构建了非期望产出网络SBM－DEA模型。并应用该模型对中国钢铁企业2009～2013年资源环境约束下的整体及两阶段技术效率进行评价。重点分析了增加了环境约束后，对钢铁企业整体及两阶段技术效率的影响，铁前和铁后工序阶段废气、废渣减排潜力，以及环境约束对技术效率地区差异的影响。研究结果表明：

（1）资源环境约束下，中国钢铁企业整体、铁前和铁后工序阶段技术效率总体不高，2006～2013年平均值分别为0.440、0.369和0.538。与资源约束下的技术效率值相比较，虽然整体及两阶段技术效率在考察期内变化趋势没有发生明显变化，但是对于整体及铁前工序阶段，各年份技术效率变动幅度缩小了，效率提升空间更大了。而对于铁后工序阶段，技术效率变动幅度则略有增大。总体上看，铁前和铁后工序阶段技术效率仍偏低，尤其是铁前工序阶段的效率损失现象更加严重，仍是制约钢铁企业整体效率提升的短板问题。

（2）根据资源环境约束下的技术效率得分可以对钢铁企业资源、环境和经济产出的协调状态类型进行划分。研究结果发现，2009～2013年除了极少数企业处于完全协调状态外，绝大多数企业均处于不协调或严重不协调状态。意味着我国钢铁企业在资源、环境和经济产出协调性方面具有明显的两极分化特征。

（3）技术效率测算对比结果发现资源约束下技术效率较高，排名较靠前的钢铁企业增加环境约束后技术效率值更高，反之，技术效率值更低。反映了环境绩效评价具有突出和强化高效率与低效率水平的能力。资源环境约束下技术效率处于前沿面上的企业才是其他无效率企业效仿的标杆。

（4）总体来看，我国钢铁企业铁前和铁后工序阶段对废气和废渣的排放均有较大的降低空间。2009～2013年，铁前工序阶段废气年均减排潜力为54.02%，废渣为57.91%；铁后工序阶段废气年均减排潜力为36.98%，废渣为40.14%。相比较而言，说明铁前工序阶段更具减排潜力，应作为钢铁企业减排工作的重点。

（5）我国钢铁企业整体及两阶段技术效率存在地区差异。资源约束下，东、中、西部钢铁企业整体技术效率均值依次减小，考虑污染排放变量后，东部和中部地区钢铁企业整体及两阶段技术效率平均值都有不同程度的下降，而西部地区钢铁企业技术效率则有不同程度的提高。说明现阶段东部和中部地区钢铁产业经济较为发达，但资源的大量消耗使自然生态环境不能承载经济增长的负面影响，而西部地区因工业经济尚不发达，且资源富集，自然环境的消化吸纳潜力还比较大。因此，东、中部地区钢铁企业在环境污染治理以及污染排放较少方面需要做出更大的努力。

第 6 章

资源和环境约束下中国钢铁企业全要素生产率测算

由于资源和环境因素在工业经济发展中起着日益重要的作用，因此，忽略资源和环境约束的全要素生产率不能反映出真实的技术和效率变化。楠而锐、弗拉塞、库阿兹和克拉利（Nanere, Fraser, Quazi and Clare, 2007）指出，只有在可持续发展框架下正确考虑了资源环境因素后的生产率度量才是可靠的，不考虑生产的外部成本会高估生产率。陈诗一（2010）发现正确考虑能源环境约束的实际全要素生产率比传统不考虑或者不正确考虑能源环境约束时得到的估算值要低。多工序的钢铁生产过程中伴随着能源资源的巨大消耗和环境的严重污染，只有考虑了资源和环境约束以及钢铁生产各工序之间的联结关系后的全要素生产率度量才是准确合理的。钢铁工业绿色转型的关键在于不断提高资源和环境约束下全要素生产率所代表的经济增长中的质量贡献。因此，整体及各子阶段全要素生产率的准确测算及其分解便成为关键中的关键。

6.1 网络生产率指数模型构建

首先借鉴传统 Malmquist 生产率指数的构建思想，以第 4 章中的网络 SBM－DEA 模型计算出的距离函数为基础，构建了网络 Malmquist 生产率指数，测度 2009～2013 年资源约束下我国钢铁企业的全要素生产率。为进一步解决网络结构生产过程全要素生产率测算中存在的非期望产出问题，借鉴传统 Malmquist - Luenberger（ML）生产率指数原理，构造决策单元的网络环境技术边界，应用第5章中的非期望网络 SBM - DEA 计算每个生产单元与生产可能性边界的距离，基于两个相邻时期的距离函数，建立网络 ML 生产率指数，测度资源和环境约束下我国钢铁企业 2009 ~ 2013 年的全要素生产率，以期更加准确的度量我国钢铁产业经济增长中的质量贡献。

6.1.1　基于 NSBM 的网络 Malmquist 生产率指数

借鉴 Pouryusef 等（2011），Jahantighi 等（2012），何枫和祝丽云等（2014）利和约翰逊（Lee and Johnson，2011），卢特菲等（Lotfi et al.，2013）应用径向网络 DEA 模型构建两阶段或多阶段 Malmquist 指数模型的思想，以第4章中的 NSBM 模型得到的距离函数为基础构建 Malmquist 指数模型，可以有效地避免径向 DEA 模型中投入产出变量必须同比例变化，以及当存在投入过度或产出不足时会高估生产者效率的问题。

以（X^t，Y^t，Z^t）和（X^{t+1}，Y^{t+1}，Z^{t+1}）表示决策单元在时期 t 和 $t+1$ 时的投入产出矢量。为计算多阶段决策单元整体 Malmquist 指数及其组成，需要求解两个当期距离函数 $D_0^t(x^t, y^t, z^t)$ 和 $D_0^{t+1}(x^{t+1}, y^{t+1}, z^{t+1})$ 以及两个混合期距离函数 $D_0^t(x^{t+1}, y^{t+1}, z^{t+1})$ 和 $D_0^{t+1}(x^t, y^t, z^t)$。生产点（x^t，y^t，z^t）相对于 t 期的 VRS 技术前沿面的投入产出距离函数可以通过求解以下非线性规划得到。

$$D_0^t(x^t, y^t, z^t) = \min_{\lambda^k, s^{k-}, s^{k+}} \frac{\sum_{k=1}^{K} w^k \left[1 - \frac{1}{m_k}\left(\sum_{i=1}^{m_k} \frac{s_{it}^{k-}}{x_{i0t}^k}\right)\right]}{\sum_{k=1}^{K} w^k \left[1 + \frac{1}{r_k}\left(\sum_{r=1}^{r_k} \frac{s_{rt}^{k+}}{y_{r0t}^k}\right)\right]}$$

$$\text{s.t.} \begin{cases} x_{0t}^k = X_t^k \lambda^k + s_t^{k-} (k = 1, \cdots, K) \\ y_{0t}^k = Y_t^k \lambda^k - s_t^{k+} (k = 1, \cdots, K) \\ Z_t^{(k,h)} \lambda^h = Z_t^{(k,h)} \lambda^k (\forall (k, h)) \\ \lambda^k, s^{k-}, s^{k+} \geqslant 0 (k = 1, \cdots, K) \end{cases} \tag{6-1}$$

以 s_{it}^{k-*} 和 s_{rt}^{k+*} 表示模型（6-1）的最优解，则决策单元整体及子过程 k 在 t 时期的实际生产与生产技术 s^t 前沿面之间的距离分别表示为：

$$D_0^t(x^t, y^t, z^t) = \frac{\sum_{k=1}^{K} w^k\left[1 - \frac{1}{m_k}\left(\sum_{i=1}^{m_k} \frac{s_{it}^{k-*}}{x_{i0t}^k}\right)\right]}{\sum_{k=1}^{K} w^k\left[1 + \frac{1}{r_k}\left(\sum_{r=1}^{r_k} \frac{s_{rt}^{k+*}}{y_{r0t}^k}\right)\right]} \tag{6-2}$$

$$D_{0k}^t(x^t, y^t, z^t) = \frac{1 - \frac{1}{m_k}\left(\sum_{i=1}^{m_k} \frac{s_{it}^{k-*}}{x_{i0t}^k}\right)}{1 + \frac{1}{r_k}\left(\sum_{r=1}^{r_k} \frac{s_{rt}^{k+*}}{y_{r0t}^k}\right)} \tag{6-3}$$

同理，可以得出决策单元整体及子过程 k 在 $t+1$ 时期的实际生产与生产技术 s^{t+1} 前沿面之间的距离 $D_0^{t+1}(x^{t+1}, y^{t+1}, z^{t+1})$ 和 $D_{0k}^{t+1}(x^{t+1}, y^{t+1}, z^{t+1})$。

生产点（x^t，y^t，z^t）相对于 $t+1$ 期的 VRS 技术前沿面的投入产出距离函数（混合期距离函数）可以通过求解以下非线性规划得到。

$$D_0^{t+1}(x^t, y^t, z^t) = \min_{\lambda^k, s^{k-}, s^{k+}} \frac{\sum_{k=1}^{K} w^k\left[1 - \frac{1}{m_k}\left(\sum_{i=1}^{m_k} \frac{s_{it}^{k-}}{x_{i0t}^k}\right)\right]}{\sum_{k=1}^{K} w^k\left[1 + \frac{1}{r_k}\left(\sum_{r=1}^{r_k} \frac{s_{rt}^{k+}}{y_{r0t}^k}\right)\right]}$$

$$\text{s. t.}\begin{cases} x_{0t}^k = X_{(t+1)}^k\lambda^k + s_{(t+1)}^{k-}(k = 1, \cdots, K) \\ y_{0t}^k = Y_{(t+1)}^k\lambda^k - s_{(t+1)}^{k+}(k = 1, \cdots, K) \\ Z_{(t+1)}^{(k,h)}\lambda^h = Z_{(t+1)}^{(k,h)}\lambda^k(\forall(k, h)) \\ \lambda^k, s^{k-}, s^{k+} \geq 0(k = 1, \cdots, K) \end{cases} \tag{6-4}$$

以 s_{it}^{k-**} 和 s_{rt}^{k+**} 表示模型（6-4）的最优解，则决策单元整体及子过程 k 在 t 时期的实际生产与生产技术 s^{t+1} 前沿面之间的距离分别表示为：

$$D_0^{t+1}(x^t, y^t, z^t) = \frac{\sum_{k=1}^{K} w^k\left[1 - \frac{1}{m_k}\left(\sum_{i=1}^{m_k} \frac{s_{it}^{k-**}}{x_{i0t}^k}\right)\right]}{\sum_{k=1}^{K} w^k\left[1 + \frac{1}{r_k}\left(\sum_{r=1}^{r_k} \frac{s_{rt}^{k+**}}{y_{r0t}^k}\right)\right]} \tag{6-5}$$

$$D_{0k}^{t+1}(x^t, y^t, z^t) = \frac{1 - \frac{1}{m_k}\left(\sum_{i=1}^{m_k} \frac{s_{it}^{k-**}}{x_{i0t}^k}\right)}{1 + \frac{1}{r_k}\left(\sum_{r=1}^{r_k} \frac{s_{rt}^{k+**}}{y_{r0t}^k}\right)} \tag{6-6}$$

同理，可以得出决策单元整体及子过程 k 在 $t+1$ 时期的实际生产与生

产技术 s^t 前沿面之间的距离 $D_0^t(x^{t+1}, y^{t+1}, z^{t+1})$ 和 $D_{0k}^t(x^{t+1}, y^{t+1}, z^{t+1})$。

在以上整体及子过程距离函数的基础上，多阶段决策单元整体 Malmquist 生产率指数可表示为：

$$\begin{aligned} MPI_t^{t+1} &= \frac{D_0^{t+1}(x^{t+1}, y^{t+1}, z^{t+1})}{D_0^t(x^t, y^t, z^t)} \times \left[\left(\frac{D_0^t(x^{t+1}, y^{t+1}, z^{t+1})}{D_0^{t+1}(x^{t+1}, y^{t+1}, z^{t+1})}\right) \times \right. \\ &\quad \left.\left(\frac{D_0^t(x^t, y^t, z^t)}{D_0^{t+1}(x^t, y^t, z^t)}\right)\right]^{\frac{1}{2}} \\ &= MEC_t^{t+1} \times MTC_t^{t+1} \end{aligned} \tag{6-7}$$

子阶段 k 的 Malmquist 生产率指数可表示为

$$\begin{aligned} MPI_{kt}^{t+1} &= \left(\frac{D_{0k}^{t+1}(x^{t+1}, y^{t+1}, z^{t+1})}{D_{0k}^t(x^t, y^t, z^t)}\right) \times \left[\left(\frac{D_{0k}^t(x^{t+1}, y^{t+1}, z^{t+1})}{D_{0k}^{t+1}(x^{t+1}, y^{t+1}, z^{t+1})}\right) \times \right. \\ &\quad \left.\left(\frac{D_{0k}^t(x^t, y^t, z^t)}{D_{0k}^{t+1}(x^t, y^t, z^t)}\right)\right]^{\frac{1}{2}} \\ &= MEC_{kt}^{t+1} \times MTC_{kt}^{t+1} \end{aligned} \tag{6-8}$$

6.1.2　网络环境技术

现有关于全要素生产率测算的文献已较为准确的考虑到了环境约束条件，并采用不同的方法进行处理，但都是基于传统 DEA 方法的“黑箱”假设，把环境技术当作一个“黑箱”处理，即将能源资源等要素投入技术中后，期望产出和坏产出从技术的另一头出来（Fare et al.，2013），产出的弱处置性没有说明坏产出是如何减少的。对于固定的投入，如果想减少坏产出，则需要整体生产的缩减或者是将指定的投入与好产出分离。依据法尔（2007）提出的传统环境生产技术（即环境生产函数）思想，建立多阶段网络结构生产过程中考虑污染物排放的产出与要素资源投入之间的技术结构关系，称为网络环境技术。

如图 6－1 所示，假设有 n 决策单元，将决策单元 DMU_j 的整个生产过程分解为 k 阶段。在第 k 阶段，投入 $x_{ij}^k(i=1, \cdots, I_k)$，生产得到期望产出 $y_{rj}^k(r=1, \cdots, R_k)$ 和非期望产出 $u_{pj}^k(p=1, \cdots, P_k)$。连接阶段 k 和阶段 $k-1$ 的中间产品由 $z_j^{(k-1,k)} \in R_+^{t(k-1,k)}(j=1, \cdots, n;\ (k-1, k) \in L)$ 表示。$\lambda_j^k(j=1, \cdots, n)$ 为每个阶段对应的权向量，则生产规模报酬可变前提下的子阶段 k 的环境技术生产可能集可表示为：

$$T_k = \left\{ (x_i^k,\ y_r^k,\ z_d^{(k-1,\ k)} u_p^k): \begin{array}{c} x_i^k \geqslant \sum_{j=1}^{n} \lambda_j^k x_{ij}^k,\ y_r^k \leqslant \sum_{j=1}^{n} \lambda_j^k y_{rj}^k \\ u_p^k = \sum_{j=1}^{n} \lambda_j^k u_{pj}^k \\ z^{(k-1,\ k)} \geqslant \sum_{j=1}^{n} \lambda_j^k z_{dj}^{(k-1,\ k)} \\ z^{(k-1,\ k)} \leqslant \sum_{j=1}^{n} \lambda_j^{k-1} z_{dj}^{(k-1,\ k)} \\ \lambda_j^k \geqslant 0,\ (\forall j,\ k) \end{array} \right\} \tag{6-9}$$

相应的系统整体的环境技术生产可能集可表示为：

$$T = \left\{ (x_i,\ y_r,\ u_p): \begin{array}{c} x_i \geqslant \sum_{k=1}^{K} \sum_{j=1}^{n} \lambda_j^k x_{ij}^k,\ y_r \leqslant \sum_{k=1}^{K} \sum_{j=1}^{n} \lambda_j^k y_{rj}^k \\ u_p = \sum_{k=1}^{K} \sum_{j=1}^{n} \lambda_j^k u_{pj}^k \\ \sum_{k=1}^{K} \sum_{j=1}^{n} \lambda_j^{k-1} z_{dj}^{(k-1,\ k)} - \sum_{k=1}^{K} \sum_{j=1}^{n} \lambda_j^k z_{dj}^{(k-1,\ k)} \geqslant 0 \\ \lambda_j^k \geqslant 0,\ (\forall j,\ k) \end{array} \right\} \tag{6-10}$$

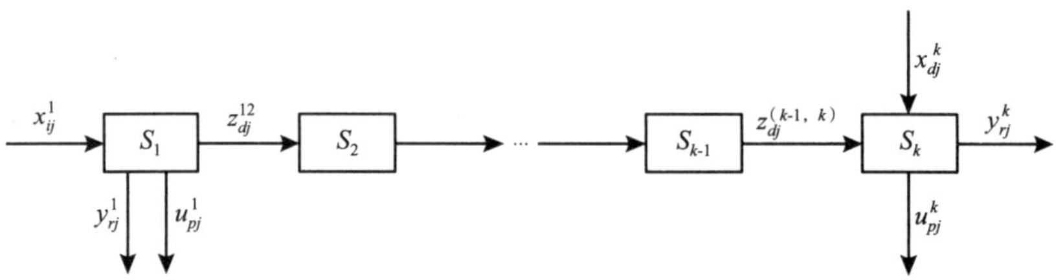

图 6-1　考虑非期望产出的多阶段生产过程 DMU 结构

与传统环境技术相同，网络生产可能性集也具有以下特性：

（1）坏产出的联合弱可处置性：若 $(y_r,\ u_p) \in T(x_i)$ 且 $0 \leqslant \theta \leqslant 1$，则 $(\theta y_r,\ \theta u_p) \in T(x_i)$。该假设表明，在既定投入下，减少“坏”产出的同时，期望产出也相应的减少，以保证生产可能性边界的凸性。

（2）期望产出的强可处置性：若 $(y_r,\ u_p) \in T(x_i)$ 且 $y_r' \leqslant y_r$，则 $(y'_r,\ u_p) \in T(x_i)$。

（3）零结合公理：若 $(y_r,\ u_p) \in T(x_i)$ 且 $u_p = 0$ 则 $y_r = 0$。该假设表明仅在期望产出为 0 的前提下，非期望产出才可能为 0。

6.1.3　基于 UNSBM 的网络 Malmquist - Luenberger 生产率指数

已有文献表明，在传统环境技术的基础上，Chung 等（1997）将包含坏产出的方向距离函数应用于 Malmquist 模型，并将得到的 Malmquist 指数称为 Malmquist - Luenberger 生产率指数。基于传统方向性距离函数的 Malmquist - Luenberger 生产率指数通过设定期望产出增加、非期望产出减少的方向，将全要素生产率与环境污染纳入统一框架，从而可以合理测算环境约束下真实的经济效益。但是从技术层面上看，该指数存在以下问题：测度角度的选择会忽视投入或产出某一方面，导致效率估计偏差；当存在投入过度或产出不足时，径向形式 DEA 技术的应用会高估生产者效率；线性规划存在不可行解时便无法估计。因此，李谷成（2014）提出了利用非径向、非角度的非期望 SBM 模型来构造 Malmquist - Luenberger 指数。该指数具有以下三个优点：一是可以同时考虑投入、非期望产出减少和产出增加，不需要选择测度角度；二是可以考虑投入、期望产出和非期望产出松弛量对效率评价的影响；三是可以有效解决线性规划不可行问题。基于此，本章尝试基于网络环境技术，利用第 5 章中提出的非期望网络 SBM 模型构建 Malmquist - Luenberger 指数，并将其称为网络 Malmquist - Luenberger 指数，以期比传统非期望 SBM - DEA 模型计算得到的生产率变化指数值更能精确客观地反映实际生产绩效。

以（X^t，Y^t，Z^t，U^t）和（X^{t+1}，Y^{t+1}，Z^{t+1}，U^{t+1}）表示决策单元在时期 t 和 $t+1$ 时的投入产出矢量。为计算多阶段决策单元整体 Malmquist - Luenberger 指数及其组成，需要求解两个当期距离函数 $D_0^t(x^t, y^t, z^t, u^t)$，$D_0^{t+1}(x^{t+1}, y^{t+1}, z^{t+1}, u^{t+1})$ 以及两个混合期距离函数 $D_0^t(x^{t+1}, y^{t+1}, z^{t+1}, u^{t+1})$ 和 $D_0^{t+1}(x^t, y^t, z^t, u^t)$。决策单元整体在 t 时期的实际生产与 t 时期生产技术前沿面之间的距离可以通过以下非线性规划求解。

$$D_0^t(x^t, y^t, z^t, u^t) = \min_{\lambda^k, s^{k-}, s^{kg+}, s^{kb+}} \frac{\sum_{k=1}^{K} w^k \left[1 - \frac{1}{I_k}\left(\sum_{i=1}^{I_k} \frac{s_i^{k-}}{x_{i0}^k}\right)\right]}{\sum_{k=1}^{K} w^k \left[1 + \frac{1}{R_k + P_k}\left(\sum_{r=1}^{R_k} \frac{s_r^{kg+}}{y_{r0}^k} + \sum_{p=1}^{P_k} \frac{s_p^{kb+}}{u_{p0}^k}\right)\right]}$$

$$\begin{aligned} \text{s.t.}\quad & x_0^{kt} = X^{kt}\lambda^k + s^{k-},\ k = 1, \cdots, K \\ & y_0^{kt} = Y^{kt}\lambda^k - s^{kg+},\ k = 1, \cdots, K \\ & u_0^{kt} = U^{kt}\lambda^k + s^{kb+},\ k = 1, \cdots, K \end{aligned}$$

$$Z^{(k-1,\,k)t}\lambda^{k-1} = Z^{(k-1,\,k)t}\lambda^{k}(\forall(k-1,\,k))$$

$$\sum\lambda^{k} = 1,\ s^{k-},\ s^{kg+},\ s^{kb+},\ \lambda > 0 \tag{6-11}$$

以 s_{it}^{k-*}，s_{rt}^{kg+*} 和 s_{pt}^{kb+*} 表示模型的最优解，则决策单元整体及子过程 k 在 t 时期的实际生产与生产技术 s^t 前沿面之间的距离分别表示为：

$$D_0^t(x^t,\ y^t,\ z^t,\ u^t) = \frac{\sum_{k=1}^{K} w^k\left[1 - \frac{1}{I_k}\left(\sum_{i=1}^{I_k}\frac{s_{it}^{k-*}}{x_{i0t}^{k}}\right)\right]}{\sum_{k=1}^{K} w^k\left[1 + \frac{1}{R_k + P_k}\left(\sum_{r=1}^{R_k}\frac{s_{rt}^{k+*}}{y_{r0t}^{k}} + \sum_{p=1}^{P_k}\frac{s_{pt}^{kb+*}}{u_{p0t}^{k}}\right)\right]} \tag{6-12}$$

$$D_{0k}^t(x^t,\ y^t,\ z^t,\ u^t) = \frac{1 - \frac{1}{I_k}\left(\sum_{i=1}^{I_k}\frac{s_{it}^{k-*}}{x_{i0t}^{k}}\right)}{1 + \frac{1}{R_k + P_k}\left(\sum_{r=1}^{R_k}\frac{s_{rt}^{k+*}}{y_{r0t}^{k}} + \sum_{p=1}^{P_k}\frac{s_{pt}^{kb+*}}{u_{p0t}^{k}}\right)} \tag{6-13}$$

同理可以得出 $D_0^{t+1}(x^{t+1},\ y^{t+1},\ z^{t+1},\ u^{t+1})$ 及 $D_{0k}^{t+1}(x^{t+1},\ y^{t+1},\ z^{t+1},\ u^{t+1})$。

决策单元整体在 t 时期的实际生产与 $t+1$ 时期生产技术前沿面之间的距离可以通过以下非线性规划求解。

$$D_0^{t+1}(x^t,\ y^t,\ z^t,\ u^t) = \min_{\lambda^k,\ s^{k-},\ s^{kg+},\ s^{kb+}} \frac{\sum_{k=1}^{K} w^k\left[1 - \frac{1}{I_k}\left(\sum_{i=1}^{I_k}\frac{s_{i}^{k-}}{x_{i0}^{k}}\right)\right]}{\sum_{k=1}^{K} w^k\left[1 + \frac{1}{R_k + P_k}\left(\sum_{r=1}^{R_k}\frac{s_{r}^{kg+}}{y_{r0}^{k}} + \sum_{p=1}^{P_k}\frac{s_{p}^{kb+}}{u_{p0}^{k}}\right)\right]}$$

$$\text{s.t.}\quad x_0^{kt} = X^{k(t+1)}\lambda^k + s^{k-},\ k = 1,\ \cdots,\ K$$

$$y_0^{kt} = Y^{k(t+1)}\lambda^k - s^{kg+},\ k = 1,\ \cdots,\ K$$

$$u_0^{kt} = U^{k(t+1)}\lambda^k + s^{kb+},\ k = 1,\ \cdots,\ K$$

$$Z^{(k-1,\,k)(t+1)}\lambda^{k-1} = Z^{(k-1,\,k)(t+1)}\lambda^{k}(\forall(k-1,\,k))$$

$$\sum\lambda^{k} = 1,\ s^{k-},\ s^{kg+},\ s^{kb+},\ \lambda > 0 \tag{6-14}$$

以 s_{it}^{k-**}，s_{rt}^{kg+**} 和 s_{pt}^{kb+**} 表示以上模型的最优解，则决策单元整体及其子过程 k 在 t 时期的实际生产与 $t+1$ 时期生产技术前沿面之间的距离可表示为：

$$D_0^{t+1}(x^t,\ y^t,\ z^t,\ u^t) = \frac{\sum_{k=1}^{K} w^k\left[1 - \frac{1}{I_k}\left(\sum_{i=1}^{I_k}\frac{s_{it}^{k-**}}{x_{i0t}^{k}}\right)\right]}{\sum_{k=1}^{K} w^k\left[1 + \frac{1}{R_k + P_k}\left(\sum_{r=1}^{R_k}\frac{s_{rt}^{k+**}}{y_{r0t}^{k}} + \sum_{p=1}^{P_k}\frac{s_{pt}^{kb+**}}{u_{p0t}^{k}}\right)\right]} \tag{6-15}$$

$$D_{0k}^{t+1}(x^t, y^t, z^t, u^t) = \frac{1 - \frac{1}{I_k}\left(\sum_{i=1}^{I_k} \frac{s_{it}^{k-**}}{x_{i0t}^k}\right)}{1 + \frac{1}{R_k + P_k}\left(\sum_{r=1}^{R_k} \frac{s_{rt}^{k+**}}{y_{r0t}^k} + \sum_{p=1}^{P_k} \frac{s_{pt}^{kb+**}}{u_{p0t}^k}\right)} \quad (6-16)$$

同理，可以求出 $D_0^t(x^{t+1}, y^{t+1}, z^{t+1}, u^{t+1})$ 和 $D_{0k}^t(x^{t+1}, y^{t+1}, z^{t+1}, u^{t+1})$。在以上整体及子过程距离函数的基础上，决策单元整体 Malmquist - Luenberger 指数可表示为：

$$\begin{aligned} MLPI_t^{t+1} &= MLEC_t^{t+1} \times MLTC_t^{t+1} \\ &= \frac{D_0^{t+1}(x^{t+1}, y^{t+1}, z^{t+1}, u^{t+1})}{D_0^t(x^t, y^t, z^t, u^t)} \times \left[\left(\frac{D_0^t(x^{t+1}, y^{t+1}, z^{t+1}, u^{t+1})}{D_0^{t+1}(x^{t+1}, y^{t+1}, z^{t+1}, u^{t+1})}\right) \times \right. \\ &\quad \left.\left(\frac{D_0^t(x^t, y^t, z^t, u^t)}{D_0^{t+1}(x^t, y^t, z^t, u^t)}\right)\right]^{1/2} \end{aligned} \quad (6-17)$$

$MLPI_t^{t+1} >=< 1$ 表示 DMU_0 的全要素生产率在 $t+1$ 时期相比 t 时期取得了进步、不变或者倒退了。$MLEC_t^{t+1}$ 是投入要素自由处置并且规模报酬不变条件下的系统整体相对效率变化指数，用以测度时期 t 到 $t+1$ 每个被评价决策单元到最佳实践边界的追赶程度。$MLTC_t^{t+1}$ 表示决策单元整体技术进步变化指数，用以测度技术边界从时期 t 到 $t+1$ 的移动程度。$MLPI_t^{t+1}$，$MLEC_t^{t+1}$ 和 $MLTC_t^{t+1}$ 是环比发展指数形式，其大于（小于）1 分别表明全要素生产率跨期增长（或下降），技术效率跨期提高（或降低），技术跨期进步（或退步）。同理，子过程 k 的 Malmquist - Luenberger 指数模型可表示为：

$$\begin{aligned} MLPI_{kt}^{t+1} &= MLEC_{kt}^{t+1} \times MLTC_{kt}^{t+1} \\ &= \frac{D_{0k}^{t+1}(x^{t+1}, y^{t+1}, z^{t+1}, u^{t+1})}{D_{0k}^t(x^t, y^t, z^t, u^t)} \times \left[\left(\frac{D_{0k}^t(x^{t+1}, y^{t+1}, z^{t+1}, u^{t+1})}{D_{0k}^{t+1}(x^{t+1}, y^{t+1}, z^{t+1}, u^{t+1})}\right) \times \right. \\ &\quad \left.\left(\frac{D_{0k}^t(x^t, y^t, z^t, u^t)}{D_{0k}^{t+1}(x^t, y^t, z^t, u^t)}\right)\right]^{1/2} \end{aligned} \quad (6-18)$$

6.2　变量与数据

首先应用网络 Malmquist 指数模型对资源约束下 2009 ~ 2013 年期间中国钢铁企业整体、铁前及铁后工序阶段的全要素生产率变动进行考察。选择的投入产出变量及其统计描述与第 4 章相同。再运用网络 Malmquist -

Luenberger 模型对资源环境约束下 2009～2013 年中国钢铁企业整体、铁前及铁后工序阶段的全要素生产率变动进行考察。选择的投入、产出变量及其统计描述与第 5 章相同。

6.3 结果分析

本书运用 MaxDEA5.2，首先测算了资源约束下样本钢铁企业整体、铁前和铁后工序阶段的 Malmquist 生产率变化指数（MPI），并将其分解为技术效率变动指数（MEC）和技术进步变动指数（MTC）。接着增加废气、废渣排放变量，测算了资源环境约束下钢铁企业整体、铁前和铁后工序阶段的 Malmquist－Luenberger 生产率变动指数（MLPI），并将其分解为技术效率变动指数（MLEC）和技术进步变动指数（MLTC）。为了更为清晰地、真实地了解在考虑环境因素下我国钢铁产业经济增长的绩效，我们把不考虑和考虑环境约束的两种情况结合起来进行分析。在空间上，按照钢铁企业所在省域及大多数学者的划分方法分为东、中、西三大区域，对我国钢铁企业全要素生产率变化的总体特征进行研究。通过观察历年 MLPI 指数变动趋势分析我国钢铁企业绩效增长的动态变化趋势特征，以及全要素生产率变动的来源，总结我国钢铁产业经济的增长模式。

6.3.1 两阶段全要素生产率总体特征分析

表 6－1 和表 6－2 分别报告了全国、三大区域内钢铁企业在不考虑和考虑环境约束时两阶段全要素生产率及其来源的平均变化指数情况，研究结果表明：

从整体上看，全国及东、中、西三大地区的钢铁企业在考虑环境因素的情况下得到的全要素生产率变化指数、技术效率变化指数、技术进步变化指数都要低于在不考虑环境因素下得到的指数。如就全国而言，资源约束下的全要素生产率年均增长率为 5.2%，技术效率年均增长率 10.7%，技术进步年均增长率－3.3%，均高于资源和环境约束下全要素生产率年均增长率 0.4%，技术效率年均增长率 7.3%，技术进步年均增长率－4.2%。这一现象表明废气、废渣等污染排放对钢铁企业生产率造成了一定的损失。

从区域比较的角度看，样本期内不管是整体还是两子阶段，无论是否考虑环境因素的影响，都有东部的平均全要素生产率及其分解大于中、西部的相应值，而且中、西部与东部的差距还有拉大的趋势。例如，在资源和环境约束下东部地区钢铁企业全要素生产率年均增长达6.5%，技术效率年均增长13.5%，技术进步指数年均下降3%，即东部钢铁企业主要依靠技术效率提升取得了较快的生产率增长。中部地区钢铁企业TFP年均下降2.6%，技术效率年均增长4.1%，技术进步率年均下降了5.9%。西部地区钢铁企业TFP年均下降14.3%，技术效率和技术进步率同时下降的综合作用导致TFP的大幅下降。2009年东、西部钢铁企业全要素生产率平均值差距为0.103，到2013年已经扩大至0.357。另外，经进一步的比较发现，东部地区钢铁企业考虑环境约束后的整体全要素生产率平均值比其不考虑环境约束时低0.065，而中、西部地区钢铁企业的这一差距分别为0.035和0.013。这表明东部地区钢铁企业因为污染排放问题带来了更大程度的TFP下降。

从两阶段的角度看，资源约束下，全国范围钢铁企业铁前工序阶段的TFP年均下降了3.7%，铁后工序阶段的TFP年均增长了5.9%，并且铁后工序阶段的技术效率增长率（11.9%）大于铁前工序阶段（4.7%），技术倒退程度（-2.8%）小于铁前工序阶段（-4.8%）。考虑环境约束后，铁前工序阶段的TFP增长率（1.9%）相对高于铁后工序阶段（0.8%），并且技术效率年均增长率（9.7%）高于铁后工序阶段（8.8%）。这一现象说明环境因素对铁前工序阶段的全要素生产率的影响比较大。

从全要素生产率增长的来源来看，研究中发现无论是否考虑环境因素，全国及三大区域钢铁企业整体及两阶段内都出现了普遍的技术倒退现象。一方面，这从深层次上反映出我国钢铁产业因科研投入匮乏导致的技术创新不足问题。我国钢铁产业在科研、应用开发和技术转换三个环节的资金投入比例上与大型国际企业存在很大的差距，尤其是在应用开发和技术转化方面远远落后于国际水平，造成了许多科研成果无法转化成现实生产力，从而无法推动整个行业的技术进步。另一方面，钢铁产业生产工艺流程已经比较成熟，生产技术变革性的创新所带来的成果需要一定时期才能反映出来，而本书的样本期间较短，可能难以看出整个行业的技术进步。除西部地区外，东、中部地区都表现出明显的“追赶效应”，即技术效率变化指数大于1，其成为推动钢铁企业全要素生产率增长的主要源泉，这与张庆芝等（2012）得出的我国钢铁企业能源效率的提升主要源于技术效率的提升，而非技术进步的结论是一致的。但与其他学者如 Wei 等（2007）、杜春丽和成金华（2009）的研究结论是不同的。出现这种差异的原因可能为上述研究是基于传统 DEA 方法，不考虑钢铁企业各生产工序之间的联结关系，同时没有考虑非期望产出因素或者将非期望产出视为投入变量进行处理，可能会产生有偏的结论。同时，选择的样本期不同可能也是原因之一。

表 6－1　　资源约束下的全要素生产率及其分解

地区	整体			铁前工序阶段			铁后工序阶段		
	MPI	MEC	MTC	MPI	MEC	MTC	MPI	MEC	MTC
全国	1.052	1.107	0.967	0.963	1.047	0.952	1.059	1.119	0.972
东部	1.130	1.184	0.974	0.987	1.078	0.954	1.129	1.186	0.977
中部	1.009	1.07	0.956	0.933	1.024	0.935	1.021	1.084	0.966
西部	0.870	0.912	0.963	0.942	0.990	0.973	0.893	0.948	0.965

注：各指数为 2009～2013 年的几何平均数，全国及东、中、西部地区生产率指数为相应省份钢铁企业的算数平均数。

表 6－2　　资源环境约束下的全要素生产率及其分解

地区	整体			铁前工序阶段			铁后工序阶段		
	MLPI	MLEC	MLTC	MLPI	MLEC	MLTC	MLPI	MLEC	MLTC
全国	1.004	1.073	0.958	1.019	1.097	0.961	1.008	1.088	0.968
东部	1.065	1.135	0.970	1.112	1.206	0.976	1.050	1.123	0.975
中部	0.974	1.041	0.941	0.955	1.021	0.935	0.996	1.077	0.957
西部	0.857	0.907	0.946	0.836	0.867	0.952	0.879	0.967	0.957

注：各指数为 2009～2013 年的几何平均数，全国及东、中、西部地区生产率指数为相应省份钢铁企业的算数平均数。

6.3.2　两阶段全要素生产率趋势特征分析

表 6－3 和表 6－4 分别报告了不考虑和考虑环境因素时钢铁企业整体、铁前和铁后工序阶段全要素生产率变动指数及其分解。两模型下的变化趋势基本上是一致的。从整体来看，研究期间内全要素生产率指数在 1 附近微小波动，技术效率变化指数和技术进步变化指数波动范围较大。且考虑环境因素后，各个时期的全要素生产率变动指数基本上都小于不考虑

环境因素的相应值，且变动幅度缩小了，变化区间由［0.889，1.143］变为［0.902，1.101］。总体上看，表示前沿技术变动的技术变化指数均值在整个样本期间内呈现出下降趋势，2013 年全要素生产率较 2009 年有所上涨主要源于技术效率的增长。

对于铁前工序阶段，资源约束下 2009 ~2012 年全要素生产率均为负增长，2012 ~2013 年略有增长，但变动幅度不大。全要素生产率下降的主要原因在于 2009 ~2013 年该阶段的技术进步变动指数年均下降了 4.8%。考虑环境因素后，2010 ~2011 年、2012 ~2013 年的全要素生产率变动指数分别为 1.142 和 1.118，表明与上一年相比，全要素生产率都有了很大程度的提高。进一步比较两种约束下该阶段的平均增长率，考虑环境约束后的全要素生产率年均增长 1.9%，而不考虑环境因素时年均下降 3.7%。生产率的年均增长主要源于考虑环境约束后技术效率提高了 5%，同时，技术进步变动指数下降的幅度缩小了。

表 6 –3　资源约束下钢铁企业全要素生产率变动指数及其分解

时间	整体			铁前工序阶段			铁后工序阶段		
	MPI	MEC	MTC	MPI	MEC	MTC	MPI	MEC	MTC
2009 ~2010	1.090	1.240	0.886	0.935	0.877	1.113	1.111	1.418	0.812
2010 ~2011	1.105	0.844	1.311	0.947	1.160	0.855	1.117	0.755	1.508
2011 ~2012	0.889	1.204	0.782	0.972	1.196	0.842	0.887	1.158	0.798
2012 ~2013	1.143	1.191	0.961	1.001	0.988	1.023	1.144	1.262	0.912
2009 ~2013 平均值	1.052	1.107	0.967	0.963	1.047	0.952	1.059	1.119	0.972

表 6 –4　资源环境约束下钢铁企业全要素生产率变动指数及其分解

时间	整体			铁前工序阶段			铁后工序阶段		
	MLPI	MLEC	MLTC	MLPI	MLEC	MLTC	MLPI	MLEC	MLTC
2009 ~2010	0.942	1.083	0.865	0.943	0.975	0.981	0.972	1.246	0.794
2010 ~2011	1.088	0.867	1.255	1.142	1.074	1.029	1.066	0.759	1.482
2011 ~2012	0.902	1.312	0.756	0.899	1.428	0.728	0.911	1.244	0.787
2012 ~2013	1.101	1.074	1.026	1.118	0.969	1.165	1.095	1.191	0.949
2009 ~2013 平均值	1.004	1.073	0.958	1.019	1.097	0.961	1.008	1.088	0.968

对于铁后工序阶段，资源约束下 2009 ~ 2010 年、2010 ~ 2011 年、2012 ~ 2013 年的全要素生产率指数均大于 1，说明生产率比上一年有所增长。而 2011 ~ 2012 年的生产率指数小于 1，说明生产率较上一年有所下降，其原因为该时期的技术进步指数出现了大幅度下降（ - 21.2%）。考虑环境因素后，2009 ~ 2010 年、2011 ~ 2012 年的生产率指数均有不同程度的下降，尤其是 2009 ~ 2010 年全要素生产率变化指数由 1.111 变为 0.972，下降幅度最大。而 2011 ~ 2012 年由于技术效率变动指数从 1.158 提高至 1.244，一定程度上促进了全要素生产率指数从 0.887 提高至 0.911。总之，环境因素的考虑导致了该生产阶段年均生产率、技术效率及技术进步指数的下降。

6.3.3 环境约束对两阶段全要素生产率及其分解的影响

为了进一步分析当模型中增加了废气、废渣排放后，对钢铁企业整体及两阶段的全要素生产率估计是否会产生偏差，对网络 Malmquist 及网络 Malmquist - Luenberger 生产率指数模型的结果进行了秩和检验（Wilcoxon Rank Sum Test）。H_0 假设：增加环境约束后，整体、铁前和铁后工序阶段的全要素生产率变化指数、技术效率变化指数和技术进步变化指数的估计结果无显著差异。相反，H_1 假设：增加环境约束后，整体、铁前和铁后工序阶段的全要素生产率变化指数、技术效率变化指数和技术进步变化指数的估计结果有显著差异。秩和检验的结果如表 6 - 5 所示。

表 6 - 5 两模型中全要素生产率指数、技术效率指数、技术进步指数的秩和检验

H_0 假设		统计值	P 值	结果
整体	MPI = MLPI	- 2.564**	0.01	拒绝
	MEC = MLEC	- 0.164	0.870	接受
	MTC = MLTC	- 2.062**	0.039	拒绝
铁前工序阶段	MPI = MLPI	- 3.662***	0.000	拒绝
	MEC = MLEC	- 4.013***	0.000	拒绝
	MTC = MLTC	- 3.08	0.758	接受
铁后工序阶段	MPI = MLPI	- 2.636***	0.008	拒绝
	MEC = MLEC	- 1.564	0.118	接受
	MTC = MLTC	- 1.815	0.069	接受

首先对于钢铁企业整体，当增加环境约束后，全要素生产率指数和技术进步变动指数均表现出显著区别，且通过了 5% 的显著性检验，而技术效率变动指数的区别没有通过显著性检验。从两阶段视角看，铁前工序阶段的全要素生产率变动指数和技术效率变动指数均通过了 1% 的显著性检验，而技术进步变动指数没有表现出显著区别，接受零假设。对于铁后工序阶段，只有全要素生产率变动指数表现出显著区别，并通过了 1% 的显著性检验。技术效率和技术进步变动指数均没有表现出显著区别，接受零假设。综上所述，我们可以看出当增加了环境约束后，整体及两阶段的全要素生产率变动指数均表现出了显著的区别，说明忽略了废气、废渣等污染排放时对全要素生产率的动态变化估计是有偏的。

6.3.4　钢铁企业两阶段全要素生产率均值分析

表 6－6 和表 6－7 分别列出了样本企业在资源约束和资源环境约束下的整体及两阶段的平均全要素生产率变化指数、技术效率变化指数和技术进步变化指数。

表 6－6　　2009～2013 年资源约束下钢铁企业全要素生产率指数及构成

DMU	整体			铁后工序阶段			铁前工序阶段		
	MPI	MEC	MTC	MPI	MEC	MTC	MPI	MEC	MTC
A01	0.918	0.939	0.977	0.966	1.147	0.842	0.932	0.952	0.980
A02	0.775	0.772	1.004	0.716	0.757	0.945	0.823	0.804	1.023
A03	0.914	0.940	0.972	0.945	1.049	0.901	0.946	0.986	0.960
A04	0.845	0.938	0.900	0.810	0.942	0.859	0.874	0.935	0.935
A05	1.022	1.000	1.022	1.016	1.000	1.016	1.017	1.000	1.017
A06	0.967	0.963	1.004	0.848	0.879	0.965	0.992	0.980	1.012
A07	0.713	0.769	0.927	0.950	0.921	1.032	0.732	0.816	0.897
A08	0.910	0.879	1.035	1.085	1.073	1.011	0.900	0.902	0.998
A09	0.890	0.916	0.972	0.978	0.976	1.002	0.902	0.953	0.946
A10	0.905	0.932	0.970	0.956	0.963	0.993	0.880	0.942	0.934
A11	1.062	1.129	0.941	0.986	1.006	0.980	1.083	1.190	0.910
A12	0.973	0.992	0.981	0.919	0.982	0.936	1.011	1.000	1.011
A13	0.833	0.984	0.846	0.791	0.992	0.798	0.892	1.032	0.864
A14	0.869	0.957	0.908	0.891	0.946	0.942	0.891	0.970	0.919

续表

DMU	整体			铁后工序阶段			铁前工序阶段		
	MPI	MEC	MTC	MPI	MEC	MTC	MPI	MEC	MTC
A15	0. 795	0. 839	0. 947	0. 983	1. 020	0. 964	0. 797	0. 842	0. 946
A16	0. 869	0. 880	0. 987	0. 878	0. 907	0. 969	0. 881	0. 900	0. 978
A17	0. 899	0. 919	0. 978	0. 898	0. 989	0. 908	0. 919	0. 940	0. 978
A18	0. 812	0. 845	0. 960	0. 878	1. 032	0. 851	0. 813	0. 803	1. 013
A19	0. 961	0. 996	0. 965	0. 955	1. 105	0. 865	0. 963	0. 983	0. 979
A20	1. 224	1. 283	0. 954	0. 979	0. 978	1. 001	1. 229	1. 312	0. 936
A21	0. 950	0. 966	0. 984	0. 932	1. 069	0. 872	0. 970	0. 987	0. 983
A22	0. 941	0. 971	0. 969	0. 922	1. 032	0. 894	0. 937	0. 941	0. 996
A23	0. 853	0. 895	0. 953	0. 901	0. 981	0. 918	0. 875	0. 908	0. 963
A24	0. 961	0. 975	0. 985	1. 014	1. 029	0. 986	0. 991	0. 970	1. 021
A25	0. 878	0. 899	0. 977	0. 896	1. 056	0. 849	0. 897	0. 917	0. 978
A26	0. 965	1. 014	0. 951	0. 950	0. 971	0. 979	0. 973	1. 050	0. 926
A27	0. 931	1. 007	0. 925	0. 894	0. 983	0. 910	0. 977	1. 037	0. 942
A28	0. 995	0. 987	1. 008	0. 967	1. 036	0. 934	1. 011	0. 966	1. 046
A29	0. 725	0. 759	0. 956	0. 925	0. 985	0. 939	0. 728	0. 763	0. 954
A30	0. 904	0. 927	0. 976	0. 927	1. 012	0. 916	0. 932	0. 960	0. 971
A31	1. 206	1. 418	0. 851	1. 201	1. 397	0. 860	1. 160	1. 317	0. 881
A32	0. 720	0. 772	0. 933	0. 969	0. 932	1. 040	0. 743	0. 812	0. 914
A33	0. 952	1. 000	0. 952	0. 954	1. 000	0. 954	0. 952	1. 000	0. 952
A34	0. 933	1. 002	0. 931	0. 847	1. 005	0. 843	0. 999	1. 000	0. 999
A35	0. 940	0. 957	0. 981	0. 951	0. 995	0. 956	0. 934	0. 947	0. 987
A36	0. 900	0. 939	0. 958	0. 942	1. 032	0. 913	0. 914	0. 957	0. 955
A37	0. 812	0. 829	0. 980	0. 877	0. 866	1. 013	0. 827	0. 880	0. 940
A38	0. 919	0. 938	0. 980	0. 964	1. 019	0. 946	0. 917	0. 966	0. 949
A39	1. 140	1. 180	0. 967	0. 965	1. 037	0. 930	1. 145	1. 220	0. 938
A40	1. 049	1. 052	0. 997	0. 937	1. 008	0. 929	1. 063	1. 009	1. 054
A41	0. 782	0. 859	0. 910	1. 007	0. 990	1. 017	0. 800	0. 885	0. 904
A42	0. 958	1. 091	0. 878	0. 882	0. 997	0. 884	1. 005	1. 122	0. 896
A43	0. 777	0. 813	0. 956	0. 892	0. 899	0. 992	0. 774	0. 847	0. 913
A44	0. 937	1. 000	0. 937	0. 916	1. 000	0. 916	0. 955	1. 000	0. 955
A45	0. 897	0. 993	0. 903	0. 895	0. 983	0. 910	0. 919	1. 000	0. 919
A46	0. 987	1. 013	0. 974	0. 933	1. 093	0. 854	1. 015	1. 040	0. 976
A47	0. 961	0. 999	0. 962	0. 965	1. 057	0. 913	0. 967	1. 016	0. 952
A48	0. 685	0. 706	0. 970	0. 934	0. 914	1. 022	0. 722	0. 757	0. 954

表6-7 2009~2013年资源环境约束下钢铁企业全要素生产率指数及构成

DMU	整体			铁前工序阶段			铁后工序阶段		
	MLPI	MLEC	MLTC	MLPI	MLEC	MLTC	MLPI	MLEC	MLTC
A01	0.949	0.987	0.961	0.944	0.998	0.946	0.947	0.975	0.972
A02	0.725	0.704	1.029	0.683	0.664	1.028	0.751	0.741	1.014
A03	0.901	0.945	0.954	0.839	0.840	0.999	0.947	1.032	0.918
A04	0.773	0.932	0.829	0.726	0.983	0.739	0.819	0.876	0.934
A05	1.015	1.000	1.015	1.020	1.000	1.020	1.012	1.000	1.012
A06	0.951	0.963	0.987	0.883	0.906	0.976	0.992	1.002	0.989
A07	0.774	0.787	0.984	0.768	0.782	0.982	0.776	0.790	0.982
A08	0.960	0.893	1.074	1.002	0.822	1.219	0.921	0.946	0.974
A09	0.878	0.903	0.973	0.875	0.881	0.993	0.878	0.922	0.952
A10	0.853	0.906	0.941	0.921	0.951	0.969	0.800	0.873	0.916
A11	1.003	1.174	0.854	0.932	1.098	0.849	1.080	1.261	0.857
A12	0.982	1.067	0.921	0.970	1.131	0.858	0.990	1.000	0.990
A13	0.791	0.942	0.840	0.726	0.906	0.801	0.848	0.966	0.878
A14	0.858	0.900	0.954	0.812	0.886	0.917	0.903	0.913	0.989
A15	0.833	0.878	0.948	0.817	0.898	0.910	0.844	0.857	0.984
A16	0.784	0.885	0.886	0.733	0.842	0.871	0.834	0.911	0.916
A17	0.865	0.908	0.952	0.831	0.843	0.986	0.884	0.956	0.925
A18	0.694	0.790	0.878	0.639	0.752	0.851	0.722	0.797	0.906
A19	0.872	0.896	0.974	0.860	0.876	0.982	0.883	0.913	0.967
A20	0.974	0.975	0.998	0.910	0.906	1.005	1.034	1.044	0.991
A21	0.950	0.989	0.961	0.921	0.908	1.015	0.965	1.044	0.925
A22	0.933	0.986	0.947	0.905	0.978	0.926	0.942	0.989	0.952
A23	0.818	0.902	0.907	0.782	0.867	0.902	0.853	0.919	0.929
A24	0.969	0.975	0.993	0.958	1.004	0.954	0.970	0.946	1.025
A25	0.869	0.909	0.956	0.844	0.910	0.927	0.881	0.904	0.975
A26	0.971	1.013	0.958	0.969	0.966	1.003	0.967	1.051	0.920
A27	0.883	1.019	0.866	0.842	1.028	0.819	0.920	1.009	0.912
A28	0.999	1.017	0.982	1.002	1.065	0.941	0.999	0.985	1.015
A29	0.441	0.565	0.781	0.416	0.521	0.799	0.464	0.607	0.764
A30	0.919	0.957	0.960	0.892	0.882	1.012	0.943	1.028	0.918
A31	1.204	1.481	0.813	1.247	1.621	0.770	1.165	1.373	0.849
A32	0.782	0.797	0.981	0.748	0.792	0.945	0.812	0.802	1.013
A33	1.068	1.000	1.068	1.069	1.000	1.069	1.070	1.000	1.070

续表

DMU	整体			铁前工序阶段			铁后工序阶段		
	MLPI	MLEC	MLTC	MLPI	MLEC	MLTC	MLPI	MLEC	MLTC
A34	0.865	1.019	0.848	0.767	1.048	0.732	0.967	1.000	0.967
A35	0.933	0.873	1.069	0.914	0.842	1.086	0.952	0.903	1.054
A36	0.907	0.965	0.939	0.886	0.979	0.905	0.917	0.951	0.964
A37	0.837	0.856	0.978	0.795	0.793	1.002	0.860	0.903	0.953
A38	0.866	0.921	0.940	0.880	0.950	0.926	0.850	0.891	0.954
A39	1.096	1.141	0.961	1.061	1.086	0.977	1.126	1.196	0.941
A40	1.055	1.080	0.976	0.998	1.004	0.994	1.093	1.124	0.972
A41	0.662	0.733	0.903	0.665	0.714	0.932	0.659	0.754	0.874
A42	0.997	0.982	1.015	0.986	0.974	1.013	1.009	1.000	1.009
A43	0.714	0.744	0.959	0.679	0.666	1.021	0.748	0.823	0.909
A44	0.991	1.000	0.991	1.000	1.000	1.000	0.981	1.000	0.981
A45	0.836	1.001	0.835	0.796	1.003	0.794	0.881	1.000	0.881
A46	0.973	1.038	0.938	0.963	1.036	0.929	0.986	1.038	0.949
A47	0.968	1.024	0.945	1.009	1.036	0.974	0.936	1.013	0.924
A48	0.639	0.710	0.900	0.594	0.695	0.855	0.678	0.721	0.940

虽然从年均值上看，环境约束对生产率增长起到了抑制作用，但对微观个体而言，48 家钢铁企业中分别有 16、13、16 家钢铁企业在考虑废气、废渣排放后，其整体、铁前和铁后工序阶段的全要素生产率年均增长幅度高于不考虑环境因素时估计得到的生产率增长幅度。以整体生产为例，16 家企业分别为 A37、A03、A10、A14、A12、A18、A27、A24、A02、A28、A07、A05、A39、A48、A11 和 A09。该结果说明这些企业的废气、废渣年均排放密度较小，在节能减排及环境治理方面取得了成效。也可以说环境规制对这些企业产生了一定程度的激励作用，促进了其技术效率的提高或者技术进步，从而带动了企业全要素生产率的提高。例如，A39“十一五”以来，以积极推进资源节约型和环境友好型企业建设为目标，通过结构调整、深化开展节能减排工作，实现与城市和谐共生。按照“减量化、再利用、资源化”的原则，对焦化、烧结、炼铁、炼钢、热轧、冷轧等工序逐一进行了清洁生产审核，使生产活动向“资源—产品—再生资源”的物资反复循环流动模式转变。同时，该企业还通过狠抓源头治理，

积极优化产品结构，研发与生产了一批能源消耗和环境污染较低，产品附加值和技术含量较高的产品，促进清洁生产水平持续提高，现已形成专业化处理固体废弃物、循环利用工业废水、回收余热余压余电三大循环系统，为节能减排和提高武钢效益提供了保证。再比如A27钢铁企业为实现“十二五”减排目标，实施了以烧结烟气脱硫、高炉技改、转炉除尘改造、煤筒仓项目为代表的数十个污染治理环保节能改造项目。其中，华盛高炉技改项目采用国内外最先进的富氧喷煤系统、煤气洗涤循环系统、炉前脱硅及净化水增压系统等先进的节能减排技术，与国内同类装备相比，吨铁能耗比降低了40%左右，减少了15%左右的烟尘、粉尘排放量。目前，公司吨钢烟粉尘排放、废水排放、SO_2排放等各项环保指标均处于国内一流、国际先进水平。

6.4 本章小结

本章主要分析了2009~2013年我国钢铁企业动态效率的变化。首先基于NSBM-DEA和USBM-DEA方法构建了网络Malmquist和网络Malmquist-Luenberger生产率指数模型。其次，应用网络Malmquist生产率指数模型对资源约束下中国钢铁企业2009~2013年全要素生产率变动进行考察，并通过指数分解寻找生产率变动的来源。然后，增加废气、废渣作为非期望产出变量，应用网络Malmquist-Luenberger生产率指数测算资源和环境约束下中国钢铁企业2009~2013年全要素生产率变动及其分解。测算结果显示：

（1）不考虑和考虑环境因素时钢铁企业整体、铁前和铁后工序阶段全要素生产率变动指数的变化趋势基本上是一致的。增加环境约束后，钢铁企业整体及铁后工序阶段的全要素生产率变动指数显著低于不考虑环境因素时的指数值，即废气、废渣变量的引入，使得全要素生产率的增长（下降）幅度有所减小（增大）。而铁前工序阶段的全要素生产率变动指数则表现出显著高于不考虑环境因素时的指数值。并且，相比较而言铁前工序阶段的全要素生产率年均增长率大于铁后工序阶段的相应值。

（2）从区域比较的角度看，样本期内无论是否考虑环境因素的影响，都有东部钢铁企业整体、铁前和铁后工序阶段的平均全要素生产率及其分解大于中、西部的相应值，且西部与东部的差距在不断增大。

（3）从全要素生产率增长的来源来看，研究中发现无论是否考虑环境因素，全国及三大区域钢铁企业整体、铁前和铁后工序阶段都出现了普遍的技术倒退现象，即样本期间内钢铁企业整体、铁前和铁后工序阶段全要素生产率的增长主要源于行业技术效率的提高，技术进步对全要素生产率的贡献为负值。

第 7 章

环境规制对资源和环境约束下全要素生产率的影响

关于我国钢铁产业全要素生产率的影响因素分析，国内外学者已从企业所有制形式、规模、所在地区、企业年龄、上市钢铁公司财务杠杆、流通股比例、独立董事人数、高管薪酬等角度做了大量研究，都没有涉及环境规制因素。现代经济增长理论主张：制度是经济增长的重要影响因素。遵循这一观点，资源环境制度对绿色经济的可持续性发展以及生产率的增长具有根本性的影响作用。自 20 世纪 90 年代开始，我国通过颁布更高的环境标准，关停高能耗高污染的小企业等措施，对传统高能耗高污染制造业实施了一系列严厉的环境规制政策。为进一步验证各种环境规制措施对钢铁行业绿色技术创新及全要素生产率增长的影响，本章在前面研究的基础上，重点探讨了环境规制这一重要制度因素对钢铁产业全要素生产率的影响机制，并对两者的关系进行实证检验，试图通过研究环境规制对全要素生产率的影响来评价我国钢铁产业环境规制实施的有效性，是否达到了钢铁产业经济发展、资源消耗和环境协调可持续发展的双重效果。

与已有文献相比，本章的贡献在于一是从微观企业层面研究环境规制与生产率之间的基本关系，合理评估现行环境规制政策的有效性，为政府制定钢铁产业的环境规制政策提供微观证据。二是从生产率的角度验证“波特假说”进而寻找最优环境规制强度的另一个重要前提就是全要素生产率的准确度量。现有验证“波特假说”的文献都是基于传统 Malmquist 生产率指数模型进行全要素生产率测算的，没有考虑生产决策单元的多阶段网络结构。为使研究结论更加客观，本部分验证第 6 章中所得出的资源和环境约束下钢铁产业的整体全要素生产率与环境规制强度之间的关系。

7.1 我国钢铁产业环境规制现状

我国环境管制的具体政策手段主要经历了三个阶段：在管制阶段以命令和控制政策为主要手段、在市场化阶段以经济激励政策为主要手段、在创新阶段以企业信息披露和社会公众参与为主要特征。其中，命令控制型环境管制政策指通过法律和行政手段制定不同标准或者在特定时间或区域内限制某些活动来影响企业污染物排放的行为。经济激励环境管制政策主要是通过市场信号激励企业在追求自身利益最大化同时，降低社会环境污染，主要包括排污收费和排污权交易两项制度。随着中国钢铁产业面对的资源和环境问题的日益严重，环境规制问题越来越受到政府部门的重视。目前，我国对钢铁企业主要采取命令控制和收取环保费用的环境管制。政府对“三废”制定相应的排放标准，对于不达标钢铁企业，实行强行关闭或者处罚。如表 7－1 所示，从 2002 年《清洁生产促进法》的发布开始，国家陆续颁布的一些环境保护法规对钢铁工业的废水、废气和废渣的排放和治理的标准不断升高，以促使钢铁产业经济发展与资源利用、环境保护相适应。

表 7－1　　2002～2013 年我国钢铁产业的主要环境规制政策

年份	政策法规
2002	《清洁生产促进法》《环境影响评价法》
2003	《排污费征收使用管理条例》
2007	《节能减排综合性工作方案》《国家环境保护“十一五”规划》
2009	《中华人民共和国循环经济促进法》开始实施
2011	《工业转型升级规划（2011－2015）》《钢铁工业“十二五”发展规划》
2012	《钢铁工业大气污染物排放标准采选矿、烧结、炼铁、铁合金、炼钢、轧钢》《钢铁工业水污染物排放标准》和《炼焦化学工业污染物排放标准》8 个标准
2013	《关于执行大气污染物特别排放限值的公告》

同时，钢铁企业所要承担的环保成本、缴纳的环保费用主要包括：资源税、生态环境补偿费、污水排污费、二氧化硫排污费、超标排污费、污

染赔款等，通过向企业征收以上费用，来促进企业主动进行“三废”治理。如图 7－1 所示，2009～2013 年，排污费征收额呈现缓慢上升趋势，从 10.92 亿元增加至 14.66 亿元，表明通过排污费征收所进行的环境规制力度不断加强。从时间变化趋势上看，环保投资完成额与“三同时”环保投资额总体上呈现出下降的变化趋势，说明钢铁企业主动进行污染治理和环境保护的积极性不高。因此，有必要通过更严格的环境管制政策、加大对排放不达标企业的惩罚力度，以刺激企业加大环保投资额，采取技术创新的形式，加强环保。

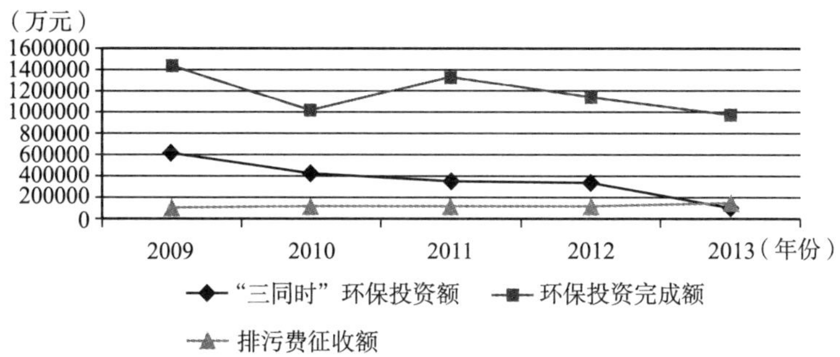

图 7－1　我国钢铁产业环保投资额和排污费收入

资料来源：《中国钢铁工业环境保护统计白皮书》（2009—2013）。

7.2　环境规制对全要素生产率的影响机理和研究假设

现有文献应用地区、行业或者企业数据验证环境规制与生产率之间的关系。研究结果表明，两者可以呈现正相关、负相关、不相关、“U”型关系、倒“N”型关系。本书以莫尔（Mohr，2002）模型为基础，分析环境规制对企业全要素生产率影响的传导机制，并提出有待检验的关于两者关系的主要命题。

该模型假设在具有完全信息的封闭经济体内，存在 N 个同质的生产者，并且所有的生产者都使用相同的旧技术 f，同时还允许有额外新技术产生。影响经济的两个主要方面是：环境外部性和生产力溢出。假设每个生产者在一段时间内投入 ℓ 单位的劳动，生产单一的消费品 c。则总劳动供给可以表示为 $L=N\ell$。生产率依赖于资本 K，所以定义资本 K 为一段时

间 $\tau \in (0, t)$ 内使用某种技术的劳动量累计和，用公式表示为：

$$K_t = \int_0^t L_\tau d\tau \tag{7-1}$$

消费品 c 的生产会产生环境污染副产品 w，当只有一种技术存在时，一段时间 t 内单位资本产出函数可以定义为：

$$c_t = f(\ell_t, w_t, K_t) \tag{7-2}$$

该函数具有以下特征：$df/dw > 0$，$df/d\ell > 0$，$d^2f/d\ell^2 < 0$，$d^2f/dw^2 < 0$，$df/dK > 0$，$d^2f/dK^2 < 0$。并且假设对于给定的劳动量投入 ℓ 来说，当废物排放达到了某一有限最大水平 $\bar{w}$ 时，其边际产出为0。即当 $w = \bar{w}$ 时，$df/dw = 0$。生产商的个体效用取决于消费品 c 的消费量和废物排放总量 $W = Nw$。若现存生产者用贴现系数 β 贴现未来消费，则在时刻 t 时的剩余效用可以表示为：

$$u = \int_t^\infty \beta^{(\tau - t)} (c_\tau - \Upsilon W_\tau) d\tau \tag{7-3}$$

其中Υ表示污染排放总量的边际效用成本。假设 N 足够大，使得每个生产者均不能通过改变其自身的产出来改变废物排放总量 W，则污染排放总量 W 被看作是外生变量。所以，当不存在任何正确的外部环境规制政策时，每个生产者会一直生产，直到废物排放的边际产出为0。此时整个生产市场达到了均衡，

$$df/dw = 0，且\ W = Nw \tag{7-4}$$

当存在环境规制政策但规制水平较低时，企业一方面需要交纳税额为 ΥN 的污染税，作为排放污染物所支付的社会环境成本；另一方面需要从年利润中拿出部分资金治理污染或者进行治污技术创新。无论从短期还是长期来看，都会影响企业生产技术创新的研发投入。因此，在一定程度上导致生产率的下降。

随着环境规制水平的提高，企业所需缴纳的污染税增加，同时治污创新技术边际效益递减，会激励具有市场竞争力的企业进行生产技术创新。假设存在一种能同样生产消费品 c 的新技术 g，对于给定的生产经验水平和投入变量，新技术 g 比旧技术 f 生产效率高，即对于任何 ℓ，w，K，都可以得出，

$$f(\ell, w, K) < g(\ell, w, K) \tag{7-5}$$

同时，新技术比旧技术更加清洁，即新技术生产同样的产出产生较少的污染物。若以 $b(\ell, w, K)$ 表示在不减少产出的条件下生产者每单位资本可以减少的污染量，则 b 需要满足，

$$f(\ell,\ w_f,\ K)=g(\ell,\ w_f-b,\ K) \tag{7-6}$$

然而，技术变化会引起短期成本。假设不管多少家生产商采用了新技术，初始时期新技术产生的生产率低于旧技术。假设 t_s 表示生产者从旧技术 f 到新技术 g 的转换时间，则在时期 $t-t_s=\alpha$ 内，存在，

$$f(\ell,\ w,\ K_f)>g(\ell,\ w,\ K_g) \tag{7-7}$$

因此，每个生产者都愿意在其他厂商因转换新技术支付了短期成本后再引用新技术。与此同时，外部经济阻碍单个厂商应用新技术。如果政府通过较高强度的规制政策，支持或要求生产者应用新的清洁技术，则可以刺激企业进行技术创新，同时提高环境质量和生产率。尽管政府可以通过各种方式鼓励厂商采用新技术，在此我们简单分析为政府要求各厂商达到新的技术标准。为确保规制政策切实的提升了环境质量，假设政府要求生产者必须减少废物排放 $0<\varepsilon<b(\ell,\ w_f,\ K)$，则生产者必须在每个时点上选择 w_g，在 $w_{g\tau}\leqslant(\bar{w}_f-\varepsilon)$ 约束条件下，实现，

$$\max\int_t^\infty \beta^{\tau-t}(g(\ell_{g\tau},\ w_{g\tau},\ K_{g\tau})-\Upsilon W_{g\tau})d\tau \tag{7-8}$$

由于 $0<\varepsilon<b(\ell,\ w_f,\ K)$，环境质量提升了。因此，从长期看，生产技术创新补偿效应可以促进生产率一定程度的上升。

当环境规制水平进一步提高，超过了企业可以支付的环境成本上限时，或者通过企业生产技术创新所带来的收益也无法弥补时，则会降低企业全要素生产率。

本书在以上分析的基础上提出假设：环境规制与资源环境约束下的全要素生产率呈现倒“N”型关系。

7.3　变量及数据

7.3.1　变量选取

本部分主要考察的是环境规制对资源环境约束下钢铁企业整体全要素生产率的影响。根据全要素生产率的相关理论、国内外已有的研究以及自己的思考，并基于数据的可得性，引入企业规模、研发投资率、要素禀赋结构、教育培训投资率作为控制变量，下面对各个变量加以解释说明。

（1）被解释变量，资源环境约束下整体全要素生产率（TFP）。该指标反映了具有多阶段生产结构的企业剔除资本、劳动要素后的技术进步。由于全要素生产率属于动态分析指标，反映每年 TFP 变化的 MLPI 指数为环比变动指数，因此在进行计量分析时，将其转化为以 2009 年为基期的累积增长指数作为因变量。

（2）解释变量，环境规制（ENV）。由于难以获得衡量环境规制强度大小的相关数据，许多研究的开展受到了一定程度上的限制。目前，国内外的现有文献中关于环境规制强度的测量方法，存在很大差异，因此也造成了环境规制与生产率关系的结论不一致。归纳一下，主要的测量方法包括以下几种：地方政府颁布的有关环境规制法律政策的多少（Low and Yeats，1992）；排污费收入（Levinson，1996）；治污投资占企业总成本或产值的比重（Bermanand and Bui，2001）；人均 GDP（收入）水平（Mani and Wheeler，1998）；不同的污染物排放密度（Cole and Elliott，2003）；治理污染设施运行费用（张成，2010）；环境规制机构对企业排污的检查和监督次数（Brunnermeier and Cohen，2003）。每种测算方法都有自身的优缺点。例如，以属于命令控制型的环境规制法律政策的多少来衡量时，由于我国环保方面存在“有法不依”的实际问题（李钢等，2010），导致研究结果并不能准确反映现实的环境规制状况。

由于各钢铁企业的排污费支出、治理污染设施运行费用等数据较难获取，本书基于指标的相对完善性和数据的可得性，选取了第二种测量方法，采用各钢铁企业为执行或落实环境规制而实际发生的治污环保投资总额占工业增加值的比值作为度量环境规制强度的指标。该指标不仅体现了钢铁企业的治污决心和努力程度，也体现了企业的实际环境污染治理成本，代表了各钢铁企业的实际环境规制强度。需要指出的是企业在决策污染治理投资力度时会考虑其生产率高低和实际可接受的程度。我国现行的环境管理体制下，环境规制政策的执行存在较大的弹性，企业为了获得利润最大化，往往通过比较由排污力度增强所带来的成本与收益来确定最优排污水平（Lin，2013）。

（3）控制变量，本书主要选择企业规模，研发投资率，要素禀赋结构，教育培训投资率作为控制变量。

规模因素（Scale），用企业年末总资产的自然对数来衡量。企业规模是导致企业生产率异质性的主要来源之一，不同规模的企业优劣势不同。一般而言，大规模企业可以通过专业化分工协作、大规模采购和销售，使其在资金优化配置、人员综合素质等方面都具有相对优势。“熊彼特假说”认为规模小的企业创新动机不强，随着企业规模的扩大，其在生产技术创新、运营管理创新方面相对占有优势，生产率相对越高。但规模经济只能在一定限度内发挥作用，若超过了最佳规模则会因管理上的不经济导致成本增加。相比较而言，中小企业在反应速度、捕捉市场机会等方面比较灵活。钢铁企业要想提高运营绩效，生产出高质量、低成本的产品，要求其必须具备合理的规模。因此，钢铁企业规模大小对资源环境约束下生产率的影响需要进一步验证。

研发投资率（R&D），用钢铁企业研发支出占主营业务收入的比重表示。科学技术创新是企业保持可持续发展的不竭动力，研发活动是企业科技活动中最具有创新性的部分，R&D 投入大小在很大程度上决定了该企业的技术创新能力和技术水平。自主研发是实现绿色技术创新的核心源动力。通过高科技自主研发、国外技术引进和国内技术转移可以有效地降低企业产品的单位生产成本，提高企业技术效率和生产率。一些学者研究了研发投入可以显著促进全要素生产率的提高（李静、彭飞和毛德凤，2013；柳剑平和程时雄，2011）但研发活动具有高风险、高投入的特点，其收益具有滞后性和不确定性。张海洋（2005）在研究外资活动对内资工业部门生产率的影响时发现，内资部门较低的 R&D 吸收能力抑制了生产率的增长。因此，自主研发是否有助于提高钢铁企业全要素生产率，需要进一步验证。

要素禀赋结构（KLR），用企业固定资产净值与企业年平均从业人数比率表示。企业所拥有的资本、劳动等生产要素的增减与企业生产率的变动密切相关。在自然资源一定的前提下，不同的要素禀赋结构赋予企业在不同商品生产上具有相对比较优势。当企业的资本劳动比率比较高时，资本的相对丰裕推动企业提前完成由劳动密集向资本密集产业的转型升级。资本密集型产业一方面因其能耗和污染相对比较严重，在资源环境约束下不利于其全要素生产率的提高；另一方面，若进行资本深化，重视科技研发投入和设备更新，则在一定程度上将有助于取得技术进步，进而促进全要素生产率的提高。刘伟名和唐东波（2012）验证了资源禀赋对我国全要素生产率的增长起反向作用。王杰和刘斌（2014），王兵等（2010）研究先后验证了资本劳动比与我国工业环境全要素生产率有显著的正相关关系。但是，资本劳动比对资源环境约束下钢铁企业的全要素生产率是否有影响，目前尚未被证实，还需要进一步验证。

教育培训投资率（EDU），用企业教育培训投入占主营业务收入的比重来表示。企业现代生产活动中知识技术含量的日益增加，劳动工具的日益复杂，技术和产品的日益更新，使得教育培训成为劳动者获得劳动能力，提高劳动者知识和技能的主要途径。而劳动能力是形成生产率的重要决定因素，故在一定程度上教育培训有助于生产率的提高，如袁鹏和程施（2011）证实了教育投入对中国工业环境效率具有促进作用。但是它对生产率的影响还取决于劳动者的劳动能力在工作现场的运用和发挥，同时还受到资本、管理和技术因素的制约。因此，教育培训对生产率的影响还有待进一步的验证。

7.3.2　数据选取

本书收集并测算了 2009 ~ 2013 年样本企业解释变量和控制变量的数值，数据来源于《冶金大中型企业财务报表汇编（2009 ~ 2013）》《中国钢铁工业环境保护统计（2009 ~ 2013）》。样本变量的统计性描述如表 7 - 2 所示。

表 7 - 2　　2009 ~ 2013 年影响因素变量数据的描述性统计

变量		符号	均值	标准差	最小值	最大值
自变量	环境规制（%）	*Env*	6.726	14.304	0.009	106.48
控制变量	企业规模	*Scale*	15.248	0.862	13.457	17.765
	要素禀赋结构	*Klr*	6.064	2.941	0.823	14.675
	教育培训投资率（%）	*Edu*	0.042	0.036	0.001	0.196
	研发投资率（%）	*R&D*	1.222	1.273	0.002	4.869

资料来源：根据中国钢铁工业协会 2009 ~ 2013 年的相关统计年报整理。

本书采用固定效应回归模型表示如下，

$$TFP_{it} = \beta_0 + \beta_1 Env_{it} + \beta_2 Env_{it}^2 + \beta_3 Env_{it}^3 + \beta_4 Scale_{it} + \beta_5 R\&D_{it} + \beta_6 Klr_{it} + \beta_7 \ln Edu_{it} + \varepsilon_{it} \quad (7-9)$$

t 和 i 分别表示年度 t 及企业 i，TFP 为资源环境约束下企业整体全要素生产率，β 为待估计参数，ε 为估计误差。应用 Stata 软件，采用逐步引入变量，先后估计了 5 个方程，检验了各变量对钢铁企业整体全要素生产率之间的相关系数，结果如表 7 - 3 所示。

表7-3 整体全要素生产率影响变量估计结果

变量	(1)	(2)	(3)	(4)	(5)
常数	0.922*** (19.56)	8.437*** (4.29)	8.113*** (4.15)	7.699*** (3.37)	7.752*** (3.31)
Env	-2.943** (-2.36)	-2.746** (-2.32)	-2.853** (-2.43)	-2.855** (-2.42)	-2.872** (-2.41)
Env^2	8.328** (2.29)	7.417** (2.14)	7.481** (2.18)	7.404** (2.15)	7.438** (2.14)
Env^3	-5.464** (-2.18)	-4.746* (-1.98)	-4.678* (-1.97)	-4.606* (-1.93)	-4.624* (-1.92)
Scale		-0.493*** (-3.82)	-0.477*** (-3.73)	-0.447*** (-2.90)	-0.447*** (-2.89)
R&D			7.667* (1.87)	7.424* (1.78)	7.322* (1.71)
Klr				-0.007 (-0.35)	-0.007 (-0.33)
lnEdu					0.005 (0.11)
Prob > F	0.000	0.000	0.000	0.000	0.000
R^2	0.042	0.140	0.163	0.164	0.158

注：*、**、*** 分别表示在10%、5%、1%水平下显著；( ) 中表示 *t* 统计值。

7.4 结果分析

由表7-3中的第5列可知，环境规制与企业全要素生产率之间的关系可以具体表示为以下一元三次方程：

$$TFP = -2.872 \times Env + 7.438 \times Env^2 - 4.624 \times Env^3 + 7.752 \qquad (7-10)$$

估计结果显示环境规制的一次项和三次项估计系数符号都为负、二次项估计系数符号为正，且分别在5%、10%和5%水平上显著，这一回归结果说明环境规制和企业资源环境约束下的全要素生产率之间符合倒"N"型关系，两个拐点分别为0.252和0.819，即环境规制对全要素生产率的影响随着环境规制强度的变化而发生变化的。

为满足政府环境规制要求，企业往往会通过治污开支实现末端治理或通过生产技术创新，提高企业利润，最终用更多的治污支出治理污染。这两种方式都可以将污染排放水平控制在政府环境规制要求范围以内。当"三废"治理投资额与工业增加值的比例小于 0.252 时，即处于第一个拐点左边时，由于环境规制水平整体比较弱，企业为了获得较高的短期利润率，往往不会进行治污技术创新，而是选择从利润中抽取小部分资金用于末端污染治理，导致短期内生产技术研发投入水平的下降。长期视角看，当发现这种被动末端治污成本高且效果不明显时，则会增加治污技术创新投入，以突出单位治污支出的治理效果，从而一定程度上降低了企业的长期生产技术创新投入和研发力度。由于企业缺乏生产技术创新的积极性和动力，环境成本的增加会在一定程度上阻碍 TFP 提升，从而表现为环境规制与钢铁企业 TFP 是负相关关系。

随着环境规制强度提高至第一个拐点水平后，被规制行业相对提高的市场集中度迫使存留下来的优势企业更重视生产技术创新。治污技术创新的边际绩效递减，一方面会刺激企业寻找高效利用资源的新方法或者引导企业寻找废物利用的新途径提高销售收入，即实现"创新补偿效应"；另一方面，率先采用环境友好措施的企业将逐步加大生产技术研发投入，通过研发新技术和新产品，率先占领市场，获得"先动优势"效应。两种效应都有助于企业先提高利润，再拿出更多的资金用于污染治理，以此来满足政府较高的环境规制要求。因此，该阶段表现为环境规制与企业全要素生产率正相关关系，实现了环境保护与企业绩效提升的"双赢"。但是随着环境规制强度的进一步增加，当达到企业所能承担的环境成本上限或者通过生产技术创新所带来的效益也无法弥补时，则又会对全要素生产率产生负影响。因此，严格而合理的环境规制强度可以迫使企业加大对生产技术创新的投入，加快从末端治理模式向清洁生产模式转变。

如图 7-2 所示，样本钢铁企业 2009~2013 年"三废"治理投资额占工业增加值的比重在［0.009，0.904］区间内变动，均值为 0.067，尚未跨越第一个拐点。故总体而言，中国钢铁企业环境规制强度整体较低，对全要素生产率负影响。这与第 6 章得到的考虑环境约束后，钢铁企业年均全要素生产率下降的结论相吻合。具体到各微观企业，个别钢铁企业在个别年份的环境规制水平跨越了第一个拐点，处于第一个拐点和第二个拐点之间，可以促进整体全要素生产率的提升。如 2009 年钢铁企业 A31、A45 的环境规制强度分别为 0.405、0.662，2011 年钢铁企业 A02、A23 的环境规制强度分别为 0.638、0.342，2012 年钢铁企业 A24 和 A46 的环境规制强度分别为 0.493、0.344，2013 年钢铁企业 A02 为 0.390。钢铁企业 A45

2010 年的环境规制水平为 0.885 跨越了第二个拐点，阻碍了全要素生产率的提升。除此之外，其他钢铁企业样本期间的环境规制强度均未跨越第一个拐点，即其现有的环境规制水平尚不能促进全要素生产率的提高。

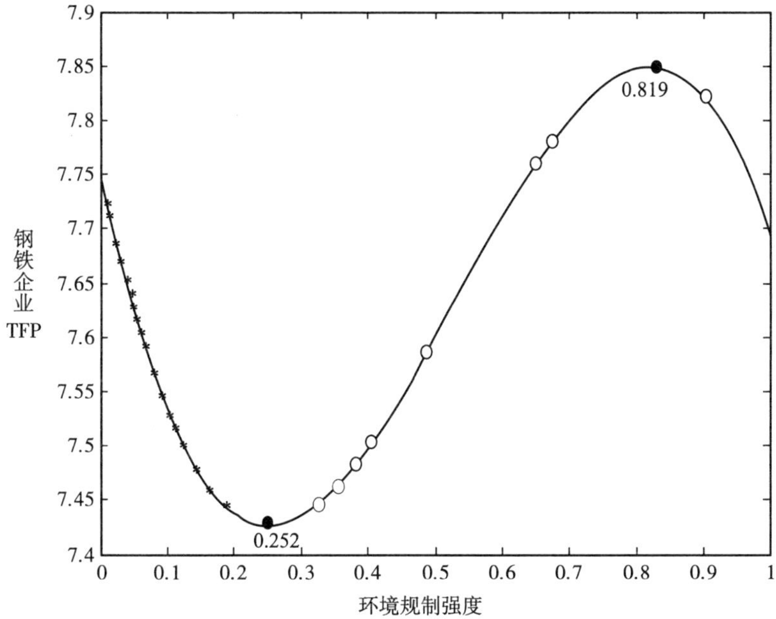

图 7－2　环境规制强度与钢铁企业 TFP 关系

企业规模变量与整体全要素生产率显著正相关，表明中国大型钢铁企业尚具有较为显著的规模经济效应。一般来说，大中型钢铁企业在节能减排设备购买、绿色工艺技术投资以及资源回收利用方面具有相对优势。

反映要素禀赋结构的资本劳动比与环境约束下的整体全要素生产率负相关，但不显著。这与王兵等（2010）所得出的结论是不一致的。该结论表明资本劳动比率较高的钢铁企业，其资本密集性更强，在科技研发投入并没有很大程度的提高，污染治理技术及生产技术创新仍然比较薄弱的情况下，相比较而言能源消耗和污染程度则会更加严重。因此，若考虑环境约束条件，则一定程度上会降低企业的全要素生产率。

研发投资率与企业整体全要素生产率显著正相关，这与吴延兵（2008）的研究结果一致。说明在资源环境约束下，通过改善科技活动机制，加大研发资助力度、优化研发投入结构，可以增强钢铁企业自主创新能力，促进其绿色环保技术进步。原始创新能力、关键技术创新能力的提高，大批高新技术、核心技术及自主知识产权的产生将有助于直接提高全要素生产率。

教育培训投资率与整体全要素生产率正相关，但不显著。2009 年为应对金融危机，各钢铁企业通过减少职工培训投入降低人工成本，2010 年、2011 年企业形势虽有所好转，培训投入有了较为明显的提高，但是相比较国外钢铁企业而言，教育培训投入仍处于低位。目前，我国钢铁产业在人力资源结构及管理上仍然存在一些问题。如低学历的偏多，高学历的偏少；硬件操作人员偏多，自主创新型研发人才、高级技能人才数量相对缺乏。同时，在人才选拔培养、开发激励等方面也需要进一步完善。以上原因导致了目前的教育培训投资还没能起到显著促进钢铁企业整体全要素生产率提升的作用。

7.5 本章小结

环境规制能否促进钢铁产业全要素生产率的提高，关键在于是否选择了与该产业节能减排相适应的环境规制强度。本书利用环境规制强度的一次项、两次项和三次项对钢铁行业全要素生产率进行回归，力图能找到促进资源环境约束下钢铁产业生产率提高的环境规制强度拐点，从而确定该产业最佳的环境规制强度。研究结果表明：

（1）环境规制与企业在资源和环境约束下的全要素生产率之间符合倒“N”型关系，两个拐点分别为 0.252 和 0.819。当“三废”治理投资额与工业增加值的比例小于 0.252 时，即处于第一个拐点左边时，由于环境规制水平整体比较弱，企业往往会选择从利润或生产技术创新投入中抽取部分资金用于污染治理或加大治污技术创新投入，从而降低了企业短期和长期的生产技术创新投入和研发力度。由于企业缺乏生产技术创新的积极性和动力，环境成本的增加会在一定程度上阻碍 TFP 提升，从而表现为环境规制与钢铁企业 TFP 是负相关关系。随着环境规制强度提高至第一个拐点水平后，治污技术创新边际绩效递减会刺激存留下来的富有市场竞争力的优势企业更重视生产技术创新。通过“创新补偿效应”和“先动优势效应”，先提高利润，再从增加的利润中拿出更多的资金用于污染治理，以此来满足政府较高的环境规制要求。因此，该阶段表现为环境规制与企业

TFP 正相关关系。但是随着环境规制强度的进一步增加至 0.819 后，当达到企业所能承担的环境成本上限或者通过进行技术创新所带来的效益也无法弥补时，则又会对 TFP 产生负影响。

（2）钢铁企业规模变量与企业整体全要素生产率显著负相关，研发投资率则与企业整体全要素生产率显著正相关。反映要素禀赋结构的资本劳动比、教育培训投资率分别与整体全要素生产率负相关和正相关，但不显著。

第 8 章

案例分析——河北省钢铁企业生产率及产能过剩治理分析

8.1 河北省钢铁企业技术效率及生产率现状

8.1.1 技术效率评价结果

第4章的研究结果表明，在资源约束下河北省的8家钢铁企业中A11整体效率0.930，排第2，其中铁前工序阶段效率为0.860，排第2，铁后工序阶段效率为1.00，排第1。A14集团整体效率为0.744，排第6，铁前工序和铁后工序阶段效率分别为0.581和0.906，分别排第5和第4。A07、A08和A12效率居中，如A07（0.469、0.259、0.678），排位为（18、36、12）；A08（0.491、0.299、0.683），排位为（17、31、11）；A12（0.410、0.259、0.561），排位为（24、35、18）；剩下的3家钢铁企业整体、铁前和铁后工序阶段技术效率均较低，排位也较靠后。如A13（0.389、0.263、0.526），排位为（28、33、20）；A09（0.270、0.209、0.332），排位为（45、44、39）；A10（0.336、0.241、0.430），排位为（34、38、32）。为使各钢铁企业达到整体有效，可得出铁前工序和铁后工序各投入产出变量的调整量。测算结果表明，A07、A08以及A10铁前和铁后工序阶段的资产投入量需要缩减的量比较大，如A07（－262.82，－78.57），A08

(－161.03，－79.48)，A10(－60.38，－42.46)。A07 铁前和铁后两阶段的职工人数需要分别缩减 39.64 千人和 15.69 千人，A08 则分别需要缩减 16.25 千人和 6.61 千人。本书第 5 章，在资源和环境双重约束下测算我国钢铁企业的技术效率。研究结果表明钢铁企业 A11、A07 的整体及两阶段技术效率排名均居前列，且考虑环境约束后的技术效率值高于忽略环境影响的传统技术效率值，反映了环境绩效评价具有突出和强化高效率水平的能力。A11 的整体效率值为 1，处于资源、环境和经济完全协调状态。A07 (0.888)、A14 (0.778) 处于中度协调状态，分别排第 2 位和第 6 位。剩下的 A08 (0.484)、A13 (0.292)、A10 (0.234) 和 A09 (0.203) 均处于不协调或严重不协调状态，分别排到第 14 位、27 位、34 位和 41 位。且在综合考虑环境影响因素后的效率水平反而更低，说明环境绩效评价有突出和强化低效率水平的能力。除了 A07、A08、A11 和 A14 外，其他 4 家钢企的整体效率值均小于行业平均水平。从两阶段视角看，8 家钢铁企业的铁前工序阶段效率都小于铁后工序阶段效率值。8 家企业铁前工序阶段在资产、职工人数和能源消耗量方面的缩减量均大于铁后工序阶段，其中 A08 和 A10 在废气排放方面的应缩减量较大，如 A08 铁前和铁后工序需分别缩减 923.30 亿和 169.33 亿立方米，A10 则分别需要缩减 963.79 亿和 232.02 亿立方米。

8.1.2　绿色全要素生产率测算结果

本书第 5 章分别测算了 2009～2013 年期间资源约束、资源和环境约束下样本钢铁企业生产率的动态变化情况，测算其整体及两阶段全要素生产率指数。结果表明，钢铁企业 A12、A11、A08 和 A07 在考虑废气、废渣排放后，其整体全要素生产率年均增长幅度高于不考虑环境因素时估计得到的生产率增长幅度。而 A10、A14、A13 和 A09 的生产率增长幅度则有一定程度的下降。资源和环境约束下，除了 A11 的整体全要素生产率大于 1 外，其他 7 家钢铁企业的整体全要素生产率指数均值都小于 1，如 A07 (0.774)、A09 (0.878)、A14 (0.858)、A10 (0.853)、A08 (0.960)、A13 (0.791)、A12 (0.982)，即样本期间内在能源和环境约束下河北省钢铁企业年均全要素生产率呈现不同程度的下降趋势。通过生产率指数分解，发现除了 A11 和 A12 的整体技术效率变化指数大于 1 外，其他 6 家企业的整体技术效率变化指数和技术进步变化指数均小于 1，进一步说明了技术进步及技术效率负增长的综合作用导致了河北省钢铁企业整体全要素生产率的下降。从两阶段视角看，铁前和铁后工序阶段生产率基本都处于下降状态，如 A10（0.921，0.800）、A08（1.002，0.921）、A14（0.812，0.903）、A07（0.768，0.776）、A12（0.970，0.990）和 A13（0.726，0.848）。该测算结果进一步验证了河北省钢铁企业在能源和环境约束下的两阶段全要素生产率都处于下降状态，其共同作用成为阻碍钢铁企业系统整体生产率增长的主要原因。

8.2 河北省钢铁产业经济发展及产能过剩现状

8.2.1 河北省钢铁产业的市场供给需求现状

河北省钢铁企业拥有国内领先的工业技术水平，如钢铁企业 A10 的钒钛、衡钢的精密薄板在全球具有很大的国际市场。拥有完备的炼铁和炼钢系统，如共有高炉 289 座，能力约 6600 万吨；转炉 174 座，能力约 5240 万吨。具有行业规模优势，如图 8－1 所示，2004～2013 年，河北省粗钢

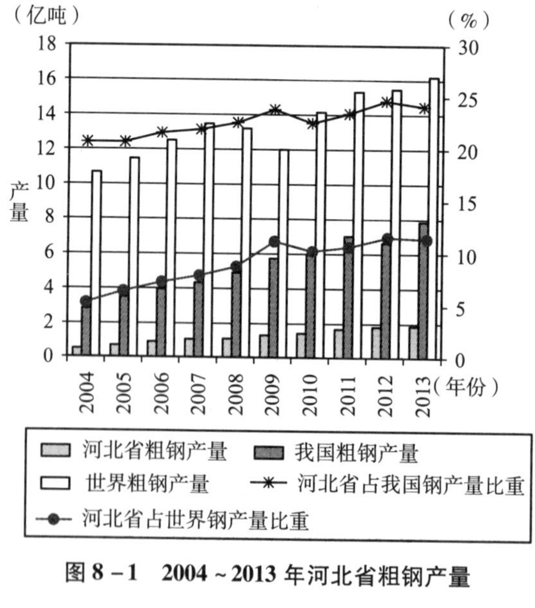

图 8－1　2004～2013 年河北省粗钢产量

产量占全国粗钢产量的比重从 20.67% 提高至 24.19%，且连续几年位居全国第一。其占世界钢产量的比重自 2004 年的 5.27% 提高至 2013 年的 11.61%。2014 年粗钢产量达 1.85 亿吨，占全国钢铁总产量的 22.4%，但同比下降了 0.60%。完成了生铁 1.69 亿吨，同比下降 0.99 个百分点；完成钢材 2.39 亿吨，同比增长 5.14 个百分点。粗钢和生铁产量 14 年来出现了首次负增长。2015 年，钢铁产量依然位居全国首位，其中钢材、粗钢和生铁的产量分别占据全国总量的 22.5%、23.4% 和 25.1%。

随着我国经济发展速度放缓，河北省钢铁内需的主导行业制造业、建筑业等对钢铁产品的需求量逐渐减少。再加上国外市场采取贸易保护主义，加大了河北省钢铁产品的出口难度。内外部市场需求下降，增加了钢铁产品的销售难度，导致河北省近几年的产品销售率低于全国平均值，钢铁产量远大于市场需求量，虽是钢铁大省，但不是钢铁强省。随着供需矛盾失衡，加剧了产能过剩现象。

8.2.2　河北省钢铁产业经济效益现状

随着全球经济不确定因素增加，经济低迷下行压力较大，国内和国际市场需求减少，严重的供需矛盾导致行业内低价恶性竞争，钢铁价格持续下跌。河北省 GDP 增速持续放缓，位居全国倒数位次。河北省钢铁企业也普遍受到了钢铁价格下跌的影响，利润大幅度下降。由于产业布局不合理，大多数钢铁企业位于内陆地区，严重匮乏水资源，钢铁生产成本逐渐上升，导致利润率大幅度下滑。产业集中度低，以小高炉为主的规模相对较小的企业占据半数以上，加大了资源配置难度。再加上国内外经济长期低迷，钢铁企业亏损情况不容乐观。2015 年重点钢铁企业经济效益继续大幅度下降。根据河北省冶金行业协会对 81 家河北省重点钢铁企业亏损情况的调查显示，2015 年 9 月超过一半的钢铁企业都处于亏损状态，绝大部分铸造企业已经处于停产或半停产状态。如表 8 - 1 所示，除了工业增加值同比有所增长外，主营业务收入、利税总额、利润总额和税金都同比减少了，其中利润总额同比减少了近 50%。而钢铁产业作为河北省支柱产业，其工业增加值、利润总额、主营业务收入、税金等占全省工业的比重很大，作为河北省的支柱产业，去产能、促转型的任务仍然十分艰巨。

表 8-1 2015 年河北省钢铁产业主要经济指标

经济指标	钢铁产业（亿元）	全省工业（亿元）	钢铁产业占全省比重（%）
主营业务收入	11506.64	44843.90	25.66
工业增加值	2924.73	11244.66	26.01
利税总额	554.71	3667.94	15.12
利润总额	299.70	2181.39	13.74
税金	255.01	1486.55	17.15

资料来源：河北省冶金行业协会。

8.2.3 河北省钢铁产业产能过剩现状

产能过剩将会引发经济效益下降、市场恶性竞争、企业倒闭、下岗失业人员增多等一系列问题。河北省钢铁行业产能过剩呈现出结构性和阶段性两种特征。结构性特征主要表现在房地产、汽车等下游行业所用的诸如线材、焊接钢管等低端低附加值的用钢品种产能明显过剩，而一些高端高附加值的钢铁产品诸如轴承钢、四级以上螺纹钢等供给相对不足。因此，出口到国外的钢材附加值低、经济含量低、产品低端，而从国外进口的钢材相对技术水平高经济含量高，产品比较高端，造成该结构性产能过剩的主要原因是河北省钢铁企业缺乏自主创新能力，尚且没有形成自身核心竞争力。阶段性产能过剩是由当前世界经济持续低迷的外部环境造成的。目前，我国处于工业化中期阶段，经济由高速发展转入中高速发展的“新常态”，下行压力较大。在国际和国内钢铁市场受金融危机而大幅收窄后，钢铁销售大幅下滑，产能过剩现象越发明显，主要表现为：首先，产能利用率较低。2014 年的钢铁产能利用率仅为 64.7%，2015 年产能利用率提高至 65%，均低于全国平均水平 67%，属于严重的产能过剩。其次，行业利润率低，企业负债率较高。由于大量钢材的总供给远远大于总需求，库存量日益增加，板材价格、钢材综合价格和长材价格均环比下降，持续走低跌至 20 余年来最低点。同时，钢材出口均价环比下降。虽然 2015 年河北省钢材出口量同比增长了 36.12%，进口量同比下降了 41.22%，但出口的钢材越来越便宜，而进口的钢材价格大幅度上涨，近半数企业出现低效益甚至亏损现象。大批中小钢企为维持生存只能向银行贷款，导致负债率越来越高。2015 年河北省钢铁行业盈利同比下降 56.5%，实现利润同比下降 63.83%，负债率高达 65.63%。最后，在粗钢产量居高不下的情况下，2014 ~ 2015 年河北省的粗钢表观消费量呈同比下降趋势。同时，由于存在信息不对称，企业在难以掌握钢铁市场的情况下盲目扩大产能，更加加剧了产能过剩现象。综上所述，河北省化解过剩产能的任务较重。“十三五”期间河北省将承担全国1/3的减压任务，其中需化解4989万吨炼铁产能、4913万吨炼钢产能，水泥和平板玻璃产能分别需控制在2亿吨和2亿重量箱左右。

8.3　河北省钢铁企业供给侧结构性改革效应分析

国家“十三五”规划中强调供给侧改革要从供给侧和生产端入手，通过实施科技创新和制度创新驱动发展战略，提升资源配置效率，有针对性地提高供给体系质量，实现结构优化，全面提升全要素生产率和经济增长动力等。在该背景下，供给侧改革视角下钢铁企业化解过剩产能需要注重两个方面。一方面，从数量维度切入，通过市场化手段去产能；另一方面，从质量维度上注重科技创新驱动生产要素的合理配置，优化产品结构和产业结构，解决关键供给要素的供给约束瓶颈问题，增加有效供给，以更好地实现供给端对需求变化的适应性、灵活性和匹配度，达到提高生产质量和全要素生产率的目的。

自2013年起，京津冀地区持续出现的雾霾天气，使得大气污染防治成为河北省面临的首要艰巨任务之一。环保部与河北省签署责任书，开始实施化解过剩产能“6643”工程。2016年4月，颁布的《河北省环境保护督察实施方案》对在大气污染防治中履行职责不力的各级政府追究责任。从中央到地方，环保政策的严格程度以及对污染企业的惩治力度前所未有。2014年，《河北省钢铁产业结构调整方案》的批复，将钢铁产业结构调整上升为国家战略。2015年出台的《河北省钢铁产业结构调整和化解过剩产能攻坚行动计划（2015～2017）》明确了河北省钢铁产业过剩产能化解的具体步骤。河北省把化解产能作为大气污染治理的根本。按照“6643”工程的推进要求，河北省需要在2017年底实现减压6000万吨的钢铁。鉴于河北省钢铁产能过剩更多的表现为中低端产品过剩、高端产品供给不足的结构性过剩，导致了河北去产能不能简单的做减法，更需要坚持调整产业结构。近年来河北省钢铁产业在去产能方面采取的供给侧改革措施是抓好“五个一批”，运用市场机制和经济法律手段淘汰一批；通过兼并重组和布局优化整合一批；处置僵尸企业淘汰一批；推进产需结合，进一步开拓市场需求消化一批；加强国际产能合作转移一批。主要包括以下几个方面：

（1）市场化手段控制钢铁产能规模。2015 年出台环保政策、采用环保标准如用有偿使用钢铁业排污权、对淘汰类设备用电加价等方式迫使过剩产能退出；对不符合能耗、质量、技术和安全等方面法律法规要求的钢铁企业或设备依法关闭或停产，并鼓励钢铁企业通过转移搬迁、兼并重组等方式减少过剩产能。如表 8－2 所示，河北省 2011 年、2014 年和 2015 年化解钢铁过剩产能的力度比较大，“十二五”期间累计化解钢铁过剩产能 7479 万吨，其中分别压缩炼铁产能 3391 万吨，炼钢产能 4106 万吨。在逼退过剩产能的同时，钢铁企业对固体废弃物以及可燃气体的回收利用率不断提高，如 2015 年钢渣、高炉渣以及含铁尘泥的利用率分别为 8.93%、99.7%和 99.87%。对高炉煤气、转炉煤气以及焦炉煤气的利用率分别高达 97.98%、95.76%和 99.30%。

表 8－2　“十二五”期间河北省钢铁去产能情况　单位：万吨

年份	炼铁产能	炼钢产能	总计
2011	1608	936	2544
2012	0	115	115
2013	108	130	238
2014	1077	1378.5	2455.5
2015	1313	831.5	2144.5
总计	4106	3391	7497

资料来源：河北省工业和信息化厅。

（2）调整钢铁产业结构并初步取得了成效。河北钢铁工业前后经历了几个阶段的整合历程。2007～2008 年，发布了《河北省 2007 年加快推进钢铁工业整合基本思路》，提出唐钢整合邯钢，完成河北钢铁集团的构想。随着河北钢铁集团有限公司的挂牌上市，联合重组实现了历史性突破。2009 年确定了“联合入股，减量置换，搬迁改造，淘汰落后，优化结构”的发展模式，唐山国丰与当地的 12 家钢铁企业联合组建唐山渤海钢铁集团，河北津西集团正式挂牌成立。2010 年确定了“渐进式股权融合”发展模式，河北钢铁集团相继对河北敬业、邢台龙海等 12 家民营企业完成联合重组。2011 年，峰峰矿区钢铁行业 7 家民营企业联合组建河北宝信钢铁集团。2014 年确立了“多企业合作投资式”的重组发展模式，河北永洋钢铁公司联合县内其他钢铁企业组建河北永洋特钢集团有限公司。2015年，依《河北省钢铁产业结构调整方案》为指导，推进钢铁企业从城市向沿海地区搬迁，通过兼并重组等方式整合小、多、散的民营企业，提高集中度；加大科技创新、推动生产技术进步，减少低端产品的比重，提高产品的市场竞争力。唐钢、承德钒钛和邯钢三家公司重组为河北钢铁股份有限公司，唐山数家民营钢铁企业重组为冀南钢铁集团都有助于高端、特色化产品的研发和综合实力的提升。同时，河北太行钢铁集团、唐山渤海钢铁集团以及石钢都在实施退城进园和搬迁改造的过程中有效化解落后产能，实现产业结构调整。通过淘汰不满足环保标准的落后工艺技术设备，加大科技创新力度，使产品结构调整取得了很大的进步。

（3）提高钢铁供给效率，创造新需求。随着经济步入“新常态”发展时期，传统的通过消费、投资、净出口等方式刺激钢铁产业经济的发展已经非常困难。随着钢铁各下游产业消费结构的不断升级，河北省钢铁产业通过扩大研发力度，推动技术创新，提高了全要素生产率，增加了有效供给效率，在满足现有需求的同时还创造了新的需求，反逼供给端结构的升级，推动河北省钢铁产业向精、深、细方向发展。如邢钢研发了 80 个新品种满足高端客户的需求，德龙钢铁研发了石油管线钢，唐钢研制了高强汽车钢、邯钢开发了汽车板、优特钢、家电板等产品，带动并满足了新的消费需求。

（4）走出去战略。河北省出台了《钢铁水泥玻璃等优势产业过剩产能境外转移工作推进方案》中明确指出，在 2017 年和 2023 年分别实现全省转移境外钢铁产能 500 万吨和 2000 万吨。同时还出台了《关于主动融入国家“一带一路”战略促进河北省开放发展的意见》鼓励钢铁企业到境外建设生产基地，带动劳务、设备和技术等输出。近年来，河北省一批钢铁企业开展国外项目合作，如霸州新亚金属制品有限公司并购了印度尼西亚钢铁项目、邢台德龙钢铁投资泰国带钢生产线项目等，提高了我国钢材的出口量。

（5）僵尸企业合理退出。政府出台了清理僵尸企业的相关优惠政策，在化解破产企业与银行债务纠纷中，斩断钢企联保关系。同时出台了“三补一降”政策和《关于做好失业保险支持企业稳定岗位工作的通知》，将所有符合条件的企业纳入失业保险援助范围内，给予一定的转岗培训补助、岗位补助和社会保险补助。合理妥善的安置职工，为过剩产能的平稳退出起到了很大的作用。

河北省供给侧改革存在不足之处，主要表现在：

（1）产业结构调整力度不够。虽然部分民营企业已经实施了兼并重组、退城进园，但是由于基数大，以及各个方面的利益问题，民营钢铁企业小、散、多的局面没有彻底改观，民营钢铁企业产品产量在全省钢铁产量中所占比重仍旧很大。产业结构需进一步调整，才能提高过剩产能治理效果。

（2）有效供给创造力度远远不够。河北省钢铁产业虽然加大了科技创新力度，但与宝钢、首钢相比科技投入仍旧较低，创新力度仍旧较小。当前钢铁产业中存着的严重的过剩产能和僵尸企业，政府和市场功能不清晰，致使政府对钢铁企业市场化活动的过度干预和不合理管制，阻碍了市场竞争机制作用的发挥，钢铁产业的供需均衡关系出现了扭曲，市场的资源配置效率损失严重，无法实现要素资源从低效率僵尸企业转向高效率优质企业，对钢铁企业生产率的提升造成了突出的阻碍和抑制作用。行业中微观企业长期处于微利或亏损状态，抑制了企业转型升级和自主创新能力提升。目前，钢铁产业在产品质量、自主创新能力、产品个性化以及精益制造等方面，严重滞后于国内消费者需求从低端向中高端的变化态势，导致国内高端需求转移至发达国家，同时也切断了消费者需求结构与供给侧结构转型升级的内在传导机制。

8.4 供给侧改革视角下生产率提升是过剩产能治理的有效路径

国务院于 2016 年 2 月 4 日颁布的《关于钢铁行业化解过剩产能实现脱困发展的意见》中明确指出，钢铁行业要化解过剩产能，建立依靠市场调节产能的长效机制，实现钢铁产业结构优化和脱困发展，必须贯彻创新、绿色、协调、共享和开放的发展理念，着眼于推动钢铁行业供给侧结构性改革。并确定了自 2016 年起 5 年内压减粗钢产能 1 亿 ~ 1.5 亿吨，实现兼并重组取得实质性进展、产能利用率合理化、高端产品供给显著提升，钢铁企业经济效益好转的目标。在明确严禁新增产能的基础上，为化解现有过剩产能，从环保、能耗、安全、能耗和技术等方面制定了依法依规退出标准，通过兼并重组、企业主动压减产能、国际产能合作转移以及转产搬迁压减等方式引导钢铁企业主动退出过剩产能，并对拆除相应冶炼设备等方面制定了具体的措施。

钢铁产业经济要健康可持续发展，必须伴随着资源与环境约束下全要素生产率增长。依据经济增长理论，全要素生产率是不能被资本和劳动增加所揭示的那部分经济增长，综合反映了企业技术进步、技术效率和配置效率等。只有当全要素生产率增长超过投入要素增长时，才能在一定程度上提升全要素生产率的贡献率，才能衡量经济的内生增长比重，才意味着产业经济增长可以逐步摆脱、克服要素投入带来的增长以及资本深化造成的资本报酬递减问题。技术效率衡量当前已有技术的产业化程度。钢铁产业专利数量虽逐年上升，但有外观专利多而发明专利少等结构性问题以及专利供给和需求不匹配等问题的存在，导致其整体产业化水平比较低。技术进步反映了技术水平逼近最前沿技术的程度。现阶段技术购买或者模仿创新所能创造的效益空间收窄，应培育技术自主创新模型。配置效率反映了要素达到有效配置或最优组合的程度。由于体制制约，钢铁产业存在劳动、土地、资本等要素的误配或者低配现象。生产率的可持续性提升是决定一国 GDP 是否能够可持续性增长的基础因素。同理，钢铁产业全要素生产率的可持续性增长也是决定钢铁产业经济能否可持续性提升的根本。我们认为，去除阻碍钢铁产业部门生产率提升的各种体制性因素，重塑钢铁产业经济结构，塑造刺激钢铁产业的全要素生产率提升的微观基础是钢铁产业供给侧改革。

从供给侧出发，在资源要素的有效配置环节以及创新成果产业化等方面进行改革，才能提升全要素生产率，重构经济增长的新动力。因此，形成新的经济增长机制是供给侧结构性改革的根本目的。随着生产要素成本的增加，经济增长的重心从依靠追加土地、劳动力和资本等生产要素投入转变到依靠制度创新和科技创新来提升要素生产率。供给侧结构性改革不仅要直接释放钢铁企业的生产效率，同时通过影响需求侧来间接促进生产率提升。即通过供给侧结构性改革，提高生产部门生产率，可提供更多高技能岗位，增大了员工收入的提升空间，刺激了需求结构的进一步升级和高端需求量的增加，引致创新机制及内需驱动发展模式的形成，从而促进了供给端生产率的新一轮提高。

8.5　本章小结

河北省是我国钢铁大省，其钢铁产业发展以及过剩产能治理情况直接影响我国钢铁产业经济是否能健康发展，也影响着我国钢铁产业化解过剩产能工作是否能顺利地完成任务。本章以河北省钢铁产业为例，具体阐述了资源与环境约束下钢铁企业的技术效率及生产率现状，河北省钢铁产业的发展现状、产能过剩现状以及供给侧改革的效果。

（1）资源与环境双重约束下，除新兴铸管外，其他 7 家钢铁企业的整体技术效率、整体全要素生产率均小于 1。说明河北省大部分钢铁企业处于资源、环境和经济不协调或者严重不协调状态，年均全要素生产率也呈现不同程度的下降趋势，且该下降趋势是由技术进步及技术效率负增长的综合作用导致的。从铁前工序和铁后工序两阶段视角看，8 家钢铁企业的铁前工序阶段效率都小于铁后工序阶段效率值。两阶段的全要素生产率都处于下降趋势。

（2）河北省粗钢产量连续几年位居全国第一，钢材和生铁产量也在全国总产量中占据很大的比例。但随着我国步入“新常态”经济发展阶段以及国外贸易保护主义，国内及国外市场需求量不断萎缩。故导致近几年河北省钢铁产业经济效益连续大幅度下降，产能过剩现象较为严重，表现为产能利用率低，行业利润率低，企业负债率高、粗钢的表观消费量同比下降等现象。

（3）为化解河北省钢铁过剩产能，近几年采取了一系列的供给侧改革措施。如通过市场化手段控制钢铁产能规模，调整钢铁产业结构，提高钢铁供给效率，创造新需求等，虽然取得了一些成效，但是仍存在产业结构调整力度不够、有效供给创造力度远远不够等问题。从供给侧结构性改革视角出发，提高资源与环境约束下钢铁企业的全要素生产率是有效化解过剩产能，推动钢铁企业绿色转型的根本途径。

第 9 章

研究结论与研究展望

9.1 研究结论

钢铁工业作为国民经济的重要支柱产业之一，是三高产业的重要代表之一。在大力发展绿色经济，实现资源节约型、环境友好型、社会进步型的绿色可持续发展的背景下，钢铁产业的发展面临着能源、资源匮乏和环境污染的多重制约。因此，要实现钢铁产业的绿色转型，必须提高钢铁企业技术效率、全要素生产率和其对经济增长的贡献。本书运用更科学合理的方法评价能源环境约束下钢铁企业的技术效率及生产率以期探求其提升的途径。通过实证研究，得出以下主要结论：

（1）技术非效率广泛存在于我国钢铁企业中。在资源约束下，我国钢铁企业 2009～2013 年整体、铁前和铁后工序阶段的技术效率年均值分别为 0.477、0.391 和 0.573。相对来说，铁前工序阶段的效率更低，是影响钢铁企业整体技术效率提升的短板，应作为未来钢铁企业整体技术效率改进的出发点。增加环境约束后，我国钢铁企业 2009～2013 年整体、铁前和铁后工序阶段的年均技术效率值变为 0.440、0.369 和 0.538，即废气、废渣污染物的排放造成了技术效率的损失，效率提升空间更大了。铁前工序阶段仍是影响整体技术效率提升的关键环节。

（2）根据资源环境约束下的技术效率得分可以对钢铁企业资源、环境和经济产出的协调状态类型进行划分。研究结果发现，2009～2013 年除了少部分企业处于完全协调状态外，绝大多数企业均处于不协调或严重不协调状态。意味着我国钢铁企业在资源、环境和经济产出协调性方面具有明显的两极分化特征。增加环境约束对钢铁企业进行绩效评价，不但能更好地鉴别出非效率企业，还具有进一步突出和强化高效率与低效率水平的能力。

（3）在现有技术条件下，我国钢铁企业仍有较大的节能减排空间。2009～2013 年，铁前和铁后工序阶段的年均能耗可降程度分别为 59.51% 和 37.34%。考虑非期望产出后，铁前工序阶段废气、废渣年均减排潜力分别为 54.02% 和 57.91%；铁后工序阶段废气、废渣年均减排潜力分别为 36.98% 和 40.14%。相比较而言，说明铁前工序阶段不仅是节能降耗工作关注的重点，还更具减排潜力，应作为钢铁企业减排工作的重点。

（4）我国钢铁企业技术效率和全要素生产率存在地区差异。就技术效率而言，资源约束下，东、中、西部钢铁企业整体技术效率均值依次减小，考虑污染排放变量后，东部和中部地区钢铁企业整体及两阶段技术效率平均值都有不同程度的下降，而西部地区钢铁企业技术效率则有不同程度的提高。就全要素生产率而言，2009～2013 年无论是否考虑环境因素的影响，都有东部地区钢铁企业整体、铁前和铁后工序阶段的平均全要素生产率及其分解大于中、西部地区钢铁企业的相应值，且西部与东部的差距在不断增大。

（5）增加环境约束后，钢铁企业整体及铁后工序阶段的全要素生产率变动指数显著低于不考虑环境因素时的指数值，而铁前工序阶段的全要素生产率变动指数则表现出显著高于不考虑环境因素时的指数值。并且，相比较而言铁前工序阶段的全要素生产率年均增长率大于铁后工序阶段的相应值。无论是否考虑环境因素，样本期间内钢铁企业整体、铁前和铁后工序阶段全要素生产率的增长主要源于企业技术效率的提高，技术进步对全要素生产率的贡献为负值。

（6）环境规制和企业资源环境约束下的全要素生产率之间符合倒“N”型关系，两个拐点分别为 0.252 和 0.819。中国钢铁企业 2009～2013 年环保投资额占工业增加值的比重在［0.009，0.904］区间内变动，均值为 0.067，尚未跨越第一个拐点，故总体而言，中国钢铁企业环境规制强度整体较低，对全要素生产率负影响。钢铁企业规模变量与企业整体全要素生产率显著负相关，而研发投资率则与企业整体全要素生产率显著正相关。

9.2 对策建议

根据上述研究结论，本书给出如下相关政策建议。

（1）相对来说，铁前工序阶段是资源环境约束下中国钢铁产业节能减排，提高整体技术效率和全要素生产率的重点。首先，通过效率测算，可以得出各投入产出变量的改进空间。铁前工序阶段的平均固定资产、职工人数、能耗投入、焦炭和铁矿石的缩减量分别为 60.83 亿元、8.83 千人、1.77 百万吨、2.49 百万吨和 7.38 百万吨。同时，废渣需减排 2.47 百万吨，废气需减排 557.21 亿立方米，均大于铁后工序阶段的各投入变量及非期望产出变量的缩减量。因此，中国钢铁企业除了应进一步加强对烧结、炼铁工序流程的投入管理，合理配置人员、固定资产比例，减少焦炭、铁矿石浪费，实现既定投入下铁水产出的最大化。

其次，高度重视铁前工序阶段的结构节能、技术节能和管理节能。在结构节能方面，各大中型钢铁企业应该降低铁钢比，在条件许可时，尽可能的充分利用废钢，减少铁前的物料和能源消耗。提高高炉炼铁喷煤比，优化企业用煤结构。优化高炉炼铁炉料结构，多使用球团矿。在技术节能方面，对于烧结工序，要提高烧结矿品位技术、烧结球团低温废气余热利用技术、低温烧结技术等。对于焦化工序，需要普及和推广干法熄焦技术、焦炉利用废弃塑料、上升管余热回收利用等技术；对于炼铁工序，需要进一步完善和加快干式 TRT 发电技术、高炉高效喷煤综合技术、高炉复合喷吹技术、高炉冲渣水余热利用等技术的产业化。在管理节能方面，建立铁前工序阶段的能源管理中心，实行各个工序节能目标责任和考评评价制度，加强各工序能源审计等工作。

最后，对于该阶段的“三废”污染防治方面，主要是加大对烧结烟气脱硫技术的研发投入、加强高炉煤气干法净化技术、尘泥处理和综合利用技术、高炉渣处理和综合利用技术在钢铁企业中的普遍推广应用。对照污染物排放标准，加快先进环保设备的优化研究，通过推进气、渣、尘泥的循环利用与污染物治理工作，减少二氧化碳、粉尘、固体废物对环境的污染。

（2）中国钢铁产业应继续提高环境规制强度，以激励钢铁企业进行绿色技术创新。2012 年，环保部发布了 7 项钢铁工业污染物排放系列标准，覆盖了采选铁矿、烧结、焦化、炼铁、铁合金、炼钢和轧钢等工序的环境控制。新标准增加了氮氧化物等5项大气污染物，也大幅收紧了烟尘颗粒物、二氧化硫及化学需氧量的排放限值。2013年发布的执行大气污染物特别排放限值的公告，要求处于重点控制区内的新建和现有钢铁企业开始执行大气污染物特别排放限值。目前，只有少数钢铁企业采用了先进的环保技术，可以满足新标准的要求。大多数钢铁企业仍采用较落后的生产工艺、环保设施及污染物防治措施，无法满足新标准及大气污染物特别排放限值的要求。为了满足新的排放标准，钢铁企业需要通过借鉴国外先进技术经验，从污染物治理技术的协同效应出发，深入研发多污染物协同治理的技术体系，这将需要大量的环保资金投入。虽然近几年内在资源环境约束下，中国钢铁企业不得不采取一定措施满足能源消耗及污染物排放的要求，钢铁产业的环保绩效指标已得到了很大改善，但与国外先进水平相比，差距仍然明显。其根本原因是环保投入不足，环境规制强度较弱。通过实证研究发现，2009~2013年中国大中型冶金企业环保及生态修复支出占主营业务收入的年均比例仅为0.29%，“三废”治理投资额占工业增加值的比重年均值为3.2%，均尚未跨越第一个拐点（25.2%），并且远低于发达国家钢铁企业的平均水平。也就是说，目前中国的钢铁产业的环境规制强度并不支持“波特假说”，即现阶段的环境规制水平并没能促进全要素生产率的提高。因此，长期而言，中国应进一步提升钢铁产业的环境规制强度，使其处于［25.2%，81.9%］区间内，以促进全要素生产率的增长。另外，在政策设计方面，中国相关政府部门可尽可能多地运用市场激励型的环境规制政策工具进行调控，如排污补贴等手段，最终达到促进钢铁企业主动进行绿色制造的目的。

（3）中国政府应进一步提高环保监管力度，创新以企业信息披露和社会公众参与为特征的环境规制手段，最终引导钢铁企业采取积极的环境规制应对措施，改变污染末端治理方式，全面实现清洁生产。目前，我国对钢铁企业主要采取命令控制和排污收费的环境管制。对于达不到“三废”排放标准的企业，实行强行关闭或者处罚。但在具体实施的过程中，存在地方保护主义严重，基层政府不支持环保部门依法行政，环境管理体制不顺，环保部门环境执法和监管能力严重不足的现象。此外，我国现行的排污收费标准低、征收范围较窄，对企业采用新技术新设备进行生产环节污染控制的刺激作用较小。由于以上两种环境规制形式力度都较薄弱，致使大部分钢铁企业在采用节能、环保先进技术方面相对落后，不愿意对环保治理设施的改造维修进行投资，甚至将监测数据弄虚作假。因此，中国政府部门首先要加强环保标准的执法力度，严格环保准入制度，对于不符合环保要求的项目坚决不予审批，环保设施落后的要限期治理。同时，还应加强环保监管力度，通过制定环境决策程序，公开环境信息，加强环境绩效审计，加大对排放不达标企业的惩罚力度等手段来监督钢铁企业严格执行环保标准，加强对钢铁企业“三废”排放的监督检查，以促使企业采取有效的污染防范治理措施。如在实施环境审计时，根据对各钢铁企业上年度是否达标排放、总量控制的完成情况、排污收费的多少以及是否有违法行为、污染事故发生等一系列环境行为的审计结果，认定出绿色、蓝色、黄色、红色、黑色档次。对于黑色和红色等环境行为不良的企业，列入当年限期治理名单，加倍征收超标排污费、新扩改项目不予审批，停止给予其贷款，连续两年黑色企业责令关停等措施使其从良等。

在较强的环保监管力度下，钢铁企业将会改变污染末端治理方式，全面实现清洁生产。在钢铁企业内部贯彻循环经济理念，使钢铁企业的功能从单一生产优质高效钢材拓展为钢材生产、能源转换和社会废弃物的消纳为一体。把从源头入手，过程控制和末端治理的清洁生产理念融合到钢铁生产全流程中。按照清洁生产思路，从钢材产品整个生命周期分析其生产过程，采用先进的清洁生产技术，以及资源能源利用效率最大化，“三废”产生最小化的清洁生产措施，尽量减少进入生产过程中的资源、原材料和能源流量，尽可能地使生产流程简单化、紧凑化、大型化和连续化，以减少废弃污染物的产生和排放。首先，各钢铁企业针对正使用的不能达到国家公布的环保标准新要求的节能减排技术要加大投入改造力度。重点是以“三干一电”技术、烧结矿显热回收利用技术、电炉烟气余热回收技术、冶金渣综合利用与钢铁过程废水分质利用、炼钢精炼冶金渣改质循环利用等为代表的清洁生产技术的应用推广。其次，完善现有节能技术和生产工艺流程各工序之间的衔接配合，合理降低铁钢比，减少资源浪费，取消高能耗工序，构建并优化完善钢厂能源流网络。同时，最大限度地利用废钢、含铁尘泥、渣钢等各种可再生资源，减少铁矿石及其他矿物资源的投入。如增加短流程比例，从而加强废钢资源利用，降低铁前工序所需能耗及污染排放。还可以利用废钢促进冶金煤气与化工、钢厂余热供社区使用等。在长流程中，随着直接还原、熔融还原和节焦炭技术的逐渐成熟，污染排放也会大幅度降低。

（4）中国钢铁企业加大自主研发力度，提高绿色技术创新能力，推动技术进步，是实现绿色转型的关键。“十五”和“十一五”以来，我国钢铁企业科技投入大幅增加，但在科技创新体系建设方面仍存在很多问题。如从国家层面上看，对自主创新研发的政策扶持不够，主要表现在国家科技资金投入较少，财税政策支持力度较小。国家级的研究机构动力不足，尚未形成有效的自主创新研发体系，同时核心技术因缺乏一系列配套技术的支撑，科研成果的转化率不高。从钢铁行业层面上看，各钢铁企业研发实力参差不齐。从粗钢产量、经营收入、研发经费投入与研发经费占营业收入比例来看，宝钢和太钢的研发实力较强。缺乏高层次的企业科技领军人才，在消化吸收国外先进技术基础上进行二次创新的自主开发投入不足。从企业层面上看，中国钢铁企业在“十一五”期间的产能扩张多位重复性建设，科技研发投入面小、强度低。2009～2013 年中国大中型钢铁企业科技投入仅占主营业务收入 1.9% 左右，其中自主研发的投入比重更加有限，仅占主营业务收入的 1.4% 左右。与发达国家高额研发资金投入下的自主研发相比，其更倾向于采用投入成本较低的技术溢出或者技术引进形式。部分企业缺乏雄厚的独立技术研发力量，缺乏能满足市场需求的市场导向型研发体系。

为进一步提升钢铁企业的科技创新能力，宏观层面上，政府应为企业进行技术创新创造良好的政策支持环境，如积极发展风险投资，通过设立专项资金、税收优惠、贴息贷款等方式开辟多元化投融资渠道以激励引导钢铁企业加大技术创新投入。微观层面，钢铁企业在新常态经济形势下，应充分意识只有科技创新才能促进发展，必须把科技创新作为企业提高竞争力的重要手段，有必要将自主研发放在重要的战略位置，进一步扩大自主研发投入。同时，要加快建立多层次的创新人才培养体系，从用户需求和环保角度出发开展科技创新活动。需要重点关注的前沿技术主要包括：荒煤气余热利用技术、高炉渣和转炉渣余热回收技术、高炉炉顶煤气循环技术、日本钢铁工业 COURSE50 技术、韩国钢铁工业前沿技术开发（FINEX）以及碳捕集和存储技术。

（5）调整钢铁产业生产力布局，优化资源配置。我国中西部地区很多省份处于工业化前期和中期阶段，靠基础设施建设投资拉动经济增长的方式使其成为粗钢需求增长的主要地区，而东部地区已经处于工业化后期阶段，其高新技术产业等低排放、高附加值产业的重点培育使得钢材消费量增长幅度减缓，甚至负增长。然而目前，我国西部地区炼钢产能仅占全国总产能的 14.36%，中部地区占 20.85%，而东部地区炼钢产能高达

64.79%，长江流域以北地区炼钢产能比重达61.4%，长江以南地区仅为13.3%。虽然东部沿海地区经济的快速发展开启了钢铁产业的沿海布局，但是沿海企业数量较少，大多还是位于沿海省域的内陆城市中，沿海优势并没有充分发挥。东多西少、北重南轻，内陆多、沿海沿江少的特点使地区间钢铁生产和消费不均衡，同时还导致物流成本增加、竞争力减弱。另外，占全国总产能近40%的39家（20家位于省会城市）“城市型”钢厂在环境、资源、土地、能源和交通等方面不能适应城市发展新要求。在京津冀、长三角等钢铁产能过度集中的地区，污染扩散条件较差，环境容量较小，污染排放已经超出了环境承载能力。因此，需要推动钢铁产能向环境容量较大的中西部地区转移。

生产布局调整目标可概括为进一步提升沿海沿江钢铁产能比重，具有资源和区域市场优势的沿边地区适度发展，逐步压缩环境能源等制约作用较强地区的钢铁产能。具体来说，东南沿海地区的钢铁工业，因其主要依托良好的港口条件，进口原料，应采取“资源全球配置，生产贴近市场”的日、韩模式。东北及华北地区的钢铁工业，要采取美国和德国的延伸产业链模式，与国家振兴东北工业基地相结合，充分利用钢铁资源发展机械制造业、汽车造船业等。中西部地区的钢铁工业，要充分利用当地资源，减少对进口资源的依赖。

（6）供给侧改革视角下化解过剩产能、促进钢铁产业转型升级。为治理产能过剩问题，国家发改委等部门先后颁布了一系列措施。2009年9月发布了《关于抑制部分行业产能过剩和重复建设引导产业健康发展的若干意见》，2010年4月颁布了《国务院关于进一步加强淘汰落后产能工作的通知》。现阶段，要实现钢铁产业经济的再次腾飞，必须从供给侧发力，进行过剩产能治理、优化产能结构、提升全要素生产率。钢铁产业产能要过剩治理与当地的经济增长潜力、市场容量、环境和资源条件以及产业结构调整相适应。政府层面主要采取以下宏观调控措施：

第一，严格行业准入标准，控制投资规模。制定严格的环保、能耗、技术水平等产业准入标准，严格限制低水平重复建设、高污染和高能耗的项目，加大力度淘汰技术低、效益差的产能，同时建立完善的落后产能退出保障机制。构建更加公平规范的市场化竞争环境，用普惠性质的行业补贴代替高比例的专项补贴，制定鼓励降本增效的创新竞争性政策，运用市场机制倒逼不满足环保标准的高污染企业转型或退出，引导社会资源向绿色钢铁企业转移。

第二，转变政府职能，实行绿色 GDP 考核机制。在省域经济发展过程中，河北省各级政府要严格制定有关资源、能源、安全和环保等标准，自觉把绿色 GDP 作为政绩考核指标，减少对钢铁产业的盲目投资，加大技术创新、科学教育、社会保障等指标的考核比重，从而缓解钢铁产能过剩压力。

第三，完善财税管理体系，规范政府投资行为。加强对财政预算的监督管理，减少控制各金融机构对钢铁企业的贷款，一定程度上缓解钢铁产能的扩张速度。调高资源税的征收标准和范围，推动钢铁企业的技术改造和创新。通过市场机制调节规范水、电等要素价格，减少政府对钢铁企业的电价优惠政策。加快推进落实铁矿石资源税的从价计征，扩大增值税的抵扣范围。对于利用余压余热发电的钢铁企业，可以享受资源综合利用增值税以及企业所得税优惠政策。金融机构应加大对于实施兼并重组化解过剩产能，且有较好效益前景的钢铁企业，金融机构应加大信贷支持力度，并停止贷款给新增产能的钢铁企业。设立钢铁企业结构调整专项奖补资金，按照退出产能任务的完成情况、困难程度以及人员分流安置情况，给予梯级奖补。

企业层面为化解过剩产能，可采取以下微观调控措施：

第一，坚持法律法规，统筹推进治理过剩产能。从思想意识上明确钢铁产业产能过剩治理是一个需要长期坚持实施的产业结构调整、企业优胜劣汰的过程，需要严格按照有关质量、安全、环保、技术等产业政策标准的规定，依法退出不达标的过剩产能。合理引导“僵尸企业”的平稳退出，优化供给端的质量和效率，发展新的经济动力。同时，为解决东西部产能不均衡问题，可引导产能从东部向中西部地区的转移，在满足中西部地区需要，促进中西部地区经济发展的同时，优化了产业结构。

第二，优化产品结构，实现钢铁企业减量增质提效。减少低端、同质化过剩产能数量实现静态的供需平衡，只能达到过剩产能治标效果。只有通过技术创新、管理创新提高技术效率及全要素生产率，构建供需动态平衡，才能提升产能质量，实现治本的目标。因此，必须进一步提高钢铁企业的自主创新能力以及企业对新技术的运用和管理水平。通过技术创新，增加高技术、高附加值产品比重，优化钢铁产品结构，提供有效供给在满足市场需求的同时推动了市场消费结构的升级，再反馈给供给改进，形成钢铁产业的健康可持续性发展。同时，注重树立质量标杆、推动钢铁产品标准升级、质量的稳定性和性能的一致性，加强品牌建设，提升企业品牌和产品品牌的国际影响力。加强钢铁产业供给端生产加工与用钢行业需求端的无缝对接，推进核电、船舶、汽车、高速铁路以及海洋工程等领域技术装备所需要的高端钢材品种的研制和应用，并注意稳定重点用钢行业的市场消费。

第三，大力推进智能制造。结合“中国制造2025”提出的创新驱动、智能转型，推进未来数字化、网络化、智能化制造的发展方向，2015年工信部颁布的《原材料工业两化深度融合推进计划》明确提出，要分别选择4~5家和3~4家先进钢铁企业，打造钢铁智能工厂，开展供应链协调管理示范。在此背景下，要紧密结合大众创业、万众创新，引导钢铁产业与“互联网+”的融合发展，推进钢铁企业智能制造示范工程的实施以及智能制造示范工厂的建立，进一步提升钢铁企业技术研发、产品生产以及售后服务的智能化水平，推广互联网订单、多品种小订购批量的柔性化、个性化的定制模式。钢铁“互联网+”模式的推进，将原材料供应商、生产制造商、贸易商、客户、物流企业、金融服务部门以及政府监督部门纳入信息和服务交易平台，实现了钢铁企业与顾客之间的直销，较大幅度地降低了物流成本，提高了资金周转效率和物流效率。同时，公开透明交易环节以及公平合理的市场竞争自动驱逐劣势企业，推动优势企业的良性发展，从而规范引导钢铁产业的供给导向，促进钢铁产业的转型升级。

第四，抓住“一带一路”战略机遇。“一带一路”扩大外需战略也承载了缓解产能过剩问题的构想。“一带一路”沿线的西亚、拉美、非洲和东南亚等国家正处于加强基础建设、大力发展国家经济的时期，阿拉伯国家90%的钢材需求都需要进口。有专家学者实证研究结果表明在我国钢铁不再增加新产能的条件下，“一带一路”战略可以逐年化解我国钢铁产业过剩产能，在2020年将只剩下0.48亿吨左右的过剩粗钢产能。因此，我们必须抓住未来世界钢铁需求以及供需格局调整的发展机遇，构建对外投融资综合服务平台，结合“一带一路”战略，进一步扩大国际钢铁市场，强化国际市场的资源配置功能，以开展国际产能合作的方式向外输出转移部分产能。

9.3 研究不足与展望

钢铁产业经济绿色可持续性发展背景下的技术效率和全要素生产率评

价是理论性和实践性都很强的重大课题。本书虽然在研究视角、方法和领域上均有一定程度的突破，但鉴于笔者理论修养尚浅、篇幅和精力有限，有些方面仍需在以后的学习、工作中继续探索，进行细致、深入的研究。

（1）理论方法的局限。本书应用的网络数据包络分析方法本身具有一定的局限性，测算得到的效率值是一种相对值。本书仅选择了钢铁产业中的48家钢铁企业作为样本，尽管其中一些钢铁企业被评价为技术有效，也只是在样本企业范围内达到了技术相对有效，并不能说明这些企业真的就不需要改进了。

（2）实证研究的局限。首先，本书研究仅限于微观层面钢铁企业，没有拓展至省际钢铁产业。其次，受数据采集的局限，样本选取时仅从中国钢铁工业协会记录在册的重点大中小型钢铁企业中选取了48家，无法囊括更多的中小企业。同时，只可以获得钢铁企业投入产出变量的初始总额，对于钢铁生产各子阶段中某些投入产出变量的精确数据难以获取，只能根据钢铁行业专家及钢铁生产管理经验按比例分配。最后，在环境规制强度变量的测量方法选取上，因一些相关变量数据难以获取，本书以环保投资总额占工业增加值的比值来衡量也有其不足之处。该指标更多的反映了企业环保及污染治理的主观能动性，而环境规制变量更多的是反映行政机关或者立法机关通过行政、法律和经济手段限制被规制企业的环境污染行为，更倾向于强制被动性。所以，应进一步结合其他测算方法，使其更合理准确地表示环境规制强度。

钢铁产业作为国民经济的重要支柱产业，其绿色转型及可持续性发展问题在我国的研究方兴未艾，要求研究者具备较高的理论和实证能力，限于笔者的能力和时间，尚有一些问题有待进一步的深入探讨，主要包括：

第一，本书只从钢铁生产流程的角度分成了铁前工序阶段和铁后工序阶段，没有涉及两个生产阶段所产生的“三废”治理过程，今后的研究过程中可纳入污染治理阶段，从三阶段视角分析我国钢铁企业的技术效率和生产率。

第二，对于全要素生产率的影响因素分析，鉴于本书中环境规制强度变量的选取具有一定的局限性，可以综合选择其他的测算方法，如以缴纳的排污费总额来衡量环境规制强度大小，进一步验证其与资源环境约束下全要素生产率之间的关系。同时，还可以进一步挖掘其他可能影响钢铁企业全要素生产率的控制变量。

第三，投入产出指标的选取。在投入指标的选取方面，本书考虑了能源、铁矿石、焦炭。针对由于变量数据采集的局限，所造成的能源及焦炭变量数据略微相关可能对本书测算结果带来的些许影响，在今后随着变量统计数据的更加完善可进一步展开研究。同时，自 2014 年来铁矿石进口价格的持续下行走势以及我国铁矿石对外依存度的进一步提高对钢铁企业效率的影响也是后续研究中应给予关注的重点。在非期望产出变量指标的选取上，本书主要考虑了废渣和废气总量，后续研究可以结合国家钢铁工业“十二五”规划中制定的目标，选取二氧化硫等指标，评价各具体污染物的排放是否达标及其减排潜力。同时，还可以开展钢铁企业二次能源循环利用方面的研究。

附录1　2009～2013年资源约束下钢铁企业两阶段技术效率

DMU	2009年			2010年			2011年			2012年			2013年		
	整体	铁前	铁后	整体	铁前	铁后	整体	铁前	铁后	整体	铁前	铁后	整体	铁前	铁后
A01	0.307	0.278	0.327	0.295	0.234	0.356	0.221	0.181	0.240	0.930	0.456	1.000	1.000	1.000	1.000
A02	0.409	0.399	0.418	0.507	0.414	0.599	0.160	0.255	0.143	0.239	0.740	0.152	0.157	0.143	0.160
A03	0.552	0.563	0.541	0.339	0.435	0.299	0.136	0.301	0.114	0.255	0.714	0.162	0.199	0.201	0.199
A04	0.183	0.177	0.190	0.202	0.169	0.234	0.157	0.122	0.192	0.290	0.286	0.295	0.242	0.124	0.361
A05	0.549	0.504	0.593	0.455	0.326	0.584	0.278	0.156	0.399	0.272	0.244	0.301	0.264	0.118	0.410
A06	0.539	0.511	0.567	0.374	0.274	0.473	0.301	0.177	0.424	0.477	0.458	0.566	0.355	0.123	0.586
A07	0.523	0.308	0.737	0.545	0.374	0.715	0.418	0.109	0.727	0.473	0.332	0.615	0.384	0.173	0.595
A08	0.566	0.417	0.715	0.603	0.373	0.834	0.489	0.145	0.833	0.406	0.371	0.441	0.391	0.188	0.593
A09	0.317	0.301	0.334	0.275	0.217	0.333	0.180	0.119	0.241	0.319	0.309	0.329	0.261	0.101	0.421
A10	0.445	0.437	0.453	0.283	0.200	0.365	0.353	0.167	0.539	0.336	0.305	0.367	0.262	0.095	0.428
A11	1.000	1.000	1.000	1.000	1.000	1.000	0.651	0.302	1.000	1.000	1.000	1.000	1.000	1.000	1.000
A12	0.524	0.415	0.633	0.633	0.364	0.901	0.310	0.162	0.458	0.307	0.240	0.374	0.277	0.116	0.437
A13	0.476	0.413	0.540	0.469	0.287	0.650	0.283	0.148	0.419	0.366	0.347	0.438	0.351	0.122	0.581
A14	0.900	0.799	1.000	0.409	0.289	0.530	0.639	0.278	1.000	1.000	1.000	1.000	0.771	0.542	1.000

续表

DMU	2009年			2010年			2011年			2012年			2013年		
	整体	铁前	铁后	整体	铁前	铁后	整体	铁前	铁后	整体	铁前	铁后	整体	铁前	铁后
A15	0.787	0.575	1.000	0.781	0.562	1.000	0.579	0.158	1.000	0.808	0.616	1.000	0.674	0.348	1.000
A16	0.795	0.590	1.000	0.798	0.596	1.000	0.575	0.151	1.000	0.821	0.642	1.000	0.520	0.271	0.770
A17	1.000	1.000	1.000	1.000	1.000	1.000	0.152	0.100	0.237	0.145	0.107	0.184	0.317	0.204	0.430
A18	0.531	0.391	0.671	0.551	0.400	0.703	0.429	0.158	0.700	1.000	1.000	1.000	0.435	0.174	0.695
A19	0.407	0.356	0.458	0.391	0.226	0.557	0.235	0.124	0.347	0.415	0.314	0.516	0.300	0.154	0.445
A20	0.131	0.752	0.121	0.569	0.428	0.710	0.286	0.291	0.285	0.258	0.689	0.160	0.177	0.139	0.188
A21	0.616	0.598	0.634	0.525	0.430	0.620	0.439	0.294	0.584	0.394	0.735	0.278	0.325	0.181	0.468
A22	1.000	1.000	1.000	1.000	1.000	1.000	1.000	1.000	1.000	1.000	1.000	1.000	1.000	1.000	1.000
A23	0.470	0.487	0.453	0.679	0.499	0.859	0.266	0.145	0.388	0.322	0.314	0.331	0.310	0.174	0.446
A24	0.449	0.448	0.450	0.445	0.316	0.574	0.168	0.221	0.156	0.212	0.607	0.139	0.309	0.121	0.497
A25	1.000	1.000	1.000	0.860	0.720	1.000	0.471	0.375	0.543	0.849	0.699	1.000	0.755	0.510	1.000
A26	0.670	0.590	0.751	0.850	0.700	1.000	0.341	0.167	0.514	0.444	0.361	0.526	0.401	0.170	0.632
A27	0.523	0.295	0.751	1.000	1.000	1.000	0.420	0.115	0.724	0.412	0.215	0.609	0.461	0.264	0.658
A28	1.000	1.000	1.000	1.000	1.000	1.000	1.000	1.000	1.000	1.000	1.000	1.000	1.000	1.000	1.000
A29	0.545	0.564	0.526	0.837	0.674	1.000	0.443	0.264	0.623	0.748	0.679	0.816	0.738	0.477	1.000
A30	0.519	0.315	0.724	0.522	0.290	0.753	0.222	0.100	0.363	0.236	0.221	0.251	0.402	0.237	0.567
A31	0.342	0.353	0.331	0.328	0.235	0.420	0.174	0.101	0.248	0.233	0.221	0.244	0.299	0.154	0.444
A32	0.407	0.381	0.433	0.382	0.270	0.494	0.212	0.170	0.224	0.169	0.611	0.111	0.252	0.095	0.410
A33	0.408	0.381	0.435	0.311	0.179	0.236	0.291	0.175	0.408	0.711	0.605	0.816	0.345	0.260	0.565
A34	0.342	0.329	0.355	0.396	0.272	0.520	0.210	0.107	0.314	1.000	1.000	1.000	0.263	0.183	0.308

续表

DMU	2009年			2010年			2011年			2012年			2013年		
	整体	铁前	铁后	整体	铁前	铁后	整体	铁前	铁后	整体	铁前	铁后	整体	铁前	铁后
A35	0.680	0.432	0.927	0.514	0.288	0.739	0.318	0.101	0.535	0.353	0.304	0.401	0.302	0.175	0.429
A36	0.690	0.656	0.723	0.645	0.486	0.805	0.341	0.283	0.368	0.607	0.611	0.603	0.572	0.297	0.849
A37	0.346	0.337	0.354	0.279	0.185	0.373	0.163	0.111	0.239	0.162	0.146	0.178	0.242	0.113	0.371
A38	0.968	0.935	1.000	1.000	1.000	1.000	0.393	0.402	0.389	0.926	0.852	1.000	0.590	0.225	0.956
A39	0.344	0.269	0.419	0.529	0.360	0.697	0.240	0.101	0.391	0.388	0.195	0.481	0.358	0.268	0.448
A40	0.394	0.362	0.425	0.463	0.305	0.620	0.234	0.147	0.321	0.324	0.285	0.363	0.263	0.099	0.427
A41	0.511	0.486	0.536	0.449	0.359	0.538	0.247	0.258	0.244	0.447	0.442	0.453	0.345	0.197	0.493
A42	0.320	0.291	0.349	0.428	0.262	0.593	0.230	0.122	0.338	0.265	0.223	0.308	0.262	0.102	0.423
A43	1.000	1.000	1.000	0.343	0.238	0.449	0.619	0.238	1.000	0.240	0.234	0.245	0.371	0.210	0.532
A44	0.331	0.446	0.284	0.416	0.301	0.530	0.164	0.108	0.219	0.297	0.285	0.310	0.225	0.095	0.355
A45	0.638	0.652	0.624	0.432	0.347	0.517	0.154	0.178	0.148	0.279	0.289	0.269	0.177	0.097	0.257
A46	0.433	0.381	0.486	0.434	0.340	0.528	0.218	0.243	0.211	0.236	0.651	0.144	0.152	0.102	0.169
A47	0.585	0.504	0.666	0.569	0.405	0.732	0.255	0.124	0.386	0.441	0.372	0.445	0.301	0.210	0.391
A48	0.628	0.601	0.655	0.856	0.713	1.000	0.629	0.489	0.770	0.960	0.320	1.000	0.675	0.507	0.843
均值	0.565	0.527	0.616	0.562	0.445	0.676	0.348	0.224	0.478	0.495	0.493	0.525	0.417	0.268	0.567

附录2 2009~2013年资源和环境约束下钢铁企业两阶段技术效率

DMU	2009年			2010年			2011年			2012年			2013年		
	整体	铁前	铁后	整体	铁前	铁后	整体	铁前	铁后	整体	铁前	铁后	整体	铁前	铁后
A01	0.212	0.152	0.282	0.198	0.144	0.261	0.157	0.105	0.217	1.000	1.000	1.000	1.000	1.000	1.000
A02	0.322	0.293	0.357	0.476	0.408	0.567	0.164	0.144	0.188	0.165	0.146	0.188	0.181	0.127	0.251
A03	0.451	0.417	0.493	0.251	0.190	0.325	0.167	0.145	0.192	0.210	0.188	0.236	0.247	0.179	0.332
A04	0.117	0.104	0.131	0.130	0.099	0.169	0.191	0.165	0.223	0.197	0.183	0.212	0.221	0.159	0.308
A05	0.408	0.342	0.492	0.366	0.197	0.593	0.251	0.200	0.313	0.193	0.162	0.228	0.240	0.142	0.356
A06	0.440	0.347	0.567	0.309	0.164	0.504	0.236	0.178	0.305	0.353	0.320	0.397	0.331	0.200	0.516
A07	1.000	1.000	1.000	0.857	0.723	1.000	1.000	1.000	1.000	1.000	1.000	1.000	0.580	0.503	0.666
A08	0.413	0.211	0.716	0.467	0.235	0.820	1.000	1.000	1.000	0.260	0.217	0.313	0.278	0.172	0.416
A09	0.208	0.181	0.239	0.192	0.132	0.272	0.145	0.125	0.168	0.228	0.211	0.247	0.245	0.142	0.386
A10	0.291	0.255	0.338	0.182	0.114	0.270	0.293	0.229	0.372	0.214	0.186	0.247	0.189	0.118	0.275
A11	1.000	1.000	1.000	1.000	1.000	1.000	1.000	1.000	1.000	1.000	1.000	1.000	1.000	1.000	1.000
A12	0.348	0.248	0.473	0.477	0.297	0.720	0.257	0.179	0.353	0.206	0.158	0.263	0.238	0.134	0.381
A13	0.329	0.253	0.425	0.333	0.184	0.552	0.227	0.168	0.298	0.250	0.197	0.313	0.320	0.188	0.503

续表

DMU	2009年			2010年			2011年			2012年			2013年		
	整体	铁前	铁后	整体	铁前	铁后	整体	铁前	铁后	整体	铁前	铁后	整体	铁前	铁后
A14	0.817	0.683	1.000	0.301	0.206	0.425	0.773	0.603	1.000	1.000	1.000	1.000	1.000	1.000	1.000
A15	0.594	0.348	1.000	0.602	0.352	1.000	0.613	0.385	1.000	0.617	0.386	1.000	0.635	0.411	1.000
A16	0.576	0.335	1.000	0.572	0.333	1.000	0.605	0.379	1.000	0.623	0.399	1.000	0.422	0.295	0.591
A17	1.000	1.000	1.000	1.000	1.000	1.000	0.113	0.101	0.152	0.087	0.061	0.117	0.246	0.194	0.301
A18	0.327	0.211	0.480	0.351	0.221	0.528	0.373	0.291	0.476	1.000	1.000	1.000	0.316	0.190	0.462
A19	0.251	0.195	0.324	0.254	0.126	0.430	0.183	0.141	0.237	0.258	0.179	0.356	0.216	0.131	0.327
A20	0.141	0.146	0.137	0.365	0.244	0.519	0.226	0.197	0.262	0.178	0.166	0.193	0.160	0.117	0.212
A21	1.000	1.000	1.000	1.000	1.000	1.000	1.000	1.000	1.000	0.336	0.310	0.366	0.358	0.212	0.549
A22	1.000	1.000	1.000	1.000	1.000	1.000	1.000	1.000	1.000	1.000	1.000	1.000	1.000	1.000	1.000
A23	0.350	0.318	0.392	0.662	0.443	1.000	0.250	0.221	0.285	0.220	0.205	0.238	0.288	0.165	0.458
A24	0.303	0.274	0.338	0.316	0.215	0.456	0.138	0.118	0.162	0.145	0.127	0.166	0.262	0.170	0.393
A25	1.000	1.000	1.000	0.671	0.467	1.000	0.431	0.406	0.463	0.670	0.458	1.000	0.698	0.500	1.000
A26	0.480	0.365	0.636	0.670	0.458	1.000	0.276	0.206	0.361	0.299	0.238	0.371	0.317	0.206	0.453
A27	0.336	0.165	0.568	1.000	1.000	1.000	0.391	0.234	0.608	0.270	0.136	0.438	0.360	0.212	0.534
A28	1.000	1.000	1.000	1.000	1.000	1.000	1.000	1.000	1.000	1.000	1.000	1.000	1.000	1.000	1.000
A29	0.365	0.340	0.396	0.652	0.430	1.000	0.413	0.364	0.475	0.571	0.475	0.703	0.694	0.494	1.000
A30	0.315	0.168	0.508	0.321	0.157	0.537	0.186	0.142	0.243	0.143	0.127	0.162	0.298	0.154	0.486
A31	0.225	0.211	0.243	0.222	0.136	0.341	0.145	0.125	0.168	0.148	0.134	0.164	0.269	0.194	0.372
A32	0.284	0.240	0.339	0.292	0.198	0.418	0.137	0.110	0.170	0.107	0.090	0.128	0.203	0.119	0.308
A33	0.294	0.246	0.355	0.131	0.104	0.163	0.258	0.217	0.308	1.000	1.000	1.000	0.330	0.200	0.510

续表

DMU	2009 年			2010 年			2011 年			2012 年			2013 年		
	整体	铁前	铁后	整体	铁前	铁后	整体	铁前	铁后	整体	铁前	铁后	整体	铁前	铁后
A34	0.220	0.189	0.260	0.268	0.150	0.433	0.189	0.163	0.220	0.248	0.205	0.301	0.238	0.169	0.315
A35	0.630	0.397	1.000	0.343	0.165	0.592	0.291	0.194	0.432	0.234	0.194	0.282	0.245	0.127	0.404
A36	0.504	0.430	0.599	0.476	0.306	0.718	0.292	0.250	0.343	0.434	0.411	0.461	0.644	0.514	0.815
A37	0.224	0.197	0.258	0.181	0.104	0.285	0.130	0.106	0.159	0.103	0.088	0.121	0.221	0.151	0.319
A38	0.879	1.000	0.785	1.000	1.000	1.000	0.375	0.307	0.453	1.000	1.000	1.000	0.741	0.649	0.847
A39	0.207	0.144	0.289	0.327	0.196	0.499	0.205	0.139	0.293	0.250	0.179	0.339	0.282	0.146	0.462
A40	0.283	0.235	0.343	0.304	0.175	0.478	0.173	0.141	0.211	0.203	0.172	0.239	0.198	0.121	0.294
A41	0.380	0.336	0.433	0.294	0.209	0.405	0.200	0.178	0.227	0.299	0.274	0.329	0.288	0.229	0.363
A42	0.199	0.164	0.243	0.267	0.145	0.431	0.174	0.135	0.222	0.169	0.140	0.204	0.190	0.111	0.288
A43	1.000	1.000	1.000	0.216	0.131	0.327	0.681	0.478	1.000	0.149	0.136	0.164	0.307	0.196	0.459
A44	0.259	0.200	0.325	0.274	0.171	0.415	0.123	0.106	0.144	0.187	0.168	0.210	0.174	0.123	0.238
A45	0.480	0.429	0.548	0.374	0.234	0.558	0.124	0.111	0.140	0.174	0.166	0.183	0.135	0.110	0.166
A46	1.000	1.000	1.000	1.000	1.000	1.000	1.000	1.000	1.000	1.000	1.000	1.000	0.124	0.123	0.171
A47	0.416	0.307	0.568	0.643	0.399	1.000	0.264	0.242	0.294	0.322	0.299	0.352	0.256	0.163	0.389
A48	1.000	1.000	1.000	0.794	0.616	1.000	0.753	0.554	1.000	1.000	1.000	1.000	0.745	0.556	1.000

附录3　2009～2013年资源约束下钢铁企业传统技术效率

DMU	2009年	2010年	2011年	2012年	2013年
A01	0.227	0.249	0.177	1.000	1.000
A02	0.396	0.579	0.152	0.161	0.140
A03	0.584	0.268	0.119	0.173	0.203
A04	0.146	0.159	0.262	0.240	0.279
A05	0.577	0.507	0.328	0.208	0.265
A06	0.614	0.398	0.298	0.481	0.469
A07	0.636	0.666	0.718	0.576	0.543
A08	0.680	0.721	0.735	0.444	0.497
A09	0.318	0.274	0.191	0.301	0.319
A10	0.531	0.284	0.494	0.308	0.306
A11	1.000	1.000	1.000	1.000	1.000
A12	0.520	0.654	0.328	0.247	0.272
A13	0.514	0.506	0.316	0.324	0.399
A14	1.000	0.378	1.000	1.000	1.000
A15	1.000	1.000	1.000	1.000	1.000

续表

DMU	2009年	2010年	2011年	2012年	2013年
A16	1.000	1.000	1.000	1.000	0.766
A17	1.000	1.000	0.192	0.123	0.398
A18	0.655	0.681	0.677	1.000	0.499
A19	0.515	0.465	0.370	0.512	0.425
A20	0.198	0.603	0.302	0.187	0.152
A21	0.624	0.529	0.584	0.303	0.348
A22	1.000	1.000	1.000	1.000	1.000
A23	0.582	0.828	0.411	0.332	0.434
A24	0.515	0.495	0.165	0.148	0.366
A25	1.000	1.000	0.703	1.000	1.000
A26	0.795	1.000	0.454	0.467	0.508
A27	0.618	1.000	0.612	0.461	0.563
A28	1.000	1.000	1.000	1.000	1.000
A29	0.621	1.000	0.671	0.844	1.000
A30	0.643	0.636	0.363	0.259	0.545
A31	0.401	0.377	0.227	0.215	0.413
A32	0.436	0.413	0.189	0.109	0.286
A33	0.409	0.122	0.363	0.787	0.413
A34	0.403	0.470	0.323	1.000	0.316
A35	0.824	0.614	0.498	0.373	0.391
A36	0.755	0.722	0.382	0.656	0.811

续表

DMU	2009 年	2010 年	2011 年	2012 年	2013 年
A37	0.401	0.306	0.207	0.108	0.317
A38	1.000	1.000	0.349	1.000	0.869
A39	0.432	0.639	0.393	0.468	0.513
A40	0.408	0.509	0.242	0.298	0.294
A41	0.493	0.460	0.276	0.440	0.366
A42	0.341	0.481	0.281	0.243	0.299
A43	1.000	0.355	1.000	0.210	0.525
A44	0.213	0.490	0.177	0.280	0.275
A45	0.774	0.482	0.165	0.270	0.193
A46	0.351	0.361	0.187	0.175	0.121
A47	0.746	0.711	0.471	0.522	0.432
A48	0.702	1.000	1.000	1.000	1.000

附录 4 钢铁企业 2009 年数据

DMU	固定资产	职工	能源	焦炭	铁矿石	工业增加值	废渣	废气
A01	128. 196	4. 856	3. 339	7. 516	18. 850	10. 152	2. 114	602. 481
A02	46. 741	22. 123	2. 097	2. 082	5. 221	17. 595	1. 805	343. 601
A03	38. 873	17. 488	1. 482	1. 381	3. 464	17. 595	1. 023	423. 333
A04	120. 735	20. 592	3. 306	3. 293	8. 259	10. 783	2. 850	692. 980
A05	50. 676	15. 552	2. 734	2. 744	6. 882	30. 969	2. 009	634. 533
A06	96. 981	28. 014	2. 749	3. 720	9. 330	46. 227	2. 200	539. 937
A07	456. 658	98. 365	7. 694	11. 148	27. 957	150. 619	3. 808	1760. 063
A08	326. 185	42. 800	3. 554	5. 787	14. 513	84. 208	2. 803	1306. 744
A09	82. 255	24. 845	3. 640	3. 764	9. 440	24. 746	4. 065	709. 945
A10	159. 673	18. 715	3. 741	3. 583	8. 986	42. 657	3. 287	1264. 904
A11	46. 554	14. 516	1. 410	2. 845	7. 135	35. 480	1. 122	382. 080
A12	82. 027	9. 290	2. 755	4. 520	11. 336	32. 661	2. 950	898. 405
A13	98. 936	15. 104	4. 215	4. 920	12. 338	43. 829	3. 223	828. 000
A14	52. 447	10. 726	2. 639	2. 929	7. 345	52. 099	2. 547	456. 293
A15	393. 796	69. 020	4. 613	5. 217	13. 083	148. 059	3. 955	1741. 283

续表

DMU	固定资产	职工	能源	焦炭	铁矿石	工业增加值	废渣	废气
A16	235.128	78.389	7.222	6.158	15.443	150.547	15.728	2524.583
A17	538.052	29.349	9.479	13.085	32.815	129.359	7.056	3529.048
A18	314.853	107.765	3.859	5.327	13.359	95.432	15.310	1909.379
A19	351.338	73.844	6.544	5.851	14.673	83.600	16.740	1529.871
A20	46.752	11.031	1.815	1.854	4.649	1.993	3.344	892.324
A21	33.829	9.641	1.499	1.347	3.378	16.798	0.935	143.629
A22	1485.602	131.326	18.139	22.236	55.765	399.113	11.592	6430.562
A23	148.523	23.855	3.852	3.352	8.405	46.824	2.617	672.811
A24	120.842	14.697	3.056	2.670	6.697	31.558	3.616	673.794
A25	45.602	5.247	1.232	0.944	2.368	19.418	0.964	837.150
A26	132.772	11.457	4.039	3.848	9.651	55.087	2.943	1068.027
A27	463.269	40.149	8.850	14.127	35.429	119.052	5.380	5313.000
A28	16.748	3.454	0.416	0.365	0.916	6.009	0.419	285.590
A29	60.107	17.096	1.790	1.667	4.180	23.642	1.899	961.327
A30	404.737	61.332	8.692	9.013	22.602	126.309	12.869	3273.434
A31	134.777	36.304	4.328	4.009	10.054	37.908	5.322	728.199
A32	100.831	17.010	3.485	3.658	9.174	32.353	3.032	611.598
A33	74.667	18.382	2.311	2.955	7.411	23.875	1.511	699.823
A34	164.924	35.522	6.212	6.198	15.545	52.613	4.763	1306.725
A35	252.728	53.799	5.160	6.846	17.169	115.690	3.542	2070.872
A36	43.499	13.554	1.928	2.013	5.049	30.121	1.822	696.850

续表

DMU	固定资产	职工	能源	焦炭	铁矿石	工业增加值	废渣	废气
A37	135.713	34.933	5.654	5.477	13.735	46.840	4.133	1186.697
A38	26.685	5.735	1.542	1.531	3.840	20.444	1.320	366.942
A39	442.602	91.138	8.669	8.568	21.486	94.116	9.082	3399.817
A40	98.490	14.818	3.482	3.637	9.120	29.290	2.586	533.214
A41	30.973	15.037	1.700	1.594	3.997	15.286	1.219	544.412
A42	140.587	16.866	5.630	5.031	12.616	33.650	4.197	1313.609
A43	12.228	5.652	3.723	3.618	9.074	11.407	2.763	1193.176
A44	22.009	5.543	2.653	2.853	7.155	5.205	2.671	1119.547
A45	69.810	30.330	2.138	2.060	5.165	37.712	1.854	698.552
A46	37.278	9.314	2.246	2.293	5.750	13.663	2.062	49.859
A47	231.017	37.891	4.429	4.038	10.126	76.847	4.611	925.148
A48	55.986	11.009	0.819	0.700	1.755	12.751	0.569	321.791

附录 5　钢铁企业 2010 年数据

DMU	固定资产	职工	能源	焦炭	铁矿石	工业增加值	废渣	废气
A01	90. 947	8. 182	8. 458	9. 209	25. 419	15. 039	2. 304	599. 132
A02	44. 438	22. 295	3. 282	2. 124	5. 863	24. 755	1. 914	396. 091
A03	34. 938	15. 046	1. 998	2. 148	5. 929	8. 340	1. 256	496. 629
A04	149. 339	18. 879	3. 474	3. 485	9. 621	11. 191	2. 828	692. 584
A05	149. 219	16. 131	2. 679	3. 395	9. 370	31. 495	2. 135	610. 700
A06	95. 921	28. 414	3. 019	4. 097	11. 310	29. 696	2. 268	603. 504
A07	570. 797	98. 238	8. 992	11. 008	30. 385	167. 221	4. 159	2014. 470
A08	353. 667	43. 009	3. 581	6. 243	17. 233	91. 733	3. 143	1385. 632
A09	126. 253	24. 262	3. 540	3. 763	10. 388	20. 803	3. 094	613. 346
A10	158. 670	17. 984	4. 681	4. 778	13. 189	23. 068	4. 363	956. 120
A11	67. 896	17. 395	1. 439	3. 058	8. 442	37. 133	1. 114	383. 800
A12	72. 887	9. 655	2. 444	5. 516	15. 226	29. 711	2. 161	693. 477
A13	88. 200	14. 775	4. 089	5. 101	14. 080	33. 191	3. 165	805. 000
A14	53. 549	11. 303	3. 130	3. 294	9. 092	16. 324	2. 520	460. 402
A15	368. 149	67. 080	4. 618	5. 083	14. 030	141. 970	4. 360	1905. 383

续表

DMU	固定资产	职工	能源	焦炭	铁矿石	工业增加值	废渣	废气
A16	233.262	78.518	7.168	6.355	17.541	152.960	14.243	2533.060
A17	552.774	31.145	9.678	14.555	40.176	142.836	7.818	3975.465
A18	303.539	101.367	3.858	5.574	15.386	98.180	16.881	1851.173
A19	355.464	75.604	6.829	10.730	29.617	93.195	17.349	1568.345
A20	50.170	10.611	1.995	2.031	5.606	20.002	3.357	989.780
A21	33.839	12.197	1.591	1.583	4.370	13.205	1.152	146.457
A22	1482.612	121.348	19.609	24.854	68.605	487.399	12.732	7838.047
A23	154.585	22.562	4.299	3.937	10.866	64.714	3.413	752.195
A24	118.914	13.417	3.558	3.286	9.071	28.406	4.877	670.429
A25	47.447	6.496	1.307	0.994	2.743	19.068	1.093	837.100
A26	156.246	11.351	4.193	4.059	11.205	50.962	3.107	1240.069
A27	504.354	41.101	10.922	16.415	45.311	169.619	7.980	2885.987
A28	14.720	3.353	0.404	0.352	0.971	1.228	0.323	275.718
A29	58.047	17.280	1.778	1.753	4.838	39.616	1.806	971.266
A30	353.202	67.533	9.020	10.000	27.603	126.736	13.662	3522.770
A31	129.615	38.042	5.448	5.744	15.855	40.541	6.854	965.809
A32	129.036	18.853	3.635	4.138	11.423	30.284	3.128	655.168
A33	87.774	18.048	2.363	3.064	8.458	6.895	1.544	940.153
A34	188.321	35.845	5.636	5.905	16.299	53.966	4.747	1307.266
A35	291.394	57.051	6.341	8.832	24.380	101.218	5.237	2488.328
A36	43.760	14.005	1.886	2.026	5.592	25.056	1.802	717.513

续表

DMU	固定资产	职工	能源	焦炭	铁矿石	工业增加值	废渣	废气
A37	136. 436	35. 317	6. 529	7. 685	21. 212	36. 925	4. 669	1302. 610
A38	24. 896	5. 965	1. 580	1. 594	4. 400	18. 251	1. 322	257. 451
A39	489. 710	33. 369	10. 604	10. 343	28. 550	114. 872	16. 944	3619. 045
A40	98. 089	14. 116	3. 855	4. 029	11. 121	31. 142	5. 290	973. 840
A41	72. 814	14. 791	2. 290	2. 201	6. 076	20. 435	1. 656	1504. 817
A42	151. 981	16. 375	6. 324	6. 006	16. 579	40. 851	6. 828	1691. 930
A43	156. 371	14. 982	3. 723	4. 482	12. 371	24. 865	3. 821	1327. 655
A44	188. 521	21. 189	3. 973	4. 146	11. 446	40. 147	3. 714	1471. 514
A45	165. 838	29. 633	1. 770	2. 911	8. 036	30. 352	1. 563	516. 231
A46	37. 090	9. 679	2. 246	2. 131	5. 883	10. 757	1. 849	108. 137
A47	246. 720	38. 721	4. 509	4. 293	11. 849	75. 770	4. 743	801. 846
A48	60. 912	9. 940	0. 859	0. 730	2. 014	15. 732	0. 669	352. 311

附录 6　钢铁企业 2011 年数据

DMU	固定资产	职工	能源	焦炭	铁矿石	工业增加值	废渣	废气
A01	81.911	6.519	5.659	7.229	22.348	12.595	8.675	600.807
A02	51.885	21.428	2.568	2.743	8.480	10.562	2.105	460.224
A03	38.228	16.328	2.175	2.208	6.825	6.375	1.600	592.073
A04	106.603	20.394	3.373	3.664	11.326	25.441	2.476	713.393
A05	138.886	14.682	2.699	4.065	12.567	29.147	2.109	522.742
A06	72.829	10.684	2.806	4.173	12.901	22.376	2.453	682.503
A07	570.931	99.632	9.381	11.126	34.397	177.812	3.837	1976.110
A08	319.901	42.326	3.598	6.873	21.247	97.471	2.750	1351.985
A09	123.066	23.657	3.735	4.244	13.121	21.296	3.494	692.390
A10	90.542	17.706	4.625	4.902	15.156	55.197	4.446	1911.495
A11	71.169	21.561	1.455	3.201	9.897	38.527	1.119	381.900
A12	64.338	11.215	5.015	6.147	19.004	31.051	2.016	647.916
A13	78.935	14.503	4.722	5.743	17.755	34.364	3.551	828.000
A14	52.245	15.568	3.384	3.307	10.225	79.058	2.668	498.604
A15	375.003	65.470	4.727	5.456	16.867	140.140	5.224	2237.347

续表

DMU	固定资产	职工	能源	焦炭	铁矿石	工业增加值	废渣	废气
A16	252.221	80.431	7.128	6.983	21.588	167.968	14.168	2423.515
A17	485.036	30.247	8.597	14.807	45.777	51.980	8.003	3736.709
A18	83.576	101.446	3.836	5.769	17.836	88.770	18.323	1882.173
A19	488.242	99.781	11.488	11.289	34.902	109.998	24.473	3521.704
A20	55.810	12.147	2.050	2.138	6.608	15.829	3.759	1011.555
A21	45.327	12.686	1.558	1.594	4.927	22.930	1.306	154.726
A22	1446.936	126.459	19.955	26.487	81.886	393.075	13.812	7716.628
A23	160.477	22.769	4.232	3.980	12.303	46.778	3.758	815.587
A24	116.616	14.615	3.847	3.642	11.261	15.352	3.195	735.697
A25	71.673	7.858	1.365	1.109	3.429	20.038	1.093	835.420
A26	143.751	11.346	4.367	4.867	15.045	44.257	3.869	1196.836
A27	498.228	42.438	11.325	18.130	56.048	143.093	8.387	3029.987
A28	12.727	2.232	0.441	0.347	1.072	2.658	0.322	238.516
A29	54.258	17.022	1.915	1.982	6.126	34.583	1.687	1181.764
A30	313.839	70.899	9.045	10.817	33.442	93.969	14.650	3909.461
A31	125.575	37.838	5.446	5.717	17.676	34.502	6.148	941.588
A32	120.392	20.633	4.659	5.683	17.569	24.207	4.504	1050.621
A33	86.121	19.197	2.478	3.166	9.789	28.186	1.730	837.687
A34	243.428	34.622	4.911	5.912	18.277	51.666	4.628	1226.922
A35	308.523	58.777	6.426	9.766	30.193	103.545	6.367	2781.884
A36	50.368	13.726	1.996	2.229	6.892	20.277	1.819	602.589

续表

DMU	固定资产	职工	能源	焦炭	铁矿石	工业增加值	废渣	废气
A37	122. 836	40. 154	7. 681	8. 043	24. 864	39. 428	6. 292	1321. 757
A38	22. 879	6. 129	1. 533	1. 651	5. 103	9. 612	1. 340	343. 814
A39	549. 732	48. 580	11. 381	11. 696	36. 158	102. 044	11. 088	3644. 458
A40	93. 272	14. 199	3. 773	3. 957	12. 234	22. 388	5. 660	1161. 407
A41	100. 831	13. 554	2. 427	2. 388	7. 384	17. 860	1. 742	1486. 629
A42	134. 714	16. 421	6. 275	5. 966	18. 444	37. 227	6. 429	1681. 337
A43	207. 065	14. 930	4. 412	4. 813	14. 878	81. 301	3. 833	1291. 199
A44	183. 246	22. 106	4. 045	4. 538	14. 029	21. 346	3. 731	1619. 205
A45	222. 390	25. 635	2. 880	3. 758	11. 619	16. 970	2. 429	1089. 659
A46	77. 000	10. 542	2. 104	3. 590	11. 097	12. 210	2. 740	86. 542
A47	268. 270	41. 255	5. 353	5. 267	16. 283	75. 614	4. 876	911. 168
A48	61. 870	11. 068	0. 856	0. 773	2. 388	16. 423	0. 619	337. 051

附录 7　钢铁企业 2012 年数据

DMU	固定资产	职工	能源	焦炭	铁矿石	工业增加值	废渣	废气
A01	77. 445	4. 552	5. 572	7. 046	21. 160	13. 817	8. 723	4922. 150
A02	63. 219	20. 434	3. 090	3. 362	10. 095	10. 087	2. 814	597. 638
A03	38. 244	16. 053	2. 044	2. 094	6. 290	6. 238	1. 606	550. 512
A04	107. 507	20. 271	2. 768	3. 067	9. 210	15. 138	2. 222	657. 171
A05	181. 467	15. 872	2. 343	4. 215	12. 657	14. 239	1. 814	488. 313
A06	73. 575	26. 187	2. 115	3. 009	9. 035	26. 243	1. 903	645. 541
A07	570. 997	98. 596	8. 700	10. 395	31. 216	140. 584	3. 658	2059. 158
A08	340. 010	41. 358	3. 950	7. 378	22. 155	61. 619	4. 980	2781. 272
A09	120. 974	23. 290	3. 547	3. 846	11. 551	24. 035	3. 013	569. 236
A10	109. 339	17. 156	4. 093	4. 206	12. 630	24. 837	3. 857	1636. 150
A11	115. 693	21. 995	1. 478	3. 905	11. 728	38. 737	1. 115	383. 000
A12	73. 927	14. 031	5. 083	6. 282	18. 866	20. 505	2. 950	898. 405
A13	75. 075	14. 187	4. 531	5. 443	16. 346	25. 389	3. 400	828. 000
A14	88. 137	19. 940	4. 174	4. 919	14. 773	87. 493	3. 869	712. 544
A15	385. 834	63. 744	4. 857	5. 396	16. 204	142. 472	5. 095	2185. 301

续表

DMU	固定资产	职工	能源	焦炭	铁矿石	工业增加值	废渣	废气
A16	242.794	80.730	6.237	6.697	20.110	132.514	14.312	2455.630
A17	459.077	29.357	8.740	19.359	58.137	28.954	7.606	3656.096
A18	184.679	39.061	3.723	1.514	4.547	36.980	22.561	2046.949
A19	461.707	94.284	10.819	10.333	31.029	123.068	23.350	3671.890
A20	76.520	13.500	2.060	2.097	6.298	7.606	3.962	985.773
A21	51.656	12.128	2.049	2.106	6.324	11.411	1.143	276.537
A22	1358.945	143.576	20.144	26.923	80.851	353.941	13.361	7976.019
A23	173.665	26.802	4.674	4.760	14.293	34.368	4.190	916.079
A24	115.237	13.458	3.786	3.679	11.049	10.154	2.898	784.442
A25	82.304	7.693	1.396	1.392	4.181	24.907	1.341	1000.000
A26	138.047	11.319	4.033	4.779	14.351	33.799	3.538	1435.070
A27	440.789	42.738	11.020	21.518	64.618	111.886	7.914	5040.000
A28	11.406	2.593	0.400	0.365	1.096	0.085	0.278	193.075
A29	52.776	17.278	1.691	2.164	6.497	31.216	1.510	1048.960
A30	316.125	69.203	8.550	11.548	34.677	59.339	14.888	3656.812
A31	135.752	35.622	5.682	5.769	17.323	25.730	6.530	1009.994
A32	120.021	20.898	5.035	6.077	18.249	11.523	4.669	1075.534
A33	104.656	17.929	2.950	4.627	13.895	59.521	2.162	726.556
A34	23.164	15.955	4.092	4.612	13.850	19.429	4.105	1753.326
A35	195.997	40.634	6.007	9.641	28.952	61.364	5.471	2466.288
A36	56.748	13.472	1.583	1.684	5.056	20.322	1.689	743.079

续表

DMU	固定资产	职工	能源	焦炭	铁矿石	工业增加值	废渣	废气
A37	113.661	36.150	5.108	6.769	20.327	13.165	4.408	671.201
A38	42.158	5.502	1.798	2.166	6.504	16.102	1.538	370.248
A39	528.137	45.990	10.531	11.256	33.802	103.013	9.795	3625.866
A40	138.545	13.893	4.023	4.361	13.096	23.058	5.695	1440.827
A41	99.461	12.270	2.176	2.203	6.616	19.020	1.595	1459.075
A42	159.932	16.158	6.231	6.127	18.399	25.459	4.948	1620.465
A43	197.224	23.099	3.952	4.327	12.995	19.480	3.607	1386.020
A44	179.565	20.366	3.784	4.174	12.534	24.384	3.653	1571.817
A45	231.847	24.348	3.344	3.478	10.445	21.514	3.106	1439.979
A46	114.865	16.432	2.929	2.702	8.115	10.010	2.523	87.755
A47	338.547	43.452	5.456	6.728	20.205	77.494	4.917	1278.556
A48	74.895	10.656	0.831	0.940	2.824	15.208	0.621	347.221

附录 8 钢铁企业 2013 年数据

DMU	固定资产	职工	能源	焦炭	铁矿石	工业增加值	废渣	废气
A01	75. 179	4. 276	11. 350	13. 445	42. 494	12. 901	9. 361	4953. 938
A02	59. 966	19. 304	2. 913	3. 234	10. 220	6. 784	3. 110	516. 172
A03	42. 292	15. 548	2. 115	2. 119	6. 698	6. 105	1. 706	590. 476
A04	116. 822	19. 848	2. 911	3. 243	10. 251	17. 257	2. 525	670. 723
A05	178. 144	16. 799	2. 275	4. 374	13. 825	18. 309	1. 974	484. 180
A06	71. 424	24. 024	2. 863	3. 896	12. 313	27. 575	2. 569	991. 579
A07	629. 075	91. 473	8. 941	10. 884	34. 400	141. 328	3. 699	2239. 490
A08	376. 946	41. 906	3. 975	7. 418	23. 445	70. 025	9. 843	3226. 120
A09	112. 053	22. 398	3. 810	4. 665	14. 745	24. 956	3. 617	678. 957
A10	154. 600	16. 716	4. 826	5. 539	17. 505	27. 472	4. 601	2791. 744
A11	152. 543	21. 451	1. 381	3. 527	11. 146	37. 316	1. 053	346. 700
A12	77. 625	13. 607	4. 832	6. 142	19. 413	19. 861	3. 200	862. 968
A13	69. 905	14. 026	4. 321	5. 717	18. 068	26. 591	3. 388	792. 000
A14	121. 245	19. 093	5. 409	6. 689	21. 141	98. 936	5. 151	952. 080
A15	414. 509	61. 663	4. 871	5. 378	16. 999	149. 239	4. 987	2463. 548

续表

DMU	固定资产	职工	能源	焦炭	铁矿石	工业增加值	废渣	废气
A16	303. 625	81. 404	6. 311	6. 975	22. 046	124. 226	13. 641	2474. 130
A17	405. 867	35. 024	9. 415	16. 114	50. 930	87. 506	8. 996	3814. 025
A18	76. 453	18. 613	3. 501	7. 662	24. 216	38. 555	24. 078	2198. 979
A19	552. 327	91. 917	11. 196	11. 696	36. 965	114. 218	24. 825	4003. 432
A20	93. 778	14. 774	2. 960	3. 228	10. 203	8. 570	4. 978	1310. 308
A21	58. 382	11. 883	2. 318	2. 672	8. 446	13. 378	1. 233	421. 320
A22	1496. 090	141. 034	20. 090	28. 477	90. 004	448. 503	11. 267	7099. 953
A23	238. 589	26. 214	4. 674	5. 218	16. 492	44. 561	4. 534	856. 693
A24	122. 920	13. 352	4. 038	4. 181	13. 213	25. 536	3. 027	915. 525
A25	81. 522	7. 726	1. 476	1. 485	4. 693	30. 407	1. 311	1000. 000
A26	128. 433	11. 223	4. 033	3. 929	12. 417	32. 963	2. 929	1706. 375
A27	478. 200	40. 971	12. 162	21. 522	68. 020	138. 502	8. 160	6282. 936
A28	11. 404	3. 184	0. 386	0. 369	1. 166	3. 026	0. 291	164. 732
A29	52. 568	16. 326	1. 696	1. 819	5. 750	31. 914	1. 629	1081. 372
A30	308. 981	72. 843	8. 735	12. 303	38. 884	113. 525	16. 144	3925. 921
A31	125. 212	34. 917	5. 494	5. 882	18. 590	42. 543	6. 888	995. 427
A32	115. 193	18. 912	4. 938	5. 723	18. 088	25. 500	5. 012	1284. 620
A33	106. 640	18. 339	3. 278	5. 139	16. 243	30. 796	2. 439	756. 409
A34	25. 135	15. 812	3. 724	4. 656	14. 717	7. 329	3. 579	1194. 326
A35	245. 657	41. 587	6. 075	10. 570	33. 408	62. 159	5. 566	2398. 898
A36	52. 147	10. 514	1. 385	1. 630	5. 152	20. 399	1. 522	484. 753

续表

DMU	固定资产	职工	能源	焦炭	铁矿石	工业增加值	废渣	废气
A37	151. 567	32. 619	6. 332	6. 987	22. 082	37. 789	4. 788	922. 595
A38	41. 577	8. 987	2. 014	2. 437	7. 702	24. 414	1. 857	392. 000
A39	525. 878	42. 874	10. 784	11. 412	36. 070	107. 505	9. 622	3931. 039
A40	168. 211	14. 212	5. 087	5. 705	18. 032	26. 092	5. 539	1239. 486
A41	106. 982	10. 933	1. 841	1. 942	6. 137	14. 836	1. 813	1457. 612
A42	168. 912	16. 240	6. 335	7. 015	22. 170	31. 369	5. 459	1846. 023
A43	191. 555	22. 766	3. 992	4. 442	14. 038	45. 362	3. 941	1657. 462
A44	183. 466	20. 366	4. 017	4. 584	14. 488	23. 127	3. 820	1597. 158
A45	239. 058	24. 028	3. 514	3. 746	11. 841	16. 426	3. 486	2960. 971
A46	130. 418	18. 345	3. 659	5. 210	16. 467	9. 800	4. 532	1764. 807
A47	360. 327	40. 624	6. 176	6. 264	19. 797	61. 760	5. 484	1384. 834
A48	80. 412	10. 300	0. 886	0. 950	3. 003	18. 661	0. 630	317. 221

参考文献

1. 毕功兵、梁樑、杨锋:《两阶段生产系统的 DEA 效率评价模型》,载于《中国管理科学》,2007 年第 2 期,第 92 ~ 96 页。

2. 毕功兵、梁樑、杨锋:《资源约束型两阶段生产系统的 DEA 效率评价模型》,载于《中国管理科学》2009 年第 2 期,第 71 ~ 75 页。

3. 边雅静、沈利生:《人力资本对我国东西部经济增长影响的实证分析》,载于《数量经济技术经济研究》2004 年第 12 期,第 19 ~ 24 页。

4. 曹建海、江飞涛:《中国工业投资中的重复建设与产能过剩问题研究》,经济管理出版社 2010 年版。

5. 陈凯华、官建成、寇明婷、康小明:《网络 DEA 模型在科技创新投资效率测度中的应用研究》,载于《管理评论》2013 年第 12 期,第 3 ~ 14 页。

6. 陈诗一:《能源消耗、二氧化碳排放与中国工业的可持续发展》,载于《经济研究》2009 年第 4 期,第 41 ~ 55 页。

7. 陈诗一:《节能减排与中国工业的双赢发展:2009 ~ 2049》,载于《经济研究》2010 年第 3 期,第 129 ~ 143 页。

8. 陈诗一:《中国的绿色工业革命:基于环境全要素生产率视角的解释(1980 ~ 2008)》,载于《经济研究》2010 年第 11 期,第 21 ~ 34 页。

9. 陈诗一:《中国各地区低碳经济转型进程评估》,载于《经济研究》2012 年第 8 期,第 32 ~ 44 页。

10. 陈爱雪:《供给侧改革背景下我国钢铁产业产能过剩问题的解决路径研究》,载于《工业技术经济》2016 年第 10 期,第 133 ~ 137 页。

11. 杜春丽、成金华:《我国钢铁产业循环经济效率评价:2003 ~ 2006》,载于《产业经济研究》2009 年第 5 期,第 7 ~ 14 页。

12. 冯梅:《钢铁产能过剩的特点、成因及对策》,载于《宏观经济管理》2013 年第 9 期,第 36 ~ 37 页。

13. 樊宏:《中国钢铁,汽车,房地产行业运行效率研究(2000 ~

2004）——基于33家上市公司面板数据的DEA实证分析》，载于《数量经济技术经济研究》2007年第2期，第54~63页。

14. 高莹、李卫东、尤笑宇：《基于网络DEA的我国铁路运输企业效率评价研究》，载于《中国软科学》2011年第5期，第176~182页。

15. 郭庆旺、贾俊雪：《地方政府行为、投资冲动与宏观经济稳定》，载于《管理世界》2006年第5期，第19~25页。

16. 韩晶：《中国钢铁业上市公司的生产力和生产效率——基于DEA-TOBIT两步法的实证研究》，载于《北京师范大学学报》（社会科学版）2008年第1期，第119~126页。

17. 韩一杰、刘秀丽：《基于超效率DEA模型的中国各地区钢铁行业能源效率及节能减排潜力分析》，载于《系统科学与数学》2011年第3期，第287~298页。

18. 韩国高、高铁梅、王立国、齐鹰飞、王晓姝：《中国制造业产能过剩的测度、波动及成因研究》，载于《经济研究》2011年第12期，第18~31页。

19. 韩国高：《行业市场结构与产能过剩研究——基于我国钢铁行业的分析》，载于《东北财经大学学报》2013年第4期，第17~24页。

20. 何彬：《基于窖藏行为的产能过剩形成机理及其波动性特征研究》，吉林大学博士论文，2008年。

21. 何记东、史忠良：《产能过剩条件下的企业扩张行为分析——以我国钢铁产业为例》，载于《江西社会科学》2012年第3期，第184~187页。

22. 何枫、祝丽云、马栋栋、姜维：《中国钢铁企业绿色技术效率研究》，载于《中国工业经济》2015年第7期，第84~98页。

23. 何枫、祝丽云、徐晓宁：《考虑非期望产出的两阶段生产过程全要素生产率评价研究》，载于《科技管理研究》2014年第24期，第218~223页。

24. 胡鞍钢、郑京海、高宇宁、张宁、许海萍：《考虑环境因素的省级技术效率排名（1999~2005）》，载于《经济学季刊》2008年第3期，第933~960页。

25. 胡晓珍、杨龙：《中国区域绿色全要素生产率增长差异及收敛分析》，载于《财经研究》2011年第4期，第123~134页。

26. 黄德春、刘志彪：《环境规制与企业自主创新——基于波特假设的企业竞争优势构建》，载于《中国工业经济》2006年第3期，第100~

106 页。

27. 黄建欢、杨晓光、胡毅：《资源、环境和经济的协调度和不协调来源——基于 CREE - EIE 分析框架》，载于《中国工业经济》2014 年第 7 期，第 17 ~ 30 页。

28. 鞠蕾、高越青、王立国：《供给侧视角下的产能过剩治理：要素市场扭曲与产能过剩》，载于《宏观经济研究》2016 年第 5 期，第 3 ~ 15 页。

29. 匡远凤、彭代彦：《中国环境生产效率与环境全要素生产率分析》，载于《经济研究》2012 年第 7 期，第 62 ~ 74 页。

30. 李钢、马岩、姚磊磊：《中国工业环境管制强度与提升路线：基于中国工业环境保护成本与效应的实证研究》，载于《中国工业经济》2010 年第 3 期，第 31 ~ 41 页。

31. 李尽法、吴育华、潘海生：《基于 Malmquist 指数的钢铁企业效率测度分析》，载于《北京理工大学学报》（社会科学版）2008 年第 3 期，第 65 ~ 68 页。

32. 李静、彭飞、毛德凤：《研发投入对企业全要素生产率的溢出效应——基于中国工业企业微观数据的实证分析》，载于《经济评论》2013 年第 3 期，第 77 ~ 86 页。

33. 李玲、陶锋：《中国制造业最优环境规制强度的选择——基于绿色全要素生产率的视角》，载于《中国工业经济》2012 年第 5 期，第 70 ~ 82 页。

34. 李邃、江可申、郑兵云：《基于链式关联网络的区域创新效率研究——以江苏为研究对象》，载于《科学学与科学技术管理》2011 年第 11 期，第 131 ~ 137 页。

35. 李江涛：《产能过剩：问题、理论及治理机制》，中国财政经济出版社 2006 年版。

36. 梁金修：《我国产能过剩的原因及对策》，载于《经济纵横》2006 年第 7 期，第 29 ~ 33 页。

37. 刘晔：《行业产能过剩评估体系理论回顾与综述》，载于《经济问题》2007 年第 10 期，第 50 ~ 52 页。

38. 刘西顺：《产能过剩、企业共生与信贷配给》，载于《金融研究》2006 年第 3 期，第 166 ~ 173 页。

39. 刘秉镰、林坦、刘玉海：《规模和所有权视角下的中国钢铁企业动态效率研究——基于 Malmquist 指数》，载于《中国软科学》2010 年第

1 期，第 150 ~ 157 页。

40. 刘伟明、唐东波：《环境规制、技术效率和全要素生产率增长》，载于《产业经济研究》2012 年第 5 期，第 28 ~ 35 页。

41. 柳剑平、程时雄：《中国 R&D 投入对生产率增长的技术溢出效应——基于工业行业（1993 ~ 2006 年）的实证研究》，载于《数量经济技术经济研究》2011 年第 11 期，第 34 ~ 50 页。

42. 吕政、曹建海：《竞争总是有效率的吗？——兼论过度竞争的理论基础》，载于《中国社会科学》2000 年第 6 期，第 4 ~ 14 页。

43. 芦锋、刘维奇、史金凤：《我国商业银行效率研究——基于储蓄新视角下的网络 DEA 方法》，载于《中国软科学》2012 年第 2 期，第 174 ~ 184 页。

44. 齐二石、马珊珊、霍艳芳、潘贻芳：《基于超效率 DEA 的钢铁工业绿色规模经济》，载于《工业工程》2008 年第 4 期，第 1 ~ 4 页。

45. 钱争鸣、刘晓晨：《中国绿色经济效率的区域差异与影响因素分析》，载于《中国人口资源与环境》2013 年第 7 期，第 104 ~ 109 页。

46. 孙雯：《供给侧改革背景下河北省钢铁产业产能过剩问题探究》，载于《经济研究导刊》2016 年第 33 期，第 29 ~ 30 页。

47. 史红亮、陈凯：《我国钢铁行业全要素能源效率实证分析——基于省际面板数据》，载于《经济问题》2011 年第 9 期，第 86 ~ 90 页。

48. 涂正革：《环境、资源与工业增长的协调性》，载于《经济研究》2008 年第 2 期，第 93 ~ 105 页。

49. 涂正革、谌仁俊：《传统方法测度的环境技术效率低估了环境治理效率？——来自基于网络 DEA 的方向性环境距离函数方法分析中国工业省级面板数据的证据》，载于《经济评论》2013 年第 5 期，第 89 ~ 99 页。

50. 涂正革、肖耿：《环境约束下的中国工业增长模式研究》，载于《世界经济》2009 年第 11 期，第 41 ~ 54 页。

51. 万岷：《市场集中度和我国钢铁产能过剩》，载于《宏观经济管理》2006 年第 9 期，第 52 ~ 54 页。

52. 王兵、黄人杰：《中国区域绿色发展效率与绿色全要素生产率：2000 ~ 2010——基于参数共同边界的实证研究》，载于《产经评论》2014 年第 1 期，第 16 ~ 35 页。

53. 王国印、王动：《“波特假说”、环境规制与企业技术创新——对中东部地区的比较分析》，载于《中国软科学》2011 年第 1 期，第 100 ~ 112 页。

54. 王杰、刘斌：《环境规制与企业全要素生产率——基于中国工业企业数据的经验分析》，载于《中国工业经济》2014年第3期，第44～56页。

55. 王震勤、王维才、张斌：《基于超效率DEA的钢铁上市公司技术效率与绩效研究》，载于《工业技术经济》2013年第2期，第112～117页。

56. 王兴艳：《产能过剩评价指标体系研究初探》，载于《技术经济与管理研究》2007年第4期，第12～13页。

57. 王立国、张日旭：《财政分权背景下的产能过剩问题研究——基于钢铁行业的实证分析》，载于《财经问题研究》2010年第12期，第30～35页。

58. 王岳平：《我国产能过剩行业的特征分析及对策》，载于《宏观经济管理》2006年第6期，第15～18页。

59. 吴军：《环境约束下中国地区工业全要素生产率增长及收敛分析》，载于《数量经济技术经济研究》2009年第11期，第17～27页。

60. 吴延兵：《自主研发、技术引进与生产率——基于中国地区工业的实证研究》，载于《经济研究》2008年第8期，第51～64页。

61. 夏琼、杨锋、梁樑、吴华清：《多阶段混联生产系统的DEA效率评价》，载于《系统工程理论与实践》2011年第2期，第291～296页。

62. 夏琼、杨锋、梁樑、吴华清：《两阶段混联生产系统的DEA效率评价模型》，载于《系统管理学报》2012年第1期，第1～5页。

63. 夏绍模、张宗益、杨俊：《基于导向DEA模型多阶段求解方法对我国钢铁主营上市公司效率测定的实证分析》，载于《软科学》2008年第3期，第37～41页。

64. 徐二明、高怀：《中国钢铁企业竞争力评价及其动态演变规律分析》，载于《中国工业经济》2005年第11期，第40～46页。

65. 杨锋、梁樑、凌六一、查勇：《并联结构决策单元的DEA效率评价研究》，载于《中国管理科学》2009年第6期，第157～162页。

66. 杨家兵、吴利华：《基于DEA的钢铁行业上市公司效率评价》，载于《工业技术经济》2006年第2期，第90～93页。

67. 杨文举：《基于DEA的绿色经济增长核算：以中国地区工业为例》，载于《数量经济技术经济研究》2011年第1期，第19～34页。

68. 叶锐、杨建飞、常云昆：《中国省际高技术产业效率测度与分解——基于共享投入关联DEA模型》，载于《数量经济技术经济研究》

2012 年第 7 期，第 3～18 页。

69. 袁鹏、程施：《中国工业环境效率的库兹涅茨曲线检验》，载于《中国工业经济》2011 年第 2 期，第 79～88 页。

70. 张保权：《产能过剩与宏观调控》，载于《商场现代化》2006 年第 17 期，第 24～25 页。

71. 张群、冯梅、于可慧：《中国钢铁产业产能过剩的影响因素分析》，载于《数理统计与管理》2014 年第 2 期，第 191～202 页。

72. 张成、于同申、郭路：《环境规制影响了中国工业的生产率吗——基于 DEA 与协整分析的实证检验》，载于《经济理论与经济管理》2010 年第 3 期，第 11～17 页。

73. 张海洋：《R&D 两面性、外资活动与中国工业生产率增长》，载于《经济研究》2005 年第 5 期，第 107～117 页。

74. 张庆芝、何枫、雷家骕：《技术效率视角下我国钢铁企业节能减排与企业规模研究》，载于《软科学》2013 年第 8 期，第 6～10 页。

75. 张庆芝、何枫、雷家骕：《环境约束下的我国钢铁企业技术效率研究》，载于《科学学与科学技术管理》2013 年第 10 期，第 103～111 页。

76. 张庆芝、何枫、赵晓：《基于 DEA 的钢铁企业能源及水资源消耗与生产效率研究》，载于《软科学》2010 年第 10 期，第 46～50 页。

77. 张庆芝、何枫、赵晓：《基于超效率 DEA 的我国钢铁产业能源效率研究》，载于《软科学》2012 年第 2 期，第 65～68 页。

78. 张三峰、卜茂亮：《环境规制、环保投入与中国企业生产率——基于中国企业问卷数据的实证研究》，载于《南开经济研究》2011 年第 2 期，第 129～146 页。

79. 赵国杰、郝清民：《中国钢铁企业规模经济性的数据包络分析》，载于《钢铁》2003 年第 2 期，第 72～74 页。

80. 周劲：《产能过剩判断指标在部分行业测算中的应用》，载于《中国科技投资》2007 年第 7 期，第 52～54 页。

81. 祝丽云、何枫、张庆芝、徐晓宁：《考虑非期望产出的网络 SBM-DEA 效率评价模型》，载于《统计与决策》2015 年第 11 期，第 56～58 页。

82. Abad, C., Thore, S. A., Laffarga, J. (2004) Fundamental Analysis of Stocks by Two-stage DEA. *Managerial and Decision Economics*, 25 (5), 231–241.

83. Aigner, D. J., Chu, S. F. (1968) On Estimating the Industry Pro-

duction Function. *American Economic Review*, 58 (4), 826 – 839.

84. Aigner, D., Lovell, C. K., Schmidt, P. (1977) Formulation and Estimation of Stochastic Frontier Production Function Models. *Journal of Econometrics*, 6 (1), 21 – 37.

85. Akther, S., Fukuyama, H., Weber, W. L. (2013) Estimating Two-stage Network Slacks-based Inefficiency: An Application to Bangladesh Banking. *Omega*, 41 (1), 88 – 96.

86. Alpay, E., Kerkvliet, J. (2002) Productivity Growth and Environmental Regulation in Mexican and U. S. Food Manufacturing. *American Journal of Agricultural Economics*, 84 (4), 887 – 901.

87. Amirteimoori, A., Kordrostami, S. (2005) DEA – Like Models for Multi – Component Performance Measurement. *Applied Mathematics and Computation*, 163 (2), 735 – 743.

88. Andersen, P., Petersen, N. C. (1993) A Procedure for Ranking Efficient Units in Data Envelopment Analysis. *Management Science*, 39 (10), 1261 – 1264.

89. Avkiran, N. K. (2009) Opening the Black Box of Efficiency Analysis: An Illustration With UAE Banks. *Omega*, 37 (4), 930 – 941.

90. Avkiran, N. K., Mccrystal, A. (2012) Sensitivity Analysis of Network DEA: NSBM versus NRAM. *Applied Mathematics and Computation*, 218 (22), 11226 – 11239.

91. Banker, R. D., Charnes, A., Cooper, W. W. (1984) Some Models for Estimating Technical and Scale Inefficiencies in Data Envelopment Analysis. *Management Science*, 30 (9), 1078 – 1092.

92. Battese, G. E., Coelli, T. J. (1992) Frontier Production Functions, Technical Efficiency and Panel Data: With Application to Paddy Farmers in India. *The Journal of Productivity Analysis*, 3 (1 – 2), 153 – 169.

93. Battese, G. E., Coelli, T. J. (1995) A Model for Technical Inefficiency Effects in a Stochastic Frontier Production Function for Panel Data. *Empirical Economics*, 20 (2), 325 – 332.

94. Berman, E., Bui, L. T. M. (1998) Environmental Regulation and Productivity: Evidence from Oil Refineries. *Social Science Electronic Publishing*, 83 (3), 6776.

95. Blonigen, B. A., Wilson, W. W. (2010) Foreign Subsidization and Excess Capacity. *Journal of International Economics*, 80 (2), 200 -211.

96. Bossche, M. V., Gujar, G. (2010) Competition, Excess Capacity and Pricing of Dry Ports in India: Some Policy Implications. *International Journal of Shipping & Transport Logistics*, 2 (2), 151 -167.

97. Br Nnlund, R. (2008) Productivity and Environmental Regulations - A Long Run Analysis of the Swedish Industry. *Umea Economic Studies*, 2 (1), 728.

98. Brunnermeier, S. B., Cohen, M. A. (2003) Determinants of Environmental Innovation in US Manufacturing Industries. *Journal of Environmental Economics & Management*, 45 (2), 278 -293.

99. Castelli, L., Pesenti, R., Ukovich, W. (2001) DEA - Like Models for Efficiency Evaluations of Specialized and Interdependent Units. *European Journal of Operational Research*, 132 (2), 274 -286.

100. Caves, D. W., Diewert, W. E. (1982) The Economic Theory of Index Numbers and the Measurement of Input, Output, And Productivity. *Econometrica*, 50 (6), 1393 -1414.

101. Chaturvedi, A., MartíNez - De - AlbíNiz, V. (2009) Safety Stock Or Excess Capacity: Trade - Offs Under Supply Risk, *Management Science*, 2009 (8), 39.

102. Chambers, R. G., Chung, Y., FäRe, R. (1996) Benefit and Distance Functions. *Journal of Economic Theory*, 70 (2), 407 -419.

103. Charnes, A., Cooper, W. W., Golany, B., Seiford, L., Stutz, J. (1985) Foundations of Data Envelopment Analysis for Pareto - Koopmans Efficient Empirical Production Functions. *Journal of Econometrics*, 30 (1), 91 -107.

104. Chen, C., Zhu, J., Yu, J., Noori, H. (2012) A New Methodology for Evaluating Sustainable Product Design Performance With Two-stage Network Data Envelopment Analysis. *European Journal of Operational Research*, 221 (2), 348 -359.

105. Chen, C., Yan, H. (2011) Network DEA Model for Supply Chain Performance Evaluation. *European Journal of Operational Research*, 213 (1), 147 -155.

106. Chen, P., Chang, C., Yu, M., Hsu, S. (2012) Performance

Measurement for Incineration Plants Using Multi – Activity Network Data Envelopment Analysis: The Case of Taiwan. *Journal of Environmental Management*, 93 (1), 95 – 103.

107. Chen, Y., Cook, W. D., Li, N., Zhu, J. (2009) Additive Efficiency Decomposition in Two-stage DEA. *European Journal of Operational Research*, 196 (3), 1170 – 1176.

108. Chen, Y., Cook, W. D., Zhu, J. (2010) Deriving the DEA Frontier for Two-stage Processes. *European Journal of Operational Research*, 202 (1), 138 – 142.

109. Chen, Y., Du, J., Sherman, H. D., Zhu, J. (2010) DEA Model With Shared Resources and Efficiency Decomposition. European Journal of Operational Research, 207 (1), 339 – 349.

110. Chen, Y., Liang, L., Yang, F., Zhu, J. (2006) Evaluation of Information Technology Investment: A Data Envelopment Analysis Approach. *Computers & Operations Research*, 33 (5), 1368 – 1379.

111. Chen, Y., Zhu, J. (2004) Measuring Information Technology's Indirect Impact on Firm Performance. *Information Technology and Management*, 5 (1 – 2), 9 – 22.

112. Chiu, Y., Huang, C., Ma, C. (2011) Assessment of China Transit and Economic Efficiencies in a Modified Value-chains DEA Model. *European Journal of Operational Research*, 209 (2), 95 – 103.

113. Chung, Y. H., FäRe, R., Grosskopf, S. (1997) Productivity and Undesirable Outputs: A Directional Distance Function Approach. *Journal of Environmental Management*, 51 (3), 229 – 240.

114. Cole, M. A., Elliott, R. J. R. (2003) Determining the Trade-environment Composition Effect: The Role of Capital, Labor and Environmental Regulations. *Journal of Environmental Economics & Management*, 46 (3), 363 – 383.

115. Cook, W. D., Zhu, J., Bi, G., Yang, F. (2010) Network DEA: Additive Efficiency Decomposition. *European Journal of Operational Research*, 207 (2), 1122 – 1129.

116. Cooper, W. W., Seiford, L. M., Zanakis, E. T. S. H. (2004) DEA and Its Uses in Different Countries. *European Journal of Operational Re-*

search, 154 (2), 337 - 344.

117. Dupont, D. P., Grafton, R. Q., Kirkley, J., Squires, D. (2002) Capacity Utilization Measures and Excess Capacity in Multi-product Privatized Fisheries. *Resource & Energy Economics*, 24 (3), 193 - 210.

118. Fare, R., Pasurka, C. (1989) Multilateral Productivity Comparisons When Some Outputs are Undesirable: A Nonparametric Approach. *Review of Economics & Statistics*, 71 (1), 90 - 98.

119. FäRe, R., Grabowski, R., Grosskopf, S., Kraft, S. (1997) Efficiency of A Fixed But Allocatable Input: A Non-parametric Approach. *Economics Letters*, 56 (2), 187 - 193.

120. Fare, R., Grosskopf, S. (1985) Nonparametric Cost Approach to Scale Efficiency. *Scandinavian Journal of Economics*, 87 (4), 594 - 604.

121. Fare, R., Grosskopf, S. (2000) Network DEA. *Socio - Economic Planning Sciences*, 34 (1), 35 - 49.

122. Fare, R., Grosskopf, S. (1994) Productivity Growth, Technical Progress, and Efficiency Change in Industrialized Countries. *American Economic Review*, 84 (1), 66 - 83.

123. Fare, R., Grosskopf, S., Noh, D. W., Weber, W. (2005) Characteristics of A Polluting Technology: Theory and Practice. *General Information*, 126 (2), 469 - 492.

124. FäRe, R., Svensson, L. (1980) Congestion of Production Factors. *Econometrica*, 48 (7), 1745 - 1753.

125. Fare, R., Grosskopf, S., Lovell, C. A. K. (1994) Production Frontiers. *Economic Journal*, 84 (1), 66 - 83.

126. Farrell, M. J. (1957) The Measurement of Productive Efficiency. *Journal of the Royal Statistical Society*, 120 (3), 253 - 290.

127. Fujii, H., Kaneko, S., Managi, S. (2010) Changes in Environmentally Sensitive Productivity and Technological Modernization in China's Iron and Steel Industry in the 1990s. *Environment and Development Economics*, 15 (4), 485 - 504.

128. Fukuyama, H., Weber, W. L. (2009) A Directional Slacks-based Measure of Technical Inefficiency. *Socio - Economic Planning Sciences*, 43 (4), 274 - 287.

129. Fukuyama, H., Weber, W. L. (2010) A Slacks-based Inefficiency Measure for A Two-stage System with Bad Outputs. *Omega*, 38 (5), 398 - 409.

130. Golany, B., HacKmAn, S. T., Passy, U. (2006) An Efficiency Measurement Framework for Multi - Stage Production Systems. *Annals of Operations Research*, 145 (1), 51 - 68.

131. Gray, W. B., Shadbegian, R. J. (1995) Pollution Abatement Costs, Regulation, And Plant - Level Productivity. *National Bureau of Economic Research Working Papers*, 1, 4994.

132. Green, R. H., Cook, W., Doyle, J. (1997) A Note on the Additive Data Envelopment Analysis Model. *Journal of the Operational Research Society*, 48 (4), 446 - 448.

133. Hailu, A., Veeman, T. S. (2000) Environmentally Sensitive Productivity Analysis of the Canadian Pulp and Paper Industry, 1959 - 1994: An Input Distance Function Approach. *Journal of Environmental Economics & Management*, 40 (3), 251 - 274.

134. He, F., Zhang, Q., Lei, J., Fu, W., Xu, X. (2013) Energy Efficiency and Productivity Change of China's Iron and Steel Industry: Accounting for Undesirable Outputs. *Energy Policy*, 54 (3), 204 - 213.

135. Hsieh, L., Lin, L. (2010) A Performance Evaluation Model for International Tourist Hotels in Taiwan - An Application of the Relational Network DEA. *International Journal of Hospitality Management*, 29 (1), 14 - 24.

136. Hua, Z., Bian, Y., Liang, L. (2007) Eco-efficiency Analysis of Paper Mills Along the Huai River: An Extended DEA Approach. *Omega*, 35 (5), 578 - 587.

137. Jaffe, A. B., Stavins, R. N. (1995) Environmental Regulation and the Competitiveness of U. S. Manufacturing: What does the Evidence Tell Us? *Journal of Economic Literature*, 33 (33), 132 - 163.

138. Jahanshahloo, G. R., Amirteimoori, A. R., Kordrostami, S. (2004) Multi - Component Performance, Progress and Regress Measurement and Shared Inputs and Outputs in DEA for Panel Data: An Application in Commercial Bank Branches. *Applied Mathematics and Computation*, 151 (1), 1 - 16.

139. Jahantighi, M. A., Moghaddas, Z., Ghasemi, M. V. (2012)

Two-stage Malmquist Productivity Index with Intermediate Products. *International Journal of Industrial Mathematics*, 4 (1), 31 -40.

140. Jorgenson, D., Christensen, L. R., Lau, L. J. (1973) Transcendental Logarithmic Production Frontiers. *Review of Economics and Statistics*, 55 (1), 28 -45.

141. Kao, C. (2009) Efficiency Measurement for Parallel Production Systems. *European Journal of Operational Research*, 196 (3), 1107 -1112.

142. Kao, C. (2014) Efficiency Decomposition for General Multi-stage Systems in Data Envelopment Analysis. *European Journal of Operational Research*, 232 (1), 117 -124.

143. Kao, C., Hwang, S. (2008) Efficiency Decomposition in Two-stage Data Envelopment Analysis: An Application to Non-life Insurance Companies in Taiwan. *European Journal of Operational Research*, 185 (1), 418 -429.

144. Kao, C., Hwang, S. (2010) Efficiency Measurement for Network Systems: IT Impact on Firm Performance. *Decision Support Systems*, 48 (3), 437 -446.

145. Kao, C., Hwang, S. (2011) Decomposition of Technical and Scale Efficiencies in Two-stage Production Systems. *European Journal of Operational Research*, 211 (3), 515 -519.

146. Kao, C., Hwang, S. (2014) Multi-period Efficiency and Malmquist Productivity Index in Two-stage Production Systems. *European Journal of Operational Research*, 232 (3), 512 -521.

147. Kao, C., Liu, S. T. (2014) Multi-period Efficiency Measurement in Data Envelopment Analysis: The Case of Taiwanese Commercial Banks. *Omega*, 47 (3), 90 -98.

148. Kim, J. (1997) Inefficiency of the Subgame Optimal Entry Regulation. *Rand Journal of Economics*, 28 (1), 25 -36.

149. Kirkley, J., Paul, C. J. M., Squires, D. (2002) Capacity and Capacity Utilization in Common-pool Resource Industries. *Environmental and Resource Economics*, 22 (1), 71 -97.

150. Koopmans, T. C. (1951) Analysis of Production as an Efficient Combination of Activities. *Activity Analysis of Production and Allocation*, 13

(1), 33 -97.

151. Kordrostami, S. , Amirteimoori, A. , Kordrostami, S. , Amirteimoori, A. (2005) Undesirable Factors in Multi-component Performance Measurement. *Applied Mathematics & Computation*, 171 (2), 721 -729.

152. Kumbhakar, S. C. , Denny, M. , Fuss, M. (2000) Estimation and Decomposition of Productivity Change When Production is not Efficient: A Paneldata Approach. *Econometric Reviews*, 19 (4), 312 -320.

153. Lee, C. , Johnson, A. L. (2011) A Decomposition of Productivity Change in the Semiconductor Manufacturing Industry. *International Journal of Production Research*, 49 (16), 4761 -4785.

154. Leibenstein, H. (1966) Allocative Efficiency vs. "X-efficiency" . *American Economic Review*, 56 (3), 392 -415.

155. Levinson, A. (1996) Environmental Regulations and Manufacturers' Location Choices: Evidence from the Census of Manufactures. *Journal of Public Economics*, 62 (1 -2), 5 -29.

156. Lewis, H. F. , Mallikarjun, S. , Sexton, T. R. (2013) Unoriented Two-stage DEA: The Case of the Oscillating Intermediate Products. *European Journal of Operational Research*, 229 (2), 529 -539.

157. Liang L. , Li, Z. , Cook, W. D. , Zhu, J. (2011) Data Envelopment Analysis Efficiency in Two-stage Networks with Feedback. *Iie Transactions*, 43 (5), 309 -322.

158. Lin, B. , Wang, X. (2014) Exploring Energy Efficiency in China's Iron and Steel Industry: A Stochastic Frontier Approach. *Energy Policy*, 72 (9), 87 -96.

159. Lin, L. (2013) Enforcement of Pollution Levies in China. *Journal of Public Economics*, 98 (1), 32 -43.

160. Lin, T. Y. , Chiu, S. H. (2013) Using Independent Component Analysis and Network Dea to Improve Bank Performance Evaluation. *Economic Modelling*, 32 (2), 608 -616.

161. Lotfi, F. H. , Jahanshahloo, G. R. , Vaez - Ghasemi, M. , Moghaddas, Z. (2013) Evaluation Progress and Regress of Balanced Scorecards by Multi-stage Malmquist Productivity Index. *Journal of Industrial & Production Engineering*, 30 (5), 345 -354.

162. Löthgren, M., Tambour, M. (1999) Productivity and Customer Satisfaction in Swedish Pharmacies: A DEA Network Model. *European Journal of Operational Research*, 115 (3), 449-458.

163. Low, P., Yeats, A. (1992) Do "Dirty" Industries Migrate. *International Trade and the Environment*, *World Bank Discussion Paper*, 159, 89-103.

164. Lozano, S., GutiéRrez, E., Moreno, P. (2013) Network DEA Approach to Airports Performance Assessment Considering Undesirable Outputs. *Applied Mathematical Modelling*, 37 (4), 1665-1676.

165. Ma, J., Evans, D. G., Fuller, R. J., Stewart, D. F. (2002) Technical Efficiency and Productivity Change of China's Iron and Steel Industry. *International Journal of Production Economics*, 76 (3), 293-312.

166. Malmquist, S. (1953) Index Numbers and Indifference Surfaces. *Trabajos De Estadistica*, 4 (2), 209-242.

167. Mani, M., Wheeler, D. (1998) In Search of Pollution Havens? Dirty Industry in the World Economy, 1960 to 1995. *Journal of Environment & Development*, 7 (3), 215-247.

168. Matthews, K. (2013) Risk Management and Managerial Efficiency in Chinese Banks: A Network DEA Framework. *Omega*, 41 (2), 207-215.

169. Meeusen, W., Broeck, J. V. D. (1977) Efficiency Estimation from Cobb-douglas Production Functions with Composed Error. *International Economic Review*, 18 (2), 435-444.

170. Mohr, R. D. (2002) Technical Change, External Economies, and the Porter Hypothesis. *Journal of Environmental Economics & Management*, 43 (1), 158-168.

171. Movshuk, O. (2004) Restructuring, Productivity and Technical Efficiency in China's Iron and Steel Industry, 1988-2000. *Journal of Asian Economics*, 15 (1), 135-151.

172. Murty, M. N., Kumar, S. (2003) Win-win Opportunities and Environmental Regulation: Testing of Porter Hypothesis for Indian Manufacturing Industries. *Journal of Environmental Management*, 67 (2), 139-144.

173. Nanere, M., Fraser, I., Quazi, A., Clare. (2007) Environmentally Adjusted Productivity Measurement: An Australian Case Study. *Journal*

of Environmental Management, 85 (2), 350 – 362.

174. Nouri, J., Lotfi, F. H., Borgheipour, H., Atabi, F., Sadeghzadeh, S. M., Moghaddas, Z. (2013) An Analysis of the Implementation of Energy Efficiency Measures in the Vegetable Oil Industry of Iran: A Data Envelopment Analysis Approach. *Journal of Cleaner Production*, 52 (4), 84 – 93.

175. Pittman, R. W. (1983) Multilateral Productivity Comparisons with Undesirable Outputs. *Economic Journal*, 93 (372), 883 – 891.

176. Porter, M. E., Linde, C. V. D. (1995) Toward a New Conception of the Environment-competitiveness Relationship. *Journal of Economic Perspectives*, 9 (4), 97 – 118.

177. Pouryusef, M., Tohidi, G., Razavyan, S. (2011) Malmquist Productivity Index for Decision Making Units with Two-stage Structure. *World Academy of Science Engineering & Technology*, 80 (56), 317 – 319.

178. Sarkar, S. (2009) A Real-option Rationale for Investing in Excess Capacity. *Managerial & Decision Economics*, 30 (2), 119 – 133.

179. Seiford, L. M., Thrall, R. M. (1990) Recent Developments in DEA: The Mathematical Programming Approach to Frontier Analysis. *Journal of Econometrics*, 46 (1), 7 – 38.

180. Seiford, L. M., Zhu, J. (1999) Profitability and Marketability of the Top 55 US Commercial Banks. *Management Science*, 45 (9), 1270 – 1288.

181. Seiford, L. M., Zhu, J. (2002) Modeling Undesirable Factors in Efficiency Evaluation. *European Journal of Operational Research*, 142 (1), 16 – 20.

182. Sexton, T. R., Lewis, H. F. (2003) Two-stage DEA: An Application to Major League Baseball. *Journal of Productivity Analysis*, 19 (2 – 3), 227 – 249.

183. Sheng, Y., Song, L. (2013) Re-estimation of Firms' Total Factor Productivity in China's Iron and Steel Industry. *China Economic Review*, 24 (3), 177 – 188.

184. Sheth, C., Triantis, K., Teodorović, D. (2007) Performance Evaluation of Bus Routes: A Provider and Passenger Perspective. *Transportation*

Research Part E: Logistics and Transportation Review, 43 (4), 453 –478.

185. Simon, J., Simon, C., Arias, A. (2011) Changes in Productivity of Spanish University Libraries. *Omega*, 39 (5), 578 –588.

186. Solow, R. M. (1957) Technical Change and the Aggregate Production Function. *Review of Economics & Statistics*, 39 (3), 312 –320.

187. Song, M., Wang, S., Wei, L. (2014) A Two-stage DEA Approach for Environmental Efficiency Measurement. *Environmental Monitoring & Assessment*, 186 (5), 3041 –3051.

188. Soteriou, A., Zenios, S. A. (1999) Operations, Quality, and Profitability in the Provision of Banking Services. *Management Science*, 45 (9), 1221 –1238.

189. Squires, D., Yongil, J., Grafton, R. Q., Kirkley, J., Dupont, D. P. (2010) Controlling Excess Capacity in Common-pool Resource Industries: The Transition from Input to Output Controls. *Australian Journal of Agricultural and Resource Economics*, 54 (3), 361 –377.

190. Tone, K. (2001) A Slacks-based Measure of Efficiency in Data Envelopment Analysis. European *Journal of Operational Research*, 130 (3), 498 –509.

191. Tone, K. (2004) Dealing with Undesirable Outputs in DEA: A Slacks-based Measure (SBM) Approach. *Nippon Opereshonzu, Risachi Gakkai Shunki Kenkyuhappyokai Abusutorakutoshu*, 2004, 44 –45.

192. Tone, K., Tsutsui, M. (2009) Network DEA: A Slacks-based Measure Approach. *European Journal of Operational Research*, 197 (1), 243 –252.

193. Tsolas, I. E. (2011) Relative Profitability and Stock Market Performance of Listed Commercial Banks on the Athens Exchange: A Non-parametric Approach. *IMA Journal of Management Mathematics*, 22 (4), 323 –342.

194. Tsutsui, M., Goto, M. (2009) A Multi-division Efficiency Evaluation of US Electric Power Companies Using a Weighted Slacks-based Measure. *Socio –Economic Planning Sciences*, 43 (3), 201 –208.

195. Tyteca, D. (1996) On the Measurement of the Environmental Performance of Firms—A Literature Review and a Productive Efficiency Perspective. *Journal of Environmental Management*, 46 (3), 281 –308.

196. Wang, C. H., Gopal, R. D., Zionts, S. (1997) Use of Data Envelopment Analysis in Assessing Information Technology Impact on Firm Performance. *Annals of Operations Research*, 73 (1), 191 – 213.

197. Wang, Y., Chin, K. (2010) Some Alternative DEA Models for Two-stage Process. *Expert Systems With Applications*, 37 (12), 8799 – 8808.

198. Wei, Q., Yan, H., Pang, L. (2011) Composite Network Data Envelopment Analysis Model. *International Journal of Information Technology & Decision Making*, 10 (04), 613 – 633.

199. Wei, Y., Liao, H., Fan, Y. (2007) An Empirical Analysis of Energy Efficiency in China's Iron and Steel Sector. *Energy*, 32 (12), 2262 – 2270.

200. Yang, C. C., Hsiao, C. K., Yu, M. M. (2008) Technical Efficiency and Impact of Environmental Regulations in Farrow-to-finish Swine Production in Taiwan. *Agricultural Economics*, 39 (1), 51 – 61.

201. Yang, C. (2009) Productive Efficiency, Environmental Efficiency and Their Determinants in Farrow-to-finish Pig Farming in Taiwan. *Livestock Science*, 126 (1), 195 – 205.

202. Yang, C., Liu, H. (2012) Managerial Efficiency in Taiwan Bank Branches: A Network DEA. *Economic Modelling*, 29 (2), 450 – 461.

203. Yang, F., Wu, D., Liang, L., Bi, G., Wu, D. D. (2011) Supply Chain DEA: Production Possibility Set and Performance Evaluation Model. *Annals of Operations Research*, 185 (1), 195 – 211.

204. Yang, W., Shao, Y., Qiao, H., Wang, S. (2014) An Empirical Analysis on Regional Technical Efficiency of Chinese Steel Sector Based on Network DEA Method. *Procedia Computer Science*, 31 (12), 615 – 624.

205. Yang, Y., Ma, B., Koike, M. (2000) Efficiency-measuring Dea Model for Production System with K Independent Subsystems. *Journal of the Operations Research Society of Japan*, 43 (3), 343 – 354.

206. Yang, Z. (2006) A Two-stage DEA Model to Evaluate the Overall Performance of Canadian Life and Health Insurance Companies. *Mathematical and Computer Modelling*, 43 (7), 910 – 919.

207. Yu, M. M. (2008) Assessing the Technical Efficiency, Service Effectiveness, and Technical Effectiveness of the World's Railways Through NDEA

Analysis. *Transportation Research Part A Policy & Practice*, 42 (10), 1283 - 1294.

208. Yu, M. (2010) Assessment of Airport Performance Using the SBM - NDEA Model. *Omega*, 38 (6), 440 - 452.

209. Yu, M. M., Fan, C. K. (2009) Measuring the Performance of Multimode Bus Transit: A Mixed Structure Network Dea Model. *Transportation Research Part E Logistics & Transportation Review*, 45 (3), 501 - 515.

210. Yu, M., Lin, E. T. (2008) Efficiency and Effectiveness in Railway Performance Using a Multi-activity Network DEA Model. *Omega*, 36 (6), 1005 - 1017.

211. Zhang, J., Wang, G. (2008) Energy Saving Technologies and Productive Efficiency in the Chinese Iron and Steel Sector. *Energy*, 33 (4), 525 - 537.

212. Zhang, X., Zhang, S. (2001) Technical Efficiency in China's Iron and Steel Industry: Evidence from the New Census Data. *International Review of Applied Economics*, 15 (2), 199 - 211.

213. Zhou, P., Ang, B. W., Poh, K. L. (2006) Slacks-based Efficiency Measures for Modeling Environmental Performance. *Ecological Economics*, 60 (1), 111 - 118.

214. Zhou, P., Ang, B. W., Poh, K. L. (2008) Measuring Environmental Performance Under Different Environmental DEA Technologies. *Energy Economics*, 30 (1), 1 - 14.

215. Zhou, P., Poh, K. L., Ang, B. W. (2007) A Non-radial DEA Approach to Measuring Environmental Performance. *European Journal of Operational Research*, 178 (1), 1 - 9.

后　　记

资源消耗、环境污染、产能过剩和经济增长是目前中国各界人士最为关心的热点话题。中国钢铁产业长期粗放式发展所带来的高能耗、高污染及产能过剩问题尤为严重，为应对微利时代的到来和资源环境约束，中国钢铁行业迫切需要绿色转型。从供给侧结构改革视角制定科学的产业发展政策有效化解过剩产能，实现钢铁产业绿色转型的根本在于全面提高钢铁企业的技术效率和全要素生产率。因而，采用新的方法从新的视角准确测算并全面掌握钢铁产业资源环境约束下的效率及生产率具有一定的理论和现实意义，可促进中国钢铁产业健康、持续、快速发展。

《资源和环境约束下中国钢铁企业效率评价研究》是国家自然科学基金项目（71272160，71673022），河北省科技计划项目（15454013D）的最终研究成果。经过漫长的辛勤耕耘、无数次呕心沥血的修订，著作付梓在即，感慨万千。本书能够顺利完稿，首先要感谢中国钢铁工业协会、唐钢集团副总经理刘健先生、东海钢铁集团副总经理于原浩先生给予钢铁生产领域专业经验上的帮助。使我不但获得了钢铁企业详细的年鉴统计数据，并且对钢铁企业的实际生产运作流程有了更加深刻的了解，为研究的顺利开展起到了铺垫作用。其次，感谢北京科技大学经济管理学院的胡枫教授、黄晓霞教授的宝贵建议。感谢北京科技大学经济管理学院博士张庆芝、徐晓宁、马栋栋、李航、王慧颖、刘学娟、刘志林等在著作写作讨论过程中给予的建议，感谢硕士生王欢、陈忠莹和雷萏在我生活上遇到困难时的携手相助和支持。在本书付梓之际，谨向参与课题研究的所有人员给予的鼎力支持表示感谢。同时，感谢经济科学出版社以及本书责任编辑的帮助和支持。

本人在分析和论证过程中应用和借鉴了国内外许多学者的部分相关研究成果，这些研究成果对本书的形成起到了极大的支撑作用，在此表示衷心的感谢。衷心感谢国家自然科学基金项目（71272160，71673022）以及河北省科技计划项目（15454013D）给予的资助。

最后，由于本人水平有限，有些问题的研究不够深入，需要进一步的研究。著作的不妥之处，敬请专家、同行和广大读者斧正。

河北农业大学　祝丽云
北京科技大学　何　枫
2017年4月